河南省土地开发整理研究

陈新中　杨新民　主编

黄 河 水 利 出 版 社

·郑州·

内容提要

本书是河南省土地开发整理质量工程技术标准研究的重要组成部分，分为4章（四个专题），针对河南省土地开发整理工程类型区、河南省土地开发整理项目选择条件、河南省土地开发整理耕地建设等级目标和河南省煤矿塌陷地土地复垦与生态重建标准等进行了专项研究。

本书可供从事土地开发整理研究的工作人员及管理人员阅读、参考。

图书在版编目（CIP）数据

河南省土地开发整理研究/陈新中，杨新民主编. —郑州：黄河水利出版社，2010.9

ISBN 978-7-80734-888-7

Ⅰ.①河… Ⅱ.①陈… ②杨… Ⅲ.①土地资源-资源开发-研究-河南省②土地整理-研究-河南省 Ⅳ.①F323.211

中国版本图书馆CIP数据核字（2010）第170552号

出 版 社：黄河水利出版社

地址：河南省郑州市顺河路黄委会综合楼14层　　邮政编码：450003

发行单位：黄河水利出版社

发行部电话：0371-66026940、66020550、66028024、66022620（传真）

E-mail：hhslcbs@126.com

承印单位：河南省瑞光印务股份有限公司

开本：787 mm×1 092 mm　1/16

印张：11.25　　插页：10

字数：290千字　　印数：1—1 100

版次：2010年9月第1版　　印次：2010年9月第1次印刷

定价：32.00元

《河南省土地开发整理研究》编辑委员会

河南省土地开发整理工程类型区研究

编写人员： 王国强　樊　雷　李鸣慧　杨建波　段　豫
宋艳华　周　敏　司　涛　岳晓云　马军成

河南省土地开发整理项目选择条件研究

编写人员： 陈常优　李鸣慧　王　喜　韩志刚　张　东
李会群　熊广成　王群中　胡　冰　李东伟

河南省土地开发整理耕地建设等级目标研究

编写人员： 王令超　刘新峰　杨建锋　田　燕　王国辉
彭　哲　黄　燕　何同舟　张　杨　樊　鹏

河南省煤矿塌陷地土地复垦与生态重建标准研究

编写人员： 陈秋计　李　晨　张合兵　朱宇峰　王世东
刘　芳　孔令锋　李　萌　袁　华　王　东

前　言

国家投资土地开发整理项目从1999年正式启动以来,已走过十余个年头。这十余年土地开发整理工作取得了飞速发展。我国的土地开发整理正逐步发展成为一个具有跨学科、多领域、多技术等综合性特点的新兴行业。河南省投资项目资金从最初的几百万元,发展到年均投资十几亿元,国家和省投投资项目数量每年也保持在近百个。项目资金和数量的增加,同时带来了管理难度的增加。如何适应土地开发整理事业的快速发展,走技术标准化发展的道路。早在2003年10月出台的《土地开发整理若干意见》(国土资发[2003]363号)文中就提出:“从土地开发整理实际出发,按照自上而下、上下结合、有计划、分步骤的要求,大力推进土地资源调查评价、项目规划设计、工程建设、预算定额、效益评价等标准的制定工作,逐步形成技术、经济和管理的标准化体系。”各级国土资源部门应“积极开展土地开发整理有关基础研究、应用研究和工程技术研究,努力实现土地开发整理科学化”。

为了加强土地开发整理项目申报、实施及验收等标准化建设,加强项目建设全过程管理,提高项目决策的科学化水平,合理确定土地开发整理工程建设标准,提高投资效益,国土资源部下发了《关于编制〈土地开发整理工程建设标准〉有关问题的通知》(国土资厅发[2007]137号)。《土地开发整理工程建设标准》(以下简称《标准》)的编制工作,是土地开发整理项目工程建设管理的一项基础工作,对于加强土地开发整理工程建设项目全过程管理,提高项目决策的科学化水平,合理确定建设规模,严格控制建设投资,推进技术进步,提高投资效益,都具有重要意义。

河南省是全国农业大省,是全国土地开发整理的重点省份。建立统一完善的河南省土地开发整理工程建设标准体系,为推进河南省土地开发整理工程从项目可行性研究、初步设计、施工图设计到竣工验收等一系列工作的制度化、科学化和规范化提供技术保障,可为项目投资决策提供依据。

《河南省土地开发整理研究》是河南省土地开发整理质量工程技术标准研究的一个重要组成部分,包括“河南省土地开发整理工程类型区研究”、“河南省土地开发整理项目选择条件研究”、“河南省土地开发整理耕地建设等级目标研究”和“河南省煤矿塌陷地土地复垦与生态重建标准研究”四个专题。

由于自然条件存在着客观地域性差异,故土地开发整理工程组合与建设标准亦存在着不同地域之间的差异性和同一地域内部的相似性。同时,土地开发整理工程也不同于某些单一的工程,它是一个覆盖面广、内容庞杂的系统工程。为体现土地开发整理工程这一特点,便于对土地开发整理工程项目的分区、分类管理,特进行土地开发整理工程类型区的划分与模式研究。

工程类型区划分的目的就是解决同一性和差异性的问题。不同类型区之间,土地开发整理的主要工程措施(模式)和标准是有较明显差别的;在同一类型区里面,土地开发整理工程措施(模式)和标准、工程组合具有相似性。土地开发整理工程类型区是整个技术体系建立的基础,可为土地开发整理有关技术标准的编制提供空间基础框架,可为项目选择、确定项目目标、可行性研究、立项评估、工程模式选择、项目规划设计、工程量及投资概预算等前期工作提供分区、分类指导的依据,可为制定项目组织实施、施工监理、监督检查、竣工验收、效益评估、工程后续维护等管理政策与措施提供依据,可为全省土地开发整理项目的分区、分类汇总统计提供依据。

河南省土地开发整理项目选择条件研究的目的是通过调查研究,划分河南省土地开发整理项目选择优先区、限制区和禁止区,制定项目选择条件,为项目的选择提供参考和依据,避免项目选择的盲目性和随意性,为项目的科学选择和顺利实施奠定坚实基础。

开展土地开发整理耕地建设等级目标研究,目的是研究和探索土地开发整理耕地建设等级的评价方法,同时结合土地开发整理设计工作,为编制河南省土地开发整理工程标准提供基础资料。开展土地开发整理耕地等别评定技术方法研究是制定土地开发整理工程标准的前提和基础,开展土地开发整理耕地等别评定研究,有利于科学、客观地评定开发整理耕地的质量等别,对开发整理工作的效果作出科学的评判。通过等别评定技术方法研究,有助于科学分析开发整理耕地的主要影响因子、质量变化趋势以及预期所能达到的质量等别,也有助于优化土地开发整理项目规划设计方案,为制定土地开发整理工程标准提供参考和依据。

河南省地处中原,是我国重要的粮食主产区,同时又是重要的能源基地。煤炭产业在为国家经济发展和社会繁荣作出了重要贡献的同时,也给当地土地资源和生态环境造成了严重的负面影响,进一步加剧了人地矛盾。为了保证粮食安全,对煤矿塌陷地复垦显得尤为重要。但是,目前我国土地复垦理论和方法还处于研究阶段,相关标准很不完善,难以满足当前土地复垦工作开展的需要。开展河南省煤矿塌陷地土地复垦与生态重建标准研究,目的在于总结河南省和其他地区土地复垦的成功经验,为下一步河南省制定科学合理的土地复垦方案提供依据。

上述研究成果在制定河南省土地开发整理工程建设标准工作中得到广泛应用,有些成果已成为标准的内容。在研究过程中,得到了河南省国土资源厅、河南省土地整理中心、河南省科学院地理研究所、河南大学、河南理工大学、河南省农业厅、河南省水利厅、河南省林业厅等单位的支持与帮助,在此表示衷心感谢!

由于研究人员水平有限,加上时间仓促,书中疏漏和错误在所难免,衷心期盼广大读者给予指正。

编　者

2010 年 5 月 18 日

目　录

第 1 章　河南省土地开发整理工程类型区研究

1.1　研究概况

1.1.1　研究的目的与意义

1.1.1.1　研究目的

目前正在实施的土地开发整理项目，分布广泛、内容复杂，涉及千差万别的自然、社会、经济条件，其工程内容涉及土地平整和田块建设工程、农田灌排水工程、农田道路工程、农田生态防护工程等诸多领域的工程类型。

由于自然条件存在着客观地域性差异，故土地开发整理工程组合和建设标准亦存在着不同地域之间的差异性和同一地域内部的相似性。同时，土地开发整理工程也不同于某些单一的工程，它是一个覆盖面广、内容庞杂的系统工程。为体现土地开发整理工程这一特点，便于对土地开发整理工程项目的分区、分类管理，特进行土地开发整理工程类型区的划分。

工程类型区划分的目的就是解决同一性和差异性的问题。不同类型区之间，土地开发整理的主要工程措施和标准是有较明显差别的；在同一类型区里面，土地开发整理工程措施和标准、工程组合具有相似性。划分类型区就是要总结出这种差异性和相似性，它关系到判断一个土地整理项目所选择的项目工程内容与布局方案是否合理、所采取的主要工程措施是否切合实际的问题。

1.1.1.2　研究意义

土地开发整理工程类型区是整个技术标准体系建立的基础，其研究的意义体现在以下几个方面：

(1)开展工程类型区划分研究可为土地开发整理有关技术标准的编制提供空间基础框架。

(2)依据土地开发整理工程的相似性和差异性划分的工程类型区，可为项目选择、项目目标确定、可行性研究、立项评估、工程模式选择、项目规划设计、工程量及投资概预算等前期工作提供分区、分类指导的依据。

(3)开展工程类型区划分研究可为制定项目组织实施、施工监理、监督检查、竣工验收、效益评估、工程后续维护等管理政策与措施提供依据。

(4)开展工程类型区划分研究可为全省土地开发整理项目的分区、分类汇总统计提供依据。

1.1.2 研究的技术路线与方法

1.1.2.1 研究的技术路线

在全面调查、收集与分析全省自然、社会、经济现状资料，土地利用结构及特点，耕地后备资源概况等资料的基础上，按照“保证类型区内部自然条件、经济社会条件以及工程模式的相似性”的原则，采用两级区划的方法划分工程类型区。

按照自然条件相似性原则，根据大地貌形态、大地构造单元和干湿状况的区域相似性，以及耕作制度和农业发展方向的大体相似性，采用图层叠置法，划分土地开发整理工程一级类型区；在一级类型区划分的基础上，根据微地貌形态、气候、水文、土壤等自然条件的区域差异，结合土地开发整理工程组合特性，划分土地开发整理工程二级类型区。

通过分析土地开发整理工程二级类型区的地形地貌、土壤、水文、气候等自然条件以及社会经济条件的区域特点，结合土地开发整理工程措施的建设目标，总结土地平整、农田水利、田间道路和农田防护等工程的建设方式、特点，以及对土地利用的改良方向等因素，从田块形式、水源类型、灌溉方式、渠道特征、排水方式、路面材质、防护林类型等几方面归纳总结不同类型区的土地开发整理工程模式。

1.1.2.2 研究的方法

(1)综合调查分析法。调查研究是科学研究中一个常用的方法，在描述性、解释性和探索性的研究中都可以运用调查研究的方法。它一般通过抽样的基本步骤，多以个体为分析单位，通过问卷、访谈等方法了解调查对象的有关情况，并加以分析。土地开发整理工程类型是自然、社会、经济的综合反映，必须采取综合调查分析的方法，从中找出其客观存在的普遍规律。

(2)典型案例归纳分析法。一般而言，案例是运用某种方法所选择的特定的典型事例，它是对某种具体情景的真实描述，典型性是其生命力所在，能够在特殊情境里表达出普遍意义。土地开发整理工程建设具有比较明显的区域特性，选择具有典型性、代表性的项目，通过对其工程类型的工程建设条件、工程建设内容、工程建设程序、工程建设标准等要素进行归纳分析，总结其一般性规律。

(3)系统工程分析法。系统工程是以大型复杂系统为研究对象，按一定目的进行设计、开发、管理与控制，以期达到总体效果最优的理论和方法。系统研究法主要应用了系统工程的原理和方法，从土地开发整理工程系统的角度出发，分析各工程元素之间相互影响、相互制约和相互作用的关系，认为系统各层次只有保持相互适应、协调的状态，才能使整个系统达到有序和良好运转。

土地开发整理是一项系统工程，在进行工程类型区划分研究时，可利用系统工程研究方法，从系统工程的角度，分析不同工程类型区与工程项目建设之间的制约和影响关系，梳理工程建设内容之间的层次关系、因果关系，明确工程建设的空间分布规律。

1.1.3 研究目标与任务

1.1.3.1 研究目标

划分河南省土地开发整理工程类型区，提出各个类型区内土地开发整理的工程模式和工程布局内容。

1.1.3.2　**研究任务**

(1)类型区划分。通过对河南省地势、地貌、气候、水资源、土壤、植被等环境条件进行综合分析,利用图层叠加、图斑综合等方法,对河南省土地开发整理工程项目进行类型区划分,并绘制出类型区分布图。

(2)工程模式确定。根据工程类型区划分结果,从土地平整工程、农田水利工程、田间道路工程、农田防护与生态环境保持工程四个方面总结土地整理工程的建设内容,结合不同的地域特性,总结出不同区域的土地开发整理工程模式,并将该成果应用于标准制定中。

(3)工程内容布局。说明土地开发整理工程布局的基本原则和布局要求,提出省级二级类型区(模式)的主要建设内容、工程组合特征及其相关要求等。工程布局应有利于建设目标的实现,并充分体现"田、水、路、林、村"综合整治的要求。

1.2　类型区划分的基础条件

1.2.1　自然条件与社会经济条件

1.2.1.1　**地理位置分析**

河南省位于北纬31°23′~36°22′,东经110°21′~116°39′,南北和东西最大直线距离分别为550 km和580 km。南邻湖北,北连河北和山西,东接山东和安徽,西与陕西接壤。总土地面积1 655.36万hm^2,占全国国土总面积的1.74%,自南向北地跨北亚热带和暖温带,分属长江、淮河、黄河、海河四大流域,分布有大别山、桐柏山、伏牛山、太行山四大山脉和黄淮海平原、南阳盆地。

纬度位置对区域温度条件有决定性影响,以日均温≥10 ℃持续活动积温为主要参考指标,把我国分为6个温度带,河南省大致以伏牛山南坡和淮河干流为界,以南属亚热带,以北属暖温带。

经度位置影响区域水分条件,按降水量和蒸发量的对比可以把全国分为四个干湿地区,河南省自东南向西北分布有湿润地区、半湿润地区和半干旱地区。

1.2.1.2　**地质构造基础分析**

河南省所处地质构造位置特殊,褶皱断裂发育,构造形式多样,地层出露比较齐全,矿产资源丰富,多种矿产与构造体系或古构造背景关系密切。

复杂的地质构造是形成当今地势地貌的基础,它控制着地貌的演化发展趋势。

河南省地层出露比较齐全。从太古界到新生界,各个地质时代的地层皆有出露,地层层序比较完整。在广大的豫北、豫西地区内,除缺失志留系、泥盆系和上奥陶系至下石炭统外,其他各系的地层均有不同程度的出露;豫西南有志留系和泥盆系的沉积,主要为浅海相碳酸盐岩和火山喷出岩;豫东广大的平原地区,覆盖着大面积的新生界地层。这些地层为河南自然地理环境特征的形成奠定了多种多样的物质基础。

河南省丰富的矿产资源得益于复杂的地质条件所提供的多种多样的成矿环境。齐全的地层、复杂的地质构造、优越的成矿条件,使河南省成为我国重要的矿产资源产地,主要矿产有铝、金、钼、银、煤、石油、天然气、耐火黏土、珍珠岩、天然碱和蓝石棉等。

1.2.1.3 **地貌条件分析**

河南是一个低山丘陵和平原分异明显、面积大致对半的省份。西部的太行山、崤山、嵩山、熊耳山、外方山与伏牛山等山峰,海拔在 1 500 m 以上;东部广阔的黄淮海平原,高程不足 200 m,向东倾斜,是我国第三级地貌台阶的后部;西部中山与东部平原之间的低山丘陵,则构成这两级地貌台阶之间的过渡边坡,海拔在 200 ~ 500 m。南部边境桐柏 - 大别山低山丘陵,系我国东部平原中的一个横向凸起,成为长江水系和淮河水系的分水岭,它的西端与伏牛山之间是南阳盆地,属第一级台阶的一部分。主要河流黄河、淮河等及其支流亦由西部、中部向东部、东南方向流动。

西部山区由于流水的强烈侵蚀切割,地势起伏较大,相对高度在 500 ~ 1 000 m;东部为广阔坦荡的大平原,总的地势是西高东低,自西向东倾斜。省内最高点豫西的老鸦岔峰(灵宝市域内)海拔 2 413.8 m,最低点豫东南三河尖海拔只有 28 m,高差达 2 385.8 m。河南省地貌深受地区构造的控制,表现为不同的构造体系和构造形态,制约着山脉、水系的分布格局及地貌形态。

河南省水系的分布也明显受构造的控制。豫西的羽状水系(伊河、洛河)是受秦岭东端余脉多组平行构造控制发育而成,各支流在干流两侧对称分布,几乎与干流呈直角交汇;豫西南扇状水系(白河、唐河)受南阳盆地的不均衡拗陷而向南微倾的影响发育而成,各支流相对集中地注入干流;豫东梳状水系(淮河)明显受新构造运动在河南东西部差异的影响,淮河北岸的支流平行展布汇入干流。

河南省控制地貌发育的地质构造极其复杂,新构造运动异常活跃,地层出露齐全,河南省地处暖温带和北亚热带的过渡地带,历史上气候冷暖、干湿变化强烈影响塑造地貌形态的外营力种类和强弱的变化,同时又主要表现为流水的侵蚀作用和冲积作用,其对地貌的雕塑作用最广泛、最活跃、最深刻,在不断抬升的山地、丘陵、台地及垄岗地区,进行强烈的侵蚀作用,形成多种多样的侵蚀地貌形态;在沉降地区,流水搬运过来被侵蚀掉的泥沙沉积,沿途形成各种各样的堆积地貌形态。此外,风力作用形成沙堆、沙丘、沙岗和风蚀洼地,重力作用形成陡峻的山坡、坡基地带的倒石堆、坡积裙坡等,使得河南省的地貌类型丰富,各具特色。

1.2.1.4 **气候条件分析**

1)日照时数较多,太阳辐射较强

河南省全年实际日照时数为 2 000 ~ 2 600 h,分布趋势是北部多于南部,平原多于山地。黄河以北全年日照时数 2 400 ~ 2 600 h,西南山地全年日照时数为 2 000 h,其余地区在 2 000 ~ 2 400 h,年日照百分率各地一般为 45% ~ 55%。

从实际日照时数的季节变化看,夏季最多,7 月平均日照时数为 210 ~ 240 h,日照百分率为 50% ~ 55%;春季次之,4 月日照时数在 160 ~ 220 h,日照百分率为 40% ~ 55%;秋季居三,10 月各地日照时数 160 ~ 200 h,日照百分率为 45% ~ 60%;冬季最少,1 月日照数为 130 ~ 180 h,日照百分率为 45% ~ 55%。

日照时数决定了接受太阳能辐射量的多少,进而影响到当地的温度、湿度等情况,河南省绝大部分地区全年太阳总辐射量在 113 ~ 122 kcal/cm^2，高于江南各地，但低于青藏高原及西北等地区，境内太阳辐射的分布趋势与日照分布情况相似。

2）冬冷夏热，生长季较长

河南省具有明显的大陆性气候特征，各地最冷月（1 月）平均气温在 -1 ~ 1 ℃，淮河以南较暖，1 月均温 1 ~ 2 ℃；豫北边缘则为 -2 ℃。年绝对最低气温多年平均值大部分地区在 -10 ~ -14 ℃。极端最低温度不少地区在 -20 ℃以下；永城极端最低温度为 -23.4 ℃，对越冬作物有一定妨碍，特别是对亚热带木本植物越冬有较大威胁，常造成茶园的大面积冻害。最热月（7 月）平均气温 27 ~ 28 ℃，豫西山地较低为 25 ℃，不少地区极端气温在 40 ℃以上，但出现概率小，持续时间较短，一般不易造成热害。

≥10 ℃积温大部分地区为 4 500 ~ 5 000 ℃，南阳盆地的淅川高达 5 000 ℃以上，卢氏、栾川一带在 4 000 ℃以下；≥10 ℃积温日数绝大部分地区都在 125 ~ 240 d，豫东平原和豫西山地为 220 d 左右，南阳盆地和淮南可达 240 d；无霜期多在 190 ~ 230 d，沙颍河以南地区和南阳盆地在 220 d 以上，焦作、孟津、巩义、平顶山等地亦在 230 d 以上，其他地区多在 210 d 左右。

3）降水较多，年际变化大，地区和时间过于集中

全年平均降水量在 600 ~ 1 300 mm，1 000 mm 等降水量线大致与淮河干流走向一致。淮河以南地区多在 1 000 ~ 1 300 mm，其中大别山深山区约在 1 300 mm 以上，为全省雨量最多地区。800 mm 降水量线自西向东大致沿河南省中部穿过，此线以南降水量多在 800 mm 以上，其中淮北平原和南阳盆地为 800 ~ 900 mm；此线以北降水量多在 800 mm 以下，其中黄河沿岸地区为 700 mm，向北向西降至 600 mm。从全国来看，河南省年降水量较不稳定，年降水量相对变率较大，多在 20% ~ 25%，总的分布趋势是春季占 14%、夏季占 58%、秋季占 23%、冬季占 5%。多数地区蒸发量大于降水量。

河南省降水量分布图见附图 1。

4）光、热、水同季，利于作物生长

夏半年（4 ~ 9 月）集中了全年日照时数和太阳年总辐射的 64%、年降水量的 80% ~ 90%。日照、降水与植物生长同期，气温也最高，对于作物生长非常有利。冬半年大部分地区光照弱、气温低、降水少，不利于农作物生长。

5）干湿分异明显

以干燥度 K 为主要参考指标，河南省气候区划把 $K<0.6$ 区域定为半干旱地带，把 $K=0.7 \sim 1.0$ 区域定为半湿润地带，把 $K>1.0$ 区域定为湿润地带（见图 1-1）。

1.2.1.5　水资源条件分析

河南是一个河流众多、有一定径流资源的省份，尤以豫南地区降水丰沛，河流水量丰富。

以黄河为界，黄河以南、嵩山以东、桐柏山和大别山以北地区为淮河水系，其流域面积占全省的 52.8%；黄河以北为海河水系，流域面积占全省的 9.2%；伏牛山以南、桐柏山以西为长江水系，流域面积占全省面积的 16.3%，伏牛山以北、嵩山以西为黄河水系，其流域面积占全省总面积的 21.7%；全省河长在 100 km 以上的河流共有 32 条，河网平均密度为 1.34 km/km^2，流域面积 100 km^2 以上的河流全省有 460 多条，流域面积在 5 000 km^2

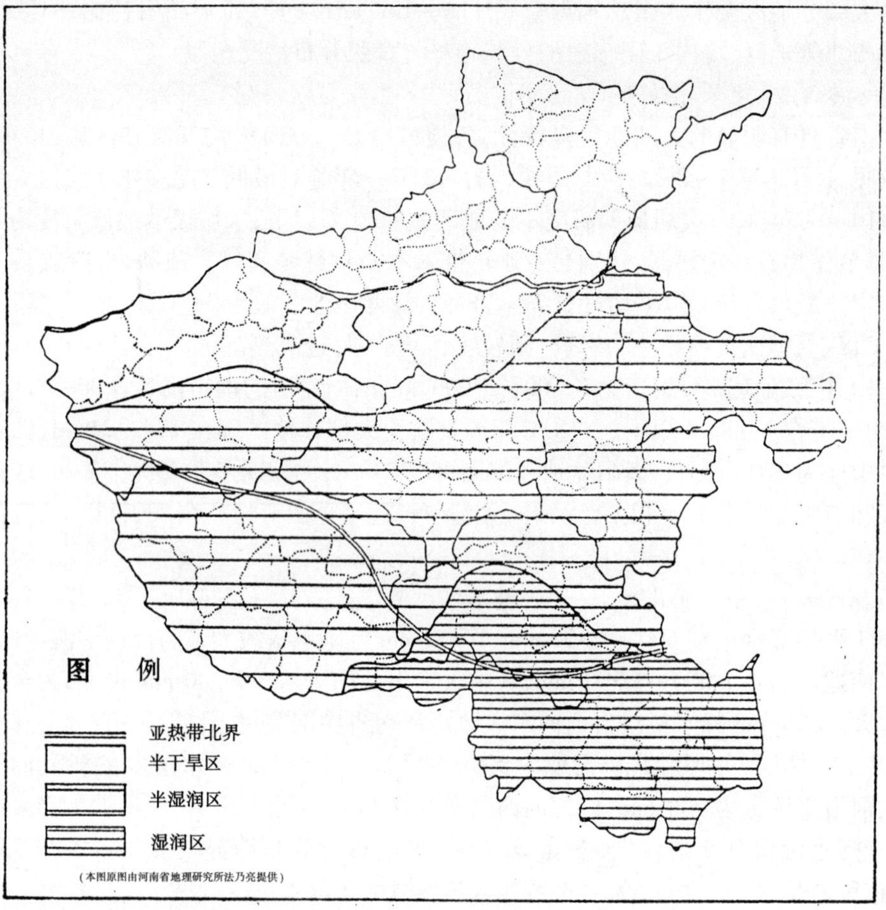

图 1-1 河南省热量带和干湿区图

以上的河流有 16 条。全省平均年径流深 197.6 mm,径流深分布基本上与降水量分布一致,平均径流模数为 6.266 L/(s·km^2)。地表径流总量约为 330 亿 m^3,约占全国年径流总量的 1.3%,平均每平方千米产水 19.76 万 m^3,为全国平均单位面积产水量的 68.57%。径流在省内的分布与降水分布大体一致,总的趋势是,南多北少,山区多于平原。

1.2.1.6 土壤条件分析

河南省受暖温带、北亚热带季风气候影响,形成了地带性的褐土(暖温带)和黄棕壤(北亚热带)。但各地气候、植被、地形、成土母质的不同以及人们对土地利用方式的差别,使得土壤类型亦很繁多。大的土类有 9 个,亚类 28 个,近 100 个土属。主要土类特性如下。

(1)褐土。成土母质多为第四系黄土及其洪积、坡积物。由于褐土的母质来源于黄土,而黄土母质中含有大量的碳酸钙,一般在 10% ~15%。所以,土壤含碳酸盐丰富,盐基饱和,碳酸盐呈各种形态淀积于剖面中下部;在 40 ~80 cm 处有一层褐色黏化层,质地黏重。全剖面呈碱性反应。根据其发育程度、石灰淋溶淀积和地下水影响等因素,划分为普通褐土、石灰性褐土、淋溶褐土、潮褐土、褐土性土五个亚类。

（2）黄棕壤。成土母质因所处地形部位不同而有很大差异。低丘缓岗区多为下蜀系黄土，浅山石质山岭区多为花岗岩、石英岩、片岩、闪长岩、大理岩、页岩等，土壤风化淋溶强烈，生物过程活跃，可溶性盐类易淋溶，铁、铝三价离子亦有移动，氢离子含量相对增加，土壤中黏粒形成和移动过程明显。有明显的淀积和块状结构，内有大量棕褐色铁锰胶膜。土壤呈黄棕色，常见有铁锰结核，呈酸性和微酸性，pH 值为 5.5 ~ 7.0。根据发育程度，可分为普通黄棕壤、黄棕壤性土两个亚类。

（3）棕壤。常见的成土母质有花岗岩、片麻岩、片岩、闪长岩、石英岩和石灰岩等，其中既有酸性结晶岩风化物，也有碳酸盐丰富的残积物。因植被茂密、光照不足、气候湿冷，有机质分解缓慢。由于土壤长期保存相当多的水分，土体盐基多被淋溶，不含游离石灰。上层土壤中黏粒向淀积层聚集作用明显，心土层质地黏重，故棕壤常具有 3 ~ 5 cm 厚的枯枝落叶层和 10 ~ 30 cm 厚的腐殖质层以及核状和块状结构的淀积层，土体无石灰反应，呈酸性至微酸性，pH 值 6.0 左右，表层有机质含量为 2% ~ 3%，高的可达 5%。根据植被变化及发育程度，可分为普通棕壤、白浆化棕壤和棕壤性土三个亚类。

（4）潮土。成土母质以近代河流冲积、沉积物为主，成土时间短，土壤得不到良好的发育和演化，发育层次不明显。潮土区地形平坦，水源丰富，土层深厚，是主要的耕作土壤，因受地下水、水分条件、盐碱化程度及热量条件影响的差异，可分为潮土、灰潮土、湿潮土、灌淤潮土四个亚类。

（5）盐碱土。盐碱土是暖温带半干旱半湿润的冲积平原区因地下水位的抬高而形成的，地下水的矿化度促使土壤盐碱化的加速和加剧。矿化度愈高，形成盐碱化速度愈快，盐碱化程度愈重，其地表 20 cm 土层中含盐量超过 1%。目前，该类土仅在豫东平原和豫东北低洼平原有少量分布。

（6）砂姜黑土。成土母质一般为第四系上更新统的湖相沉积物和后期覆盖的黄土性冲积、沉积物，质地为黏土或亚黏土，黏粒含量占土壤的 40% ~ 50%；遇水时土壤通透性特差，又因排水条件不好，表层常积水而形成表层潜育。剖面中有较多的砂姜形成，上层砂姜零星分布，愈往下愈多，有时成层分布。

（7）水稻土。成土母质较为复杂，在平原和丘陵区多为第四系下蜀黄土；在河流两岸多为近代河流冲积物；山前多为洪积、坡积物。水稻土系在长期水耕熟化条件下形成的具有独特基本性状和剖面特征的土壤，剖面中铁、锰等无机物质氧化还原作用强烈，黏粒和盐基向下移动，并随深度而增加，土壤呈青灰色并有铁锈斑纹，发育典型的水稻土具有淹育层、潴育层和潜育层。主要亚类有淹育型水稻土、潴育型水稻土、潜育型水稻土、漂洗型水稻土和沼泽型水稻土五个。

1.2.1.7　植被条件分析

河南的植物受气候和地形的影响，表现出南北不同地带的过渡性和自山区到平原不同环境的复杂性。一般在亚热带地区亦分布有暖温带的植物，在暖温带亦有部分亚热带植物。地带的过渡性以及自然史上生态环境的复杂演变，形成了多种多样的植被类型，蕴藏着丰富的植物资源。

河南省高等植物（除苔藓外）约有 197 科、3 600 多种。其中草本植物约占 2/3，木本植物占1/3，并有大量起源古老的科属，保存有许多孑遗植物。维管束植物198科、1 046属、3 244种（变种）。河南省特有植物也较多，特有科有杜仲科（Eucommiaceae）、银杏科（Cinkgoaceae）。河南省植物区系的地理成分较为复杂，在世界15个植物区系中，有13个植物区系的植物在河南有所发现。除世界植物区系成分外，我国植物区系中的5个植物类型区系的植物成分，在河南均有发现，并以华北植物区系和华中植物区系的植物最多。在秦岭、淮河以北，以华北植物区系成分为主，而华中植物区系成分多分布在秦岭、淮河以南的地区。西北植物区系的成分，多集中在豫东北平原上，并为盐生、沙生草甸的建群种；东北植物区系成分和西南高寒区系成分，以太行山及豫西山区为主要分布区。华东的区系成分，只出现在大别山区。

河南省自然植被共分为2个植被类型，5个植被区，9个植被片。河南省地处温带与亚热带的过渡区，气候适宜，北部为暖温带落叶阔叶林，南部为北亚热带常绿落叶阔叶林，东部和东北除沙丘、河滩、洼地及盐碱荒地有少数自然植被外，其他广大平原都已为人工植被所代替，成为河南最重要的农业区。豫西和豫西北山区广大范围内均为自然植被所占据，主要是栎、松林和草灌丛片。豫南山地自然植被虽然大部分已遭到破坏，但深山区仍然保存有次生林，类型也较为复杂。

河南省动物属古北界华北区和东洋界华中区的过渡地带。动物区系复杂。南北方种类均有分布且互相渗透。

河南省脊椎动物500多种，其中鱼类102种，两栖类19种，爬行类37种；鸟类近3 000种。属国家一类保护的有白冠长尾雉（我国特有种）、黑鹳，二类保护的有金雕、大天鹅、猕猴，三类保护的有麝、羚等。

1.2.1.8 河南省在全国自然区划中的归属

根据经纬度和海陆分布等地理位置的差异、地势轮廓及新构造运动、生物气候基本特征的差异等，全国划分为三大自然区，河南属其中的东部季风区；东部季风区按温度带划分为9个自然带，河南属其中的暖温带和北亚热带，再根据干湿状况和大地形单元划分出若干个自然区。

自然带的划分以日均温≥10 ℃持续期活动积温为主要指标，暖温带的积温值是3 000～4 500 ℃，北亚热带的积温值一般是4 500～5 000 ℃，河南淮河以北地区≥10 ℃积温值是4 500 ℃以下，属于暖温带，形成了河南北部落叶林－棕壤、褐土景观，显示了暖温带特征；淮河以南≥10 ℃积温值是4 900 ℃以上，属于北亚热带，形成了常绿、落叶阔叶林－黄棕壤景观，显示了北亚热带的特征。

1.2.1.9 社会经济条件

河南省地处中原腹地，承东启西，连南贯北，具有重要的区位优势和交通优势。全省现辖18个省辖市、159个县（市、区），到2007年底，全省人口9 869万人，其中城镇人口3 389万人，农村人口6 480万人，人口密度为591人/km^2。河南省是全国第一人口大省，又是全国第一农业大省、第一粮食生产大省、第一粮食转化加工大省、第一劳动力输出大省，同时也是重要的资源大省、经济大省、迅速发展的新兴工业大省和有影响的文化大省，在全国具有举足轻重的地位。

河南省是全国农产品主产区之一，粮食、棉花、油料、肉类等主要农产品产量均居全国前列。根据国家政策河南省实行最严格的耕地保护制度，耕地连续 9 年实现占补平衡，粮食播种面积稳定在 860 万 hm^2 以上。2007 年，粮食产量再创历史新高，达到 5 245 万 t，连续 2 年超过 5 000 万 t，连续 4 年创历史新高，连续 8 年居全国首位，新增粮食产量占全国增量的 1/3 以上。夏粮播种面积、单产及总产增量均居全国第一，不仅解决了全省近亿人口的粮食需求，而且每年还分别向省外调出商品粮和粮食制成品 100 多亿 kg，已成为全国最大的粮食生产和加工基地，为国家粮食安全作出了重要贡献。

2007 年，地区生产总值达到 15 058.07 亿元，居全国第五位，比上年增长 14.4%，增速高于全国平均水平 3.0 个百分点。人均生产总值突破 2 000 美元，比上年增长 13.8%，进入了快速发展的新阶段。经济结构不断优化，三次产业结构为 15.7∶55.0∶29.3，二三产业比重达到 84.3%，呈现出工业化、城镇化加快发展的显著特征。

经济增长的质量和效益明显提高，财政实力显著增强。2007 年，全省地方财政一般预算收入 861.5 亿元，居全国第八位；地方财政一般预算支出 1 868.4 亿元，居全国第五位。城乡居民收入快速增加，全省城镇居民人均可支配收入为 11 477 元，比上年实际增长 11.0%；农民人均纯收入为 3 852 元，实际增长 12.2%。形成了城乡居民收入连续两年保持双双两位数增长、农民收入增速高于城镇居民收入的良好格局，人民群众在经济快速发展中得到较多实惠。

经济发展的后劲更加充足。固定资产投资持续快速增长，2007 年全省全社会固定资产投资 8 010.11 亿元，比上年增长 35.6%。投资结构不断优化，食品、化工、机械、纺织、建材、电子等河南优势产业投资增长较快。城镇基础设施投资完成 1 526.66 亿元，农业、水利、环保、教育、文化等薄弱环节投资得到明显加强。一批事关长远发展的水利、交通、能源、城市基础设施、社会事业等重大项目建成或开工，进一步夯实了河南经济发展基础。

1.2.2　相关分区成果的说明

1.2.2.1　地貌分区

河南省地处我国地势的第二阶梯和第三阶梯的过渡地带，有山地、丘陵、盆地和平原，形成多种地貌形态。不同的地貌类型，对生产和建设具有不同的影响。豫西山地和豫东平原由于地貌上的显著差异性，在开发利用上极不相同。即使同一地貌形态，其成因也不尽相同，这些形态、成因不同的地貌类型，为农业生产和其他建设提供了多种多样的地貌条件。河南地貌类型复杂多样，但规律明显，区域差异显著。东部为广阔的平原，西部为山地和盆地。平原地区以沙颍河为分界，以北是以黄河为主体的冲积扇平原，以南则为淮河及其支流泛滥冲积和洪积、湖积而成的低缓平原。在平原边缘与山地交接地带则为洪积平原区。河南地貌区划反映了地貌的基本轮廓和地貌特点，对国土资源开发利用与农业生产具有重要意义。

1）地貌区划原则和指标

地貌区划是在认识各种地貌类型的特点及其分布和组合规律的基础上，根据地貌形态成因的相似性和各地区间形态成因的差异性原则，把地表划分为不同地貌区域，即把形态上相似、成因上相似或相关的地貌加以组合，构成独特的地貌景观区域单位。地貌区划力求正确反映地貌形态和成因的区域分布规律，体现地貌区域分异规律。

根据河南地貌类型的区域分异规律和地貌的研究程度,采用二级划分方案。一级地貌区的划分标志,主要是大地貌形态的相似性、大地构造单元和新构造运动的区域相似性,以及农业发展方向的大体相似性。二级地貌区的划分,主要是中地貌形态上和成因上的相似性,次级大地构造和次级新构造运动的相似性,农业利用方向的基本一致。据此把河南地貌划分为2个一级地貌区,7个二级地貌区。

河南省地貌区划图见附图2。

2)地貌分区及农业评价

(1)豫西、豫南山地丘陵盆地区:本区基本上分布在京广铁路以西及省境南缘。西部地貌以山地为主体,地势大致自西向东渐降,由中山变为丘陵;省境南部的山地为东西走向,山势南高北低,向北迅速降为低山丘陵。本区地貌类型复杂多样,有中山、低山、丘陵和山间盆地,为农、林、牧、副业的综合发展提供了多个地貌条件,但山地坡陡谷深,水土流失明显,耕地发展受到限制,故适宜林、牧业发展。

太行山山地丘陵盆地区。本区地貌的基本特征为山地明显地呈弧形带展布,中心集中延伸在西北部的边界地带,呈规则的弧形,构成弧形的山地核心。北东部盆地、低山丘陵及台地等,也是由北向西南偏转略呈弧形带状排列组合。区内地貌形成发育的地质构造基础为一中台隆,其地貌的平面格局主要是燕山运动形成,垂直方向上的高低起伏则主要是喜马拉雅运动,特别是新构造运动的差异性升降所形成。

黄土丘陵区。本区位于豫西山地的北部,包括小秦岭和崤山西段以北地区、崤山东段和济源的南部地区、伊河和洛河的中下游地带以及嵩山以北地区。区内地貌主要特点是:黄土广泛分布,黄土地貌占优势;构造和构造活动在地貌上反映明显;流水侵蚀强烈,水土流失严重,重力地貌作用较明显。

崤山—熊耳山—伏牛山山地区。本区为本省山地的主体,位于豫西中部,主要特征是:山势高峻,地势变化规律性明显;山脉与河流相间分布,其走向、流向明显受构造线方向影响;地貌基本轮廓受构造单元和地壳运动产生的构造格架所制约,新构造运动在地貌上反映明显;形成地貌的外力因素以流水作用为主,流水侵蚀占优势。

南阳盆地区。本区位于河南西南部,为本省规模最大的山间盆地。西、北、东三面环山,南部敞开,与襄樊盆地相连。南阳盆地是南襄拗陷盆地的一部分,白垩纪以来以沉降为主,周围山地丘陵相对抬升而形成。

桐柏—大别山地丘陵区。本区山地和丘陵主要属于桐柏山脉和大别山脉,部分属于伏牛山脉向东南延伸的山地。桐柏山脉呈西北—东南方向延伸,主脊以中低山为主,其东北部为连绵起伏的低山和丘陵。大别山脉近于东西方向,主脊地带以中低山为主,其北侧以丘陵为主,并有低山散布其间。

(2)豫东平原区:主要分布在京广铁路以东、大别山以北的广大地区,地势坦荡,土层深厚,地下水资源丰富,是河南省耕地最集中、土地质量较好的地区。大致以沙颍河为界,北部是以黄河冲积扇为主体的冲积平原,南部主要是由淮河及其支流的泛滥冲积和湖沼堆积而形成的低缓平原。

黄河冲积平原区。本区是以黄河大冲积扇、漳河冲积扇、安阳河冲积扇、沁河冲积扇和双洎河冲积扇等组合而成的冲积扇平原,其中黄河大型冲积扇为平原的主体。黄河以北的平原是黄河大冲积扇的北翼，地势由西南向东北微倾。该区是黄河决口泛滥和改道最频繁的地区之一，反映黄河变迁的地貌形态特征明显，故河道高地、故河道洼地、故河漫滩地、故背河洼地等地貌形态分布较为普遍。黄河以南的平原属于黄河大冲积扇的南翼，地势向东南倾斜，微地貌复杂，有古河槽、古河滩、古背河洼地、古泛道、决口扇、沙丘沙岗、沙地等多种类型。

淮河冲积平原区。本区位于沙颍河以南、伏牛山地以东、大别山地以北地区，主要是淮河泛滥冲积和湖积而成的低缓平原。地势低下而平坦，大体向东南微倾。本区沿河间平原和沿河两岸的平地上，有面积相当大的浅平洼地和湖洼地。平原上河流发育，大小支流众多，河道曲流发育典型，常有牛轭湖和遗弃河道发育。在淮河及其支流沿岸，由于受新构造运动振荡性和升降差异性的影响，分布有2~3级堆积阶地，汝河沿岸可见到3~4级阶地。区内地面平坦、土层深厚、土质肥沃、水源丰富，发展农业生产的基本地貌条件良好，但需进一步加强排水和除涝工程措施。

1.2.2.2　农业气候分区

气候组成的基本要素是光、热、水。这些基本要素的配合形式，对农业影响极大，是决定一个地区农作物种植种类、产量高低和质量优劣的重要因素。因此，它们可以称做农业气候资源。河南省由于南北纬度差异，各地受太阳辐射、季风环流和海陆影响等的不同，形成了本省各地气候差异较大的特点。

1）划分农业气候区的原则

气候在地球表面上的分布，有地带性规律和非地带性规律。气候区划科学揭示了这些地带性和非地带性的气候分布规律。农业气候区划则在为农业服务的思想指导下，依据下列原则而划分：①发生学原则，从气候成因来阐述气候分布规律，进行区划；②实用原则，农业气候区划要为农业尤其是农业生产服务；③综合因子原则和主导因子原则，前者着重于气候的差异性，后者着眼于气候的相似性，二者结合，达到客观划区的要求。在参照已有气候分区的基础上，将河南省分为7个农业气候区。

河南省农业气候分区图见附图3。

2）分区概述

（1）太行山前夏湿冬冷干旱区。本区纬度、地势较高，气温偏低，冬季寒冷时期长，为全省寒冷区之一。其中林州盆地，年均温在13 ℃以下，1月均温 -2.8 ℃，7月均温26.4 ℃。无霜期较短，在200 d以下。本区热量资源较其他地区为少，日均温≥10 ℃积温在4 300 ℃以下，最少年不足3 800 ℃。年均降水量在700~1 000 mm，年变率较大，太行山东部迎风坡是全省暴雨中心之一。本区背风向阳，热量条件较好，夏雨集中量大，易发山洪，水土流失严重，但泄洪能力强，基本无淹涝灾害。本区应加强水利工程建设，植树造林，防治水土流失；山区则应发展林业，以经济林木为主。

（2）豫东平原春旱风沙易涝区。本区属华北平原的一部分，由于地势低平，冬春寒潮南下时降温剧烈，冬季寒冷时间长。年均温13~14 ℃，1月均温 -1~3 ℃，0 ℃以下的寒冷期100 d，是全省寒冷期最长的地区之一，7月均温在27 ℃以上。无霜期210~220 d，日均温≥10 ℃积温为4 500~4 600 ℃，可以满足一年两熟作物的生长需要。全年日照时数2 300~2 600 h，日照率55%~59%。年均降水量在600~700 mm，夏雨集中，强度大。

冬春多大风,对小麦春季返青有危害。本区是全省旱、涝、低温、风沙、盐碱、干热风等各种自然灾害发生较多的地区,春季干旱尤为严重,对农作物生长影响大。冬春寒潮大风、霜冻低温危害较重,常危害小麦和棉苗。本区适宜桐粮间作和大搞植树造林,防风固沙,以削弱干热风影响和减轻盐碱灾害。

(3)淮北平原温暖易涝区。本区为华北平原南界,属南暖温带季风区。年均温14~15 ℃,1月均温-1~1 ℃,7月均温28 ℃。无霜期210~220 d。日均温≥10 ℃积温4 700~4 800 ℃,热量虽较淮南少,但足以满足一年两熟作物的生长需要。全年日照时数2 229~2 377 h,日照率49%~54%。年均降水量900~1 000 mm,夏雨集中且变率较大,春秋雨量相差不大。本区夏季旱涝灾害较多,对农业生产影响较大。春播时期(3~4月间)降水适中,无春旱,对春播十分有利。

(4)豫西丘陵干旱少雨区。本区年均温14 ℃以上,1月均温0 ℃左右。由于北部受中条山和太行山阻挡,寒潮不易入侵。7月均温在27 ℃以上。日均温≥10 ℃积温4 600~4 700 ℃,全年日照时数2 200~2 400 h,日照率约50%。年均降水量在600 mm以上,各地差异悬殊,伏牛山东南坡在800 mm左右,是全省暴雨中心之一。全区降雨多集于7、8月两月。本区因地势起伏土壤保水力差,加之水源不足,干旱对农业生产影响最大,几乎作物整个生产季都受威胁,尤以夏秋旱最为严重。夏雨集中多暴雨,易发山洪,对农业生产和人民生命财产安全威胁很大。

(5)豫西山地温凉湿润区。本区地势较高,气候温凉。海拔500 m以上,年均温12 ℃左右,1月均温-1~2 ℃;海拔1 000 m以上,年均温还不到10 ℃,1月均温-4 ℃。全区7月均温24 ~26 ℃。本区是全省热量资源较差的地区,≥10 ℃积温3 600~4 000 ℃,无霜期仅180~210 d,为全省霜期最长的地区。年均降水量一般为700~800 mm,年降水量的50%集于夏季。全年暴雨日数3~4 d,多在7、8月出现,虽日数比淮南地区少,但强度大、危害重。本区为山区,气温随高度上升而递减,南北坡亦有差异,因而山区农作物的组成和轮作制也表现出垂直地带性特点。山区的湿润度随高度上升而递增,其旱涝特点也随高度有差异,南北坡亦不同。山区涝灾影响作物生长。降水受地形影响显著,各地降水量分配不一。

(6)南阳盆地温暖湿润夏季多旱涝区。本区属亚热带北缘,地形背山向阳,热量充足,气候温和,作物越冬条件好,低温危害较少。年均温在15 ℃以上,1月均温1~2 ℃,西部高于东部,7月均温28 ℃。无霜期220~230 d,≥10 ℃以上的积温4 800~5 000 ℃。年日照时数2 185.5 h,日照率49%。年均降水量800~1 000 mm,夏雨集中,占年降水量的42% ~50%。本区农业气候极适宜小麦生长;小麦产量高,增产潜力大。夏季旱涝频繁,威胁晚秋作物稳产高产。区内西峡、淅川等地,适宜各种亚热带多年生木本作物生长,越冬条件比淮南为佳。

(7)淮南春雨丰沛温暖湿润区。本区纬度偏南,年均温在15 ℃以上。1月均温1~2 ℃,极端最低气温-20 ℃,每年低于-10 ℃寒冷期不足2 d。7月均温28 ℃以上,极端最高气温40~42.5 ℃,多出现于8月,日最高气温达35 ℃以上高温期有18~20 d。无霜期220 d以上。≥10 ℃以上的积温4 800~5 000 ℃,日照率为49% ~50%,年均降水量1 000~1 300 mm,年降水量的41% ~48%集中在夏季。本区水热资源丰富,完全能满足稻麦两熟需要。春秋季气温不稳，冬季寒潮，对双季稻和亚热带作物影响较大。降雨季节分配不均，对小麦生产不利。

1.2.2.3　水利分区

河南省幅员比较广阔，各地自然、经济条件和历史发展过程也不相同，农业生产和农田水利存在复杂的地域差异。为了根治水害、开发水利，使防洪、除涝、发电、水产、航运、城镇工业及生活用水、水土保持和水源保护等得到全面发展，按照自然条件和社会经济条件的相似性及区域的差异性，分区划片，因地制宜地实现水利化，尽可能满足整个国民经济发展和人民生活水平不断提高对水资源的需要。

1）分区原则

根据发展水利条件的地域分异规律，在同一区域内各种主要条件相似，在相邻区域间应有较大差别。考虑的因素有：①自然地理条件，如地形地貌、土壤、地质、水文、气象等；②土地资源状况；③旱、涝、洪、碱等自然灾害情况；④水利化方向和水利措施，如蓄、引、提、排、灌、防洪、除涝、井灌、渠灌等；⑤农业生产的基本特征与进一步发展方向的相对一致；⑥尽可能保持流域水系的完整，便于进行水资源的评价和供需平衡分析。

在全国水利分区和流域分区的基础上，根据上述区划原则，结合本省具体情况，全省拟分为 9 个分区。

河南省水利区划图见附图 4。

2）水利分区描述

（1）豫北太行山山丘区。该区位于河南省西北部，属海河流域。年均气温 12 ~ 13 ℃，年均降水量 650 ~ 800 mm，干旱指数 1.5 ~ 2.0。其地形为中山、低山、丘陵和山间盆地。中山海拔一般为 1 000 ~ 1 500 m，低山丘陵一般海拔 400 ~ 600 m，山区石灰岩广布，断层溶洞发育，有利于地下水汇存，山前有泉水涌露。

（2）卫河徒骇马颊河平原区。该区位于河南省北部，属海河流域。年均气温 13.5 ℃，年均降水量为 600 ~ 650 mm，干旱指数为 2.0，地貌类型比较复杂，主要有山前平原、扇形洼地、低平地、古黄河高滩地等，高程由 100 m 降至 45 m，地下水超采严重，引黄补源是当务之急。

（3）豫北黄河低洼平原区。该区位于河南省东北部，属黄河流域。年均气温 14 ℃左右，年均降水量 600 mm 左右，干旱指数为 2.0。历史上黄河频繁地决口泛滥和改道，对这一地区的地貌有着极大影响，地貌类型主要有黄泛沙丘、丘间洼地、黄河滩地、低平地和浅平洼地等，高程由 77 m 降至 40 m。水文地质条件大部分地区为地下水强富水区。

（4）伊洛沁河区。该区位于河南省西部，属黄河流域。年均气温 14 ℃左右，年均降水量为 600 ~ 800 mm，干旱指数为 1.5 ~ 2.0。地形有中山、低山、丘陵和黄土阶地，以及山间盆地和河谷平原川地。一般山区海拔 1 000 ~ 2 000 m。低山丘陵海拔为 800 ~ 1 000 m。由于流水切割，山体较破碎。黄土高原由西向东逐渐降到海拔 200 m 左右。水文地质条件是山丘区大部分为弱富水区。

（5）豫中伏牛山山丘区。该区位于河南省中部，属于淮河流域。年均气温 14 ℃以上。年均降水量为 800 ~ 1 000 mm，干旱指数 1.0 ~ 1.5。地形有中山、低山、丘陵、山间盆地和山前平原。嵩山主峰海拔 1 440 m，中低山一般海拔为 500 ~ 1 000 m，丘陵海拔

200～500 m,山前平原海拔 100～200 m。水文地质条件是:山地大部分为中等富水区,山前岗地为极弱富水区。

(6)豫东平原低洼地区。该区位于河南省东部,属淮河流域。年均气温 14～15 ℃,年均降水量为 650～800 mm,干旱指数为 1.5 左右。由于历史上黄河曾夺淮入海泛滥流经本区,造成地貌类型比较复杂,主要有黄河故道、黄泛丘间、沙碱洼地、扇缘洼地、低平洼地以及黄河浸润地等;地势比较平坦,由西北向东南倾斜,海拔由 100 m 降到 30 m。本区属于半湿润地区,正常年份地下水资源基本可以满足农作物生长需要。

(7)淮北平原区。该区位于河南省东南部,属于淮河流域。年均气温 14～15 ℃,年均降水量为 800～1 000 mm,干旱指数为 1.0～1.5。其地貌类型主要有河间微倾斜平地、低平地和洼地,地势由西北向东南倾斜,海拔由 100 m 降至 30 m。本区属于湿润地区,正常年份地表水资源基本可以满足农作物生长需要。

(8)淮南大别—桐柏山山丘区。该区位于河南省南部,绝大部分属淮河流域,一小部分属长江流域。年均气温 15.3 ℃,年均降水量为 1 000～1 300 mm,干旱指数为 0.75 左右。地貌类型有中山,面积较小,海拔在 1 000 m 以上,低山区面积较大,海拔在 300～800 m,其余皆是 100～200 m 的丘陵岗地。沿淮洼地海拔在 30 m 以下。本区属于湿润地区,正常年份地表水资源基本可以满足农作物生长需要。

(9)唐白河丹江区。该区位于河南省西南部,属长江流域。年均气温为 15 ℃,年均降水量为 800～1 000 mm,干旱指数为 1.0～1.5。地貌类型有中山、低山、垄岗高地和盆地倾斜平原。北、东、西三面环山,一般海拔为 500～1 000 m,高峰达 2 100 余 m;垄岗海拔 120～200 m,盆地平原海拔 80～120 m。水文地质条件是:盆地中部大部分为强富水区,山丘区大部分为中、弱富水区。

3)流域水资源量

在计算水资源总量时,从水循环的观点出发,考虑到降水、地表水、地下水之间存在着一定的单向或双向转化关系,它们处在同一个循环之中,互相联系,互相转化,构成了水资源的完整体系。这次分析改进了过去采用地表水资源和地下水资源分别计算而最后简单相加,导致水量重复计算,成果偏大,不能正确反映水资源总量的做法,而是相加后分别扣除计算的重复量。计算结果,全省水资源总量为 414 亿 m^3,其中地表水资源 313 亿 m^3,地下水资源为 205 亿 m^3,重复量 104 亿 m^3(见表 1-1)。

表 1-1　河南省水资源总量　(单位:亿 m^3)

项目	淮河	黄河	海河	长江	全省
地表水	178.5	47.4	20.0	66.9	312.8
地下水	121.5	34.1	21.6	27.5	204.7
重复量	49.5	21.6	9.07	23.6	103.8
总资源	250.5	59.9	32.5	70.8	413.7

4)地下水开采情况

河南省地下水开采量为 136.45 亿 m^3,占总供水量的 60.1%,主要开采浅层地下水。

按流域分区统计，海河、黄河、淮河、长江流域供水量分别为 41.99 亿 m^3、53.29 亿 m^3、107.49 亿 m^3、24.20 亿 m^3，分别占全省总供水量的 18.5%、23.5%、47.4%、10.6%。分区统计，郑州、开封、安阳、鹤壁、漯河、商丘、周口、驻马店等市以地下水源供水为主，占总供水量的 70% 以上，周口市最高达 94%。

在全省地下水开发利用中，农业生产用水和农村人畜饮水以开采浅层地下水为主，城市生活和工业用水以开采中深层地下水为主。

根据全省浅层地下水水位下降速率，参照地下水水位埋深变化情况，全省平原区地下水共划定 10 个超采区：①安阳—鹤壁—濮阳特大型超采区，总面积 7 731 km^2，为全省最大的超采区；②温县—孟州大型超采区，总面积 1 221 km^2；③商丘超采区，总面积 860 km^2；④许昌超采区，总面积 545 km^2；⑤新乡北站超采区，总面积 294 km^2；⑥新乡小冀超采区，总面积 121 km^2；⑦杞县—通许超采区，总面积 406 km^2；⑧长葛超采区，总面积 209 km^2；⑨舞钢超采区，总面积 216 km^2；⑩新野超采区，总面积 85 km^2。

其形成原因是地下水的过量开采，致使地下水水位持续下降，水位埋深逐年加大。

1.2.2.4　土壤分区

土壤区划是根据生物、气候、地形、土壤等自然条件及农业生产特点，按照土壤地带性原则，研究土壤分布的规律性，探求其相似性与差异性，进而划分出不同的土壤区域单位，同时指出各单位的环境条件、主要土壤类型、存在问题及利用改良意见，为农业生产服务。

河南省土壤区划图见附图 5。

1）土壤区划原则

土壤区划的原则是：①以农林牧副诸业为其服务对象，尤以农业为重点；②以土壤地带性作为土壤区划的理论基础，从而以土壤水平地带性、垂直地带性、区域性指导土壤分区；③省级土壤区划应尽量与全国土壤区划相一致，并与省内各部门区划相协调；④土壤区划界限，在可能条件下尽量与自然条件相一致；⑤做到科学性、群众性、生产性相结合。河南省土壤区划分级系统分为四级，即土壤地带、土区、土带、土片，而土壤区划图只反映到土区。

2）土壤地带与土区

（1）暖温带落叶阔叶林干旱森林草原棕壤褐土地带。本地带南以伏牛山主脉及沙河、汾泉河一线为界，东、西、北三面均达省界，年均气温 14 ℃左右，年均降水量 600 ~ 800 mm，地形西高东低，由山地经丘陵过渡到平原，自然植被以落叶阔叶林、旱生森林灌丛及草本植物为主。本地带包括 5 个土区，即豫西北丘陵褐土、红黏土区，豫东北平原潮土区，豫东北沿黄岗洼风沙土、盐碱土区，豫北太行山地棕壤褐土区，豫西伏北山地棕壤褐土区。

（2）北亚热带含常绿阔叶树种的落叶阔叶林黄棕壤黄褐土地带。本地带范围北以伏牛山主脉及沙河、汾泉河一线为界，东、西、南三面均达省界，年均气温 15 ℃左右，年均降水量 800 ~ 1 200 mm，其地形西部是东、西、北三面环山，向南经丘陵过渡到盆地，东半部为桐柏—大别山地，向北经丘陵过渡到平原、洼地，自然植被以落叶阔叶林为主，并含有常绿阔叶树种，如青冈栎、冬青、茶树等。本地带包括 6 个土区，即豫中东部洼地砂姜黑土区，豫西南南阳盆地砂姜黑土区，豫西南丘陵垄岗黄褐土区，豫南丘陵垄岗黄棕壤水稻土区，豫西伏南山地黄棕壤区，豫南大别山地黄棕壤区。

3)各土区的主要问题及改良利用措施

(1)豫西北丘陵褐土、红黏土区。本区的主要问题是地形复杂,水土流失严重,水源缺乏,易遭干旱,应采用农、林、牧、果、水措施相结合,提高经济与生态效益,作物种植以粮、棉、烟为主。

(2)豫东北平原潮土区。本区的主要问题是旱涝盐相随,三料矛盾,地力瘠薄,应除涝、灌溉并举,发展灌溉以井为主,化肥与农家肥结合使用,粮棉为主,同时发展经济作物。

(3)豫东北沿黄岗洼风沙土、盐碱土区。本区的主要问题是风沙、盐碱,改良利用的主要措施是植树造林,发展果树与牧业,放淤种稻,种棉及耐盐作物,健全排水系统,发展灌溉。

(4)豫北太行山地棕壤褐土与豫西伏北山地棕壤褐土区。本区的主要问题是山高坡陡,土薄石厚,森林滥伐,水土流失严重,自然资源未能充分发挥,今后应以林牧为主,同时发展经济林与果树,太行山区以板栗、山楂为主,伏北山地以苹果、核桃、山楂等为主,并应发展土特产品。

(5)豫中东部洼地砂姜黑土区与豫西南南阳盆地砂姜黑土区。本区主要问题是地势低洼,土质黏重,内外排水不良,应采取沟、渠、路、林、井相结合的措施,排涝防旱,作物应以粮食为主,同时种植芝麻、油菜等油料作物。

(6)豫西南丘陵垄岗黄褐土区。本区的主要问题是水土流失较重,土质黏重,应进行以水平梯田为主的农田基本建设,同时发展林、牧、果,增施有机肥料,作物以粮食为主。

(7)豫南丘陵垄岗黄棕壤水稻土区。本区主要问题是水土流失,土质黏重,土壤肥力差,应进行水平梯田为主的农田基本建设,充分利用"三水",大力种植绿肥,发展以稻麦为主的粮食作物,经济作物可发展红麻。

(8)豫西伏南山地黄棕壤区与豫南大别山地黄棕壤区。本区主要问题是植被破坏,水土流失,土壤粗骨性强、肥力差,应以林牧为主,并大力发展经济林。伏南山地以油桐、漆树、辛夷、猕猴桃等为主,大别桐柏山地应以茶、油茶、竹、油桐、板栗等为主。

1.2.2.5 土地开发整理规划分区

根据地形、地貌、气候等自然条件和社会经济条件的相对相似性,以及主要河流区域,利用河南省土地利用总体规划成果,并保持县界的完整性,将全省土地划分为10个开发整理区域,见表1-2、附图6。

1.2.3 土地利用现状特征

根据2007年河南省土地利用现状变更调查,土地总面积16 553 641.93 hm^2,耕地7 926 343.30 hm^2,其中基本农田6 893 333.33 hm^2,基本农田保护率86.9%,人均耕地0.081 hm^2(1.21亩)。各类土地面积及其占总面积的比例见表1-3。土地利用现状基本特征如下:

(1)土地利用率较高,耕地后备资源潜力小。全省土地利用率为87.21%,土地垦殖率为47.88%,二者在全国均居前列。未利用地虽占土地总面积的12.79%,但可开垦为耕地的只有9.96万 hm^2,仅占总面积的0.60%,占未利用地面积的4.70%。

表 1-2　土地开发整理规划分区

区域名称	范　围
豫北太行山区(Ⅰ)	林州、辉县、修武、沁阳、济源、博爱
豫北山前平原区(Ⅱ)	安阳市辖区、安阳县、鹤壁市辖区、淇县、浚县、汤阴、卫辉、新乡县、获嘉、武陟、温县、孟州、吉利区、焦作市辖区、新乡市辖区
豫东北平原区(Ⅲ)	南乐、清丰、范县、台前、濮阳县、濮阳市区、原阳、延津、封丘、长垣、内黄、滑县
豫西黄土丘陵区(Ⅳ)	巩义、荥阳、上街区、伊川、偃师、孟津、宜阳、新安、洛阳市辖区、义马、渑池、陕县、灵宝、湖滨区
豫西山地丘陵区(Ⅴ)	卢氏、洛宁、嵩县、汝阳、栾川、汝州、南召、西峡、淅川、内乡、鲁山
豫中山前平原区(Ⅵ)	登封、新密、新郑、郑州市辖区、禹州、长葛、魏都区、许昌县、鄢陵、郾城、舞阳、临颍、源汇区、西平、遂平、平顶山市区、宝丰、郏县、襄城、叶县、舞钢
豫东黄泛平原区(Ⅶ)	民权、睢县、宁陵、商丘市区、柘城、虞城、夏邑、永城、兰考、杞县、开封县、开封市郊区、通许、尉氏、川汇区、扶沟、西华、太康、鹿邑、郸城、淮阳、中牟
南阳盆地区(Ⅷ)	方城、镇平、南阳市区、社旗、邓州、新野、唐河、泌阳
沿淮平原区(Ⅸ)	商水、项城、沈丘、上蔡、汝南、平舆、新蔡、正阳、驿城区、息县、淮滨、潢川、固始
豫南山地丘陵区(Ⅹ)	确山、桐柏、信阳市区、罗山、新县、商城、光山

表 1-3　河南省 2007 年土地利用现状

地类		面积(hm^2)	比重(%)
土地总面积		16 553 641.93	100.00
农用地	耕地	7 926 343.30	47.88
	园地	320 719.56	1.94
	林地	3 019 460.09	18.24
	牧草地	14 426.93	0.09
	其他农用地	1 015 147.90	6.13
	合计	12 296 097.79	74.28
建设用地	城市用地	99 893.42	0.60
	建制镇用地	71 835.49	0.43
	农村居民点	1 401 833.25	8.47
	独立工矿	223 228.16	1.35
	盐田	32.06	0.00
	特殊用地	47 729.45	0.29
	交通用地	113 597.94	0.69
	水利设施	181 449.67	1.10
	合计	2 139 599.43	12.93
未利用地	未利用土地	1 537 495.90	9.29
	其他土地	580 448.81	3.51
	合计	2 117 944.71	12.80

(2)土地利用类型分布规律明显。由于受南北气候过渡性和东西地貌差异性的影响,农用地地域分布表现出明显的过渡性。耕地面积约有75%集中分布于占全省土地总面积55.6%的平原地区,约有25%分布于占全省土地总面积44.4%的山地丘岗地区。灌溉水田主要分布于豫南淮河两岸地区,水浇地相对集中于豫北平原。林木用地面积2/3以上集中于山区,广大平原不足1/3。

(3)土地资源开发条件区域差异性大。河南省东部黄淮海平原区和南阳盆地区水、热、土的组合条件较好,是全省耕作农业发展的主体;西部丘陵区水土条件相对较差,土地开发利用难度大,投入产出率低,适宜发展林果牧业;南部丘陵山区有较好的水热条件,土地开发条件较好,潜力亦较大。

(4)居民点及工矿用地比重较大。全省居民点及工矿用地面积占土地总面积的10.85%,高于北方多数省份,甚至超过南方人口密集的部分省份。主要原因是农村居民点占地过多。

1.2.4 土地开发整理工程基础设施现状与建设规划

1.2.4.1 交通运输

河南省区位优势十分明显,是全国承东启西、连南贯北的重要交通枢纽,拥有铁路、公路、航空、水运、管道等相结合的综合交通运输体系。河南省铁路运输优势尤为突出,地处全国路网中心,共有京广、陇海、京九、焦柳、太焦、侯月、新荷、新月、宁西等9条铁路干线和洛宜、汤鹤、安李、石林等4条铁路支线在河南境内交会,形成了纵横交错、四通八达的铁路网。郑州至西安铁路客运专线建设进展顺利,郑州至石家庄、郑州至武昌铁路客运专线已前期开工,郑州黄河公铁路两用桥、郑州集装箱中心站和郑州车站西出口建设等重点工程取得重大进展。2007年底,全省公路通车总里程23.8万km(含村道),其中高速公路通车总里程达到4 556 km,居全国第一位;全省新、改建农村公路3.1万km,实现了行政村村村通公路的阶段性目标;省会到市、市到县、县到乡公路客运网络初步形成。

1.2.4.2 水利设施

50年来,河南水利取得了辉煌的成就,按规划初步建成了除害与兴利相结合、大中小型工程相结合的水利工程体系,基本上达到了“小雨小旱”保丰收,“大旱大涝”仍有较好的收成。连续4年粮食增产,水利灌溉工程功不可没。

全省有效灌溉面积达495.584万hm^2,占全省耕地面积的63%。灌溉工程大致分为以下三种类型:

(1)自流灌区。全省已开发0.067万hm^2(万亩)以上的自流灌区238处,总有效灌溉面积131.31万hm^2。其中设计灌溉面积大于2.0万hm^2(30万亩)的大型灌区30处,总有效灌溉面积88.89万hm^2,占67.7%。大型灌区以水库供水为主的有南湾、石山口、泼河、鲇鱼山、梅山、薄山、板桥、宿鸭湖、鸭河口、引丹、昭平台、白龟山、白沙、陆浑、窄口、群库、漳南等17处;引黄灌区有人民、武嘉、赵口、三义寨、柳园口、韩董庄、祥符朱、大功、渠村、南小堤等10处,其他从河道引水的有红旗渠、跃进渠、引沁渠等3处。0.67万~2.0万hm^2的中型灌区36处,有效灌溉面积23.48万hm^2,其中水库灌区6处,引黄灌区16处,其他引河灌区14处。0.067万~0.67万hm^2的小型灌区176处,有效灌溉面积18.94

万 hm^2,其中水库灌区 101 处,引河灌区 75 处。

(2)井灌区。全省已打井 106.87 万眼(其中配套井 96.73 万眼),总装机容量 711.16 万 kW,总有效灌溉面积 311.07 万 hm^2(含井渠复灌面积)。

(3)提灌站灌区。全省已建成固定提灌站 11 883 处,总装机容量 53.93 万 kW,流动站总装机容量 42.67 万 kW,合计有效灌溉面积 43.76 万 hm^2。

全省初步建成节水灌溉面积 80.50 万 hm^2,占有效灌溉面积的 17.8%。其中喷、滴灌 4.56 万 hm^2,装机 11 136 台(套);低压管道输水灌溉面积 40.50 万 hm^2,管道总长 3 600 万 m;其他节水灌溉面积 35.44 万 hm^2。

河南省浅层地下水超采区、灌区分布示意图见附图 7。

1.2.4.3　农村基础设施建设

农业生产条件不断改善,农业机械总动力 8 718.7 万 kW,比上年增长 4.9%;农村用电量 223.4 亿 kWh,增长 18.3%;全年新增有效灌溉面积、节水灌溉面积 11.2 万 hm^2、7.5 万 hm^2;治理水土流失面积 1 086 km^2,为农业丰产丰收奠定了坚实的基础。农村基础设施建设不断加强,全省农村公路、农村中小学危房改造、农村安全饮水工程等基础设施建设走在全国前列。至 2007 年底,全省农村公路总里程 21.4 万 km,居全国第一位。累计解决了 777.9 万农民的饮水安全问题。坚持集中资金、整村推进扶贫开发,投入 12 亿元推动 803 个贫困村整村推进建设任务,78 万贫困人口实现脱贫。

1.2.4.4　地下水保护对策

建立地下水预警与应急系统,有效预报地下水变化情况,并及时采取相应的措施,以控制和减少对地下水资源的破坏。

河南省的地下水与地表水污染具有很高的相关性,在地表水污染严重的地区,地下水水质污染范围也比较大。因此,应加强对地表水的保护和治理,尽量减少地表水对地下水的污染源。

加强水资源的统一规划和管理,制定地下水专项规划保护流域内的地下水资源。逐步做到地下水依照补给量控制开采,做到采补平衡,保证水资源可持续利用;加强对地下水环境污染防治的科学研究,积极转化科研成果,推广地下水环境污染防治的先进技术,改善地下水环境和地下水污染脆弱性地区的生态环境。

实施地表污染水体控制工程和地下水污染治理工程,以及地下水源保护工程,建设地下水监控体系。

建立健全河南省地下水管理制度。完善地下水管理法规、制度建设,依法强化地下水的管理和保护。

河南省农业灌溉现有机电井分布示意图见附图 8。

1.2.5　土地开发整理工程实践及潜力

多年来,河南省省委、省政府和各级国土资源部门认真落实党中央、国务院做出的关于加强土地整理的一系列重大决策,精心谋划,严格管理,把土地整理纳入法治和政策规范的轨道,理清思路,与时俱进。截至 2007 年底,河南省共设立土地整理项目 483 个,总规模 26.89 万 hm^2,新增耕地 3.78 万 hm^2,总投资金额 43.68 亿元。其中国家已批复河南省土地开发整理项目272个,建设规模24.48万 hm^2,预计新增耕地3.39万 hm^2。河南省的土地整理工作在保持耕地总量平衡、保护耕地资源、坚守耕地红线的战役中,作出了贡献。

耕地产出增实力,人民得实惠,土地整理实现了“双保双赢”。通过开展土地整理,优化土地利用结构,改善生活生产条件,既保护了土地资源,又保障了耕地总量不减少和耕地的可持续发展,为河南省的经济发展和社会需求提供了资源保障。通过水利、道路、林网等各项工程建设,改善了灌溉、交通等农业生产条件,提高了农田生产能力。整理后,项目区平均粮食产量一般可提高10%~20%。根据对已竣工项目的调查测算,土地整理项目区内的土地每公顷年净收益可增加约1 275元,土地开发项目区新增耕地每公顷年净收益5 850元左右。

河南省通过土地整理,保护了耕地资源,27万 hm^2 的基本农田得到整理,建设成了一批高标准的基本农田,使耕地综合生产能力得以提升。同时,一大批荒废闲置多年的荒地、老宅基地、砖瓦窑厂、工矿废弃地等得到了整理使用,节约了土地资源,增加了有效耕地面积,农村土地的使用效率明显提高。工程实践表明,基本农田整理新增耕地潜力在5%以上,耕地整理新增耕地潜力在10%以上,土地开发复垦新增耕地潜力在40%以上。

1.3 相关分区成果分析与应用

1.3.1 相关分区成果分析与应用

上述分区中前四种是不同的单一自然要素出发而划分的要素分区,是对各要素地带性和非地带性规律的总结,是同一要素空间相似性或差异性的区分,它对于研究单一要素的分布规律具有较高的应用价值。对于分析研究不同区域的工程类型与措施具有一定的参考价值。

土地开发整理规划分区是为落实土地开发整理规划指标而进行的一种综合分区,它综合各种自然、经济和社会等条件而划分,但未考虑土地开发整理工程特点的空间差异。

土地开发整理工程是包含多项工程内容的复杂工程体系,其类型区的划分必须建立在综合分区的基础之上,根据工程特点的空间相似性和差异性进行划分。但上述五种分区对划分土地开发整理工程类型区具有重要参考价值,要素分区是分析土地开发整理工程空间相似性和差异性的重要依据,土地开发整理规划分区对确定土地开发整理工程类型区的数量具有指导作用。

1.3.2 不同区域的主要工程差异分析

豫北平原、中部丘陵、豫西黄河两岸及伊洛河谷地为半干旱地区,年均降水量600~700 mm,年蒸发量为1 200多mm,春秋季节多干旱,在农业生产中应特别重视防旱抗旱;针对耕地面积大、水资源短缺、风沙危害严重等问题突出,以加强农田基本建设为重点,合理布置土地平整、灌溉与排水、田间道路、盐碱风沙治理等工程。

豫东平原、南阳盆地和伏牛山东麓低山丘陵为半湿润地区,年均降水量700~1 000 mm,因雨热同期,有利于作物的生长发育,但由于降水变率大及局部地形的影响,往往出现旱涝交错现象,不利于降水的有效利用。从常年平均情况看水分不足,因此适时灌溉仍是保证该地区作物稳产高产的必要措施。

淮河以南大别山、桐柏山地区以及伏牛山山地南坡为湿润地区,年均降水量在 1 000 mm 以上,因年内降水分配未必与作物生长需水规律相符合,也易造成水分的相对过剩或不足,因此适当的灌溉和排水措施仍是保证作物稳产与高产的前提。该区地形破碎,降水量大,沿河低洼处多洪涝灾害;垄岗区易发生干旱;全区土壤过于黏重,冷浸田和烂泥田多,应把土壤改良、土地平整、排涝等工程作为重点。宜在丘岗坡地修筑梯田,布置灌溉工程;对于渍涝潜育型冷浸田和烂泥田,完善排水工程;发展水土保持林和水源涵养林,减轻山区洪水的危害。

1.4 土地开发整理工程类型区划分

1.4.1 土地开发整理内涵与项目特点

1.4.1.1 土地开发整理内涵

土地开发整理是人类利用自然和改造自然的措施,是社会经济发展到一定阶段解决土地利用问题的必然选择。土地整理的基本内涵是:在一定区域内,按照土地利用规划或城市规划确定的目标和用途,采取行政、经济、法律和工程手段,调整土地利用结构,进行科学规划,合理布局,综合开发,提高土地资源的利用效率,改善生产生活条件和生态环境,促进经济、社会、环境三大效益的良性循环。

土地开发整理是以增加有效耕地面积、提高耕地质量为中心,通过对田、水、路、林、村综合整治,改善农业生产条件、农村居住条件及生态环境。土地开发整理工程就是为了实现土地开发整理的目标而采取的各种工程措施的集合,土地整理工程是土地开发整理项目的重要组成部分和建设内容。

按照整理对象、项目投资主体、项目投资导向等,可以将土地整理分为不同的类型。

根据整理对象的不同,土地整理在总体上可分为农地整理和非农地整理。农地整理主要包括耕地整理、园地整理、林地整理、牧草地整理和养殖水面整理等,农地整理的内容一般包括平整土地、改良土壤、归并零散地块、规范地块形状,建设田间道路工程和农田水利设施;非农地整理主要包括村镇用地整理、城镇用地整理、独立工矿用地整理、交通和水利设施用地整理等。尽管我国目前各类土地整理都有不同程度的进展,但土地整理的重点仍是耕地整理。按照被整理土地利用状况,可分为土地整理、土地复垦和土地开发。

按投资主体的不同,可以分为中央政府投资的土地整理、地方投资的土地整理和其他投资的土地整理(资金来源于农民集资、公司投资、其他社会机构投资和外资等)。

根据各地土地整理的实践特点,目前我国土地整理可概略归纳为以下几种类型:一是以“三个集中”为主要内容的土地整理,即通过迁村并点,逐步使农民住宅向中心村和小集镇集中;通过搬迁改造,使乡镇企业逐步向工业园集中;通过归并零星地块,使农田逐步向规模经营集中。二是结合农田基本建设,对田、水、路、林、村综合整治的土地整理。三是以对小流域统一规划,综合整治,提高农业综合生产能力,改善生态环境为主要内容的山区土地整理。四是结合农民住宅建设,迁村并点、退宅还耕,通过实施村镇规划增加耕地面积的村庄土地整理。五是通过控制城市外延式扩展,挖掘城市存量土地潜力,解决城市建设用地,实施城市土地整理和盘整闲置土地的闲置土地整理。六是通过对工矿生产建设形成的废弃土地进行复垦整治,增加农用地或建设用地,改善生态环境的矿区土地整理。七是灾后土地整理,即结合灾后重建对水毁农田抢整、兴修水利和移民建镇对移民后旧宅基退宅还耕。

1.4.1.2 土地开发整理项目的特点

土地整理是一项涉及面广、政策性强、技术综合的系统工程,具有工程等级低、综合性强、地区差别大、外部效益显著等特点。

(1)工程等级低。土地开发整理的单项工程建设规模小,灌溉与排水工程的规模多数属于小型灌区,很少涉及骨干水利工程建设,只进行土地平整和田间工程配套建设,其工程一般在Ⅴ等5级以下。

(2)综合性强。土地开发整理工程属于区域性土地治理工程,综合性强,是一个多目标建设的土地生态系统,既有土地平整工程,又有灌溉与排水配套工程,还有农村道路、农田防护工程等,是一项改变生产条件的综合性工程,各项工程之间相互制约、相互协调。土地开发整理工程是一个整体,发挥综合的作用。

(3)地区差别大。我国国土面积大,地形地貌类型多样,土地开发整理工程类型多,工程类型分布差别很大。如北方地区地形较平,修建条田和方田较多,农田水利工程以地表水灌溉或井水灌溉为主;南方地区山地丘陵较多,坡改梯工程较多,农田水利工程以地表水灌溉为主。

(4)外部效益显著。土地开发整理工程的目的主要是增加有效耕地面积,提高耕地质量,改善农业生产条件和生态环境,因此工程的外部效益比较显著。

(5)具有规划功能。土地开发整理规划是对田、水、路、林、村的综合整治,统一规划,是社会主义新农村建设的重要任务之一,是农村土地资源进行合理分配的主要途经。因此,土地开发整理项目在实施阶段具有很强的规划功能。

1.4.2 工程类型区的概念

类型是具有共同特征的事物所形成的种类,区是指区域或地域。类型区是指具有共同特征的事物所形成的种类在空间上分布相对集中的区域或地域,是类型和区域的结合体。

土地开发整理工程类型区的定义与一般的行政区、地貌类型区或者是相关的土地开发整理规划分区均有本质的区别,它是集成了社会环境、经济环境、自然环境与技术环境等多方面要素的特殊区域,它是体现土地开发整理地域差异和工程组合特征的单元。

土地开发整理工程类型区是按照土地开发整理建设目标、工程内容、工程组合地域特征相似性原则,划定的体现土地开发整理地域差异和工程组合特征的单元。它综合考虑影响工程修建的自然与地理条件,经济与行政制度等社会因素,影响农业生产的气候、土壤等生态条件因素等,对涉及工程系统的各种内外机制和经济发展现状与潜力进行空间分割。

传统区划(分区)的方法,是以地域特征的地理分布为基础,单一要素或是具有共性的多项要素的组合为单元,划分出有固定分布范围,有清晰的地理边界,有特定的界线,如行政界线,其他的自然要素方面的温度、雨量、高程等值线,分水岭界线等,构成彼此互不交替、互不重叠、相互衔接的封闭区域。

土地开发整理项目,虽然其建设目标和内容明显受地域条件的制约,但因为它是一个独立的工程建设项目,单纯宏观上区域定性的深度不能满足项目立项选择、项目评估、工程设计、项目实施管理等方面的要求,必须在微观上提供区域性的类型要素(如微地貌特征、区域地质条件、水源类型等),为项目立项的前期工作、项目实施等环节提供具有可操作性的技术支撑,包括规范化的方法和标准、重要技术参数的筛选等。

从区域的整体观念出发,把特定的区域划分为若干不同层次、各具特点的功能单元,其实质是对区域生态、经济、技术因素在空间状态的分类。

1.4.3 工程类型区的特点

1.4.3.1 复合性特征

工程类型分区即工程类型区,它是以单项工程内容为集合体的一种分区成果,突破了传统的地域划分和类型划分各成独立系统的做法。采用地域特征和类型参数两方面要素结合的"类型区"新概念,较为合理地解决了两个独立系统——地域分布和类型特征表述及衔接方面的一些难题,如相互脱节、难以重合,以致出现交叉、重复、遗漏等问题。

土地开发整理工程,是以"田、水、路、林、村"综合整治为重点的多目标、多内容、多效益的综合工程项目。由于是多项建设内容的集合体,因此针对不同项目区,其工程建设内容和工程组合模式均是不相同的。相似或相同的工程组合内容是工程类型区划分的基础。

1.4.3.2 综合性和专业性相结合的特征

工程类型分区的另一个重要特点,就是划分所依据的地域或类型特征,包括地质基础、地形、地貌、水文、气候、土壤等条件,体现了其地域的综合性。同时又是以影响该地区土地整理的目标、内容、工程组合与工程模式等的关键因素为依据,即工程类型区就是某一特定区域内的工程类型的组合。"工程类型"分区是按照"工程建设属性"进行区域划分的过程。任何一个工程建设项目,影响因素是多层次的,一般包括气候、水文、地质、地形等。对土地开发整理工程项目来讲,影响因素还包括土壤、作物种植、社会经济条件等。

1.4.3.3 层次性特征

不同层次的类型区其体现的侧重点是不同的,一般高层次的类型区划分着重体现区域差异。关键的地域特征包括地理位置、气候、水文、地质地貌、土壤类型、土地利用方式、农业种植制度等,侧重于确定项目土地整理的方向和目标;低层次的类型区则侧重于与项目建设有关的类型要素,如末级地貌单元、第四纪地质与成土母质、土体构型与土壤理化性状、水源条件与灌排方式等。上述两个层次的划分并非绝对的,而是相互渗透的,实际上高层次的类型区是每一个土地整理项目的典型区域特征的界定和地理要素定位,低层次类型区则服务于特定区域特征条件下项目目标和建设内容的确定。所以低层次的类型区也可以直接用工程模式来命名。

1.4.3.4 不受行政区划限制的特征

行政边界虽然与自然地理条件有一定的关系,但它与形成的历史有重要关系,不仅一个省域会分属不同的类型区,就是一个县或乡甚至一个村也可能分属不同的类型区。一个县涉及半个平原、半个丘陵山区的比比皆是。因此,工程类型区的划分必须打破行政区域边界。解决这个问题的办法是不同层次类型区的划分要涵盖相应行政区划单元(省、地、县)的全部土地整理项目。任何一个土地整理项目不仅要在类型区框架内找到自己的位置,而且每个类型区内的土地整理项目都有明确的行政隶属关系,满足土地整理项目按行政单元进行管理的全部需要,包括项目审批、监督管理、检查验收、基础数据汇总统计等。

1.4.4　工程类型区划分的原则与依据

1.4.4.1　工程类型区划分的原则

(1)自然条件相似性原则。自然条件是土地潜力发挥的基础条件,决定了土地的开发利用特点,影响到土地开发整理工程措施的实施条件及实施效益。因此,工程类型区内地形地貌、土壤、光温、降水、自然灾害等自然条件要求基本相似,以确保工程措施在类型区内具有统一性和针对性。

(2)主要限制因素相似性原则。限制因素是指对农作物生长产生不利甚至制约作用的因素,具体包括影响农业生产的土壤、自然条件、水利设施以及人为污染等因素。土地开发整理工程建设目的旨在改善农作物生长条件,减弱限制因素的不利影响,提高粮食生产能力。因此,工程类型区的划分应遵循区内限制因素基本相似的原则,从而确保工程模式和工程措施具有针对性。

(3)土地开发整理工程模式相似性原则。土地开发整理工程类型区的划分应在充分研究区域特性的前提下,结合工程内容、工程实施条件以及工程目标,明确不同区域土地开发整理工程内容的差异,并以此为基础,从而促进土地开发整理工程措施设计的统一性和实施的有效性。

1.4.4.2　工程类型区划分的依据

(1)国土资源部《关于开展〈土地开发整理工程建设标准〉编制试点工作的通知》(国土资厅发[2005]120 号)及其编制指南。

(2)河南省地形地貌、土壤、水文、气候、农业区划等自然、社会经济条件相关资料。

(3)与土地整理类型区划分有关的其他行业的分区分类成果,如河南省地貌区划、农业气候区划、土壤区划、综合自然区划、农业区划、水利区划、灌区分布等区划成果。

(4)河南省土地开发整理规划确定的分区和重点区域、重点工程规划。

1.4.5　工程类型区划分的主要指标与命名规则

1.4.5.1　一级类型区划分的主要指标及含义

一级类型区划分的主要指标是气候湿润指标和地貌形态类型。

1)气候干湿指标——湿润系数

湿润系数是表示气候湿润程度的指标,它是干燥度的倒数,用地面水分的收入量与支出量的比值表示。湿润系数 K,降水量 P,蒸发量 E,即 $K=P/E$,$P\geqslant E$,表明水分收入大于等于支出,属于湿润状况;$P<E$,说明水分入不敷出,属于半湿润半干旱状况。一地的年

降水量反映该地的水分收入状况，蒸发量反映水分支出状况，某地是湿润还是干旱，取决于该地蒸发量与降水量的对比关系。

河南省气候区划把 $K<0.7$ 区域定为半干旱地带，把 $K=0.7\sim1.0$ 区域定为半湿润地带，把 $K>1.0$ 区域定为湿润地带。

2）地貌形态类型

根据一定原则对地表起伏形态划分的类型，一般采用形态分类和成因分类相结合的分类方法。地貌形态类型指根据地表形态划分的地貌类型。目前世界各地的形态分类并不统一。我国的陆地地貌习惯上划分为平原、丘陵、山地、高原和盆地五大形态类型。

河南的地貌主要有两个特点：其一，地势西高东低，东西差异明显。河南位于我国第二级地貌台阶和第三级地貌台阶的过渡地带。西部的太行山、崤山、熊耳山、嵩山、外方山及伏牛山等属于第二级地貌台阶，东部的平原、南阳盆地及其以东的山地丘陵，则为第三级地貌台阶的组成部分。河南地势的总趋势为，西部海拔高而起伏大，东部地势低且平坦，从西到东依次由中山到低山，再从丘陵过渡到平原。其二，地表形态复杂多样，山地、丘陵、平原、盆地等地貌类型齐全。河南地貌形态复杂多样，境内不仅有绵延高峻的山地，也有坦荡无垠的平原，既有波状起伏的丘陵，还有山丘环抱的盆地。多种多样的地貌类型，为河南农林牧和工矿业的全面发展提供了有利的条件。

河南地貌区划把全省分为黄淮海平原类型区、豫西山地丘陵类型区和豫南山地丘陵类型区。

1.4.5.2 二级类型区（工程模式）划分的主要指标及含义

二级类型区（工程模式）划分的主要指标是微地貌形态类型、年平均气温、年平均降水、主要限制性因子。

微地貌形态类型是在一级地貌类型之下细分的地貌形态，如平原分为倾斜平原、低洼平原、冲积平原、湖积平原、盆地等；山地丘陵细分为中山丘陵、低山丘陵、黄土丘陵等。

年平均气温和年平均降水是表示温度和水分的主要气候指标。

主要限制性因子是指农作物正常生长受到的主要障碍因素，也是土地开发整理的主要工程措施。

1.4.5.3 类型区命名规则

一级类型区：代表性地域名称＋地形地貌（或其他主要地域特征）名称＋类型区。

二级类型区（模式）：土地开发整理工程措施组合特征（一、二个）＋模式。

河南省土地开发整理工程类型区分布图见附图9。

1.4.6 工程类型区划分方法

土地开发整理工程类型区以土地开发整理工程特性为基础，按照全省地形地貌、地质、水文、土壤等自然条件的相似性和差异性而划分。

类型区划分采用演绎和归纳相结合、分层划分的方法，在收集整理宏观资料基础上通过由上而下的演绎和由下而上的归纳，最后形成全省的类型区框架体系。

为了保证类型区内部自然条件、经济社会条件以及工程模式的相似性，采用两级区划的模式进行工程类型区的划分。首先根据全省地形、地貌、气候等自然条件的区域差异，采用图层叠加的方法，划分土地开发整理工程一级类型区。一级类型区基本保证了地形、地貌、气候以及农业耕作制度在类型区内的相似性。

土地开发整理工程建设内容、建设模式及措施特性因区域地貌、水系分布、土壤条件的不同而存在差异，而一级类型区仅从宏观角度上进行了空间区域的划分，还不能准确描述类型区内土地开发整理工程建设特性及工程模式类型。因此，为了进一步反映土地开发整理工程特性，根据每个一级类型区内的土壤、地貌、水文等自然条件的区内差异，结合土地开发整理工程措施特性，划分土地开发整理工程二级类型区（工程模式）。二级类型区（工程模式）内土壤特性、地貌特征、工程模式具有较高的相似性。

1.4.7 一级工程类型区划分

以河南省最新各种资料为基础，突破行政区划和某些特定的区域界线，用区域要素与类型特征结合类型区的概念来确定本省分区类型。每个类型区有一定的地理分布范围，但不是一个由某个特定边界划分的封闭区域，只是某个特定类型地理位置的界定。一级类型区基本按国土资源部统一的一级分区类型进行分区，按照自然条件相似性原则，依据气候干湿度和大地貌形态的相似性，以及农业发展方向的大体相似性，最终将全省划分为3个一级类型区，即黄淮海平原类型区、豫西山地丘陵类型区和豫南山地丘陵类型区，见表1-4和图1-2。

表1-4 河南省一级类型区划分

国家一级类型区		B华北平原类型区	C北方山地丘陵类型区	G南方山地丘陵类型区
省级一级类型区		黄淮海平原类型区	豫西山地丘陵类型区	豫南山地丘陵类型区
划分的主要依据及指标	湿润指标	半湿润半干旱地区	半干旱半湿润地区	湿润地区
	地貌形态	平原	山地丘陵	山地丘陵

1.4.7.1 黄淮海平原类型区

指淮河以北广大的东部平原地区，本区地貌类型以山前倾斜平原、黄河冲积平原和淮河冲积湖积平原为主。海拔一般在40～200 m，该区年均气温14.0 ℃，年均降水量600～950 mm，年均蒸发量1 500～2 300 mm。土壤主要为褐土和潮土，其次为砂姜黑土和风沙土等。全区地势平坦，土层深厚，为河南省乃至国家重要的粮食生产基地之一。

1.4.7.2 豫西山地丘陵类型区

豫西山地丘陵类型区位于河南省的西部和西北部，其北部是山西高原上升和华北平原下降的边缘，该区西与陕西、山西接壤，西南部与湖北相邻。区内主要有太行山、小秦岭、崤山、外方山、伏牛山和嵩山，海拔一般在1 000～2 000 m，部分山峰海拔超过2 000 m，该区域是秦岭山脉西部的延伸。主要山脉分支之间有相对独立的水系分布，山脉与水系相间排列，较大河流与一些山间盆地相连。该区年均气温13.0 ℃，年均降水量500～1 000 mm，年均蒸发量1 600～2 200 mm。日照时数1 495～2 217 h，太阳辐射量108.83～120.186 kcal/cm^2。区域内山地、丘陵、盆地均有，特殊地貌类型有黄土地貌和岩溶地

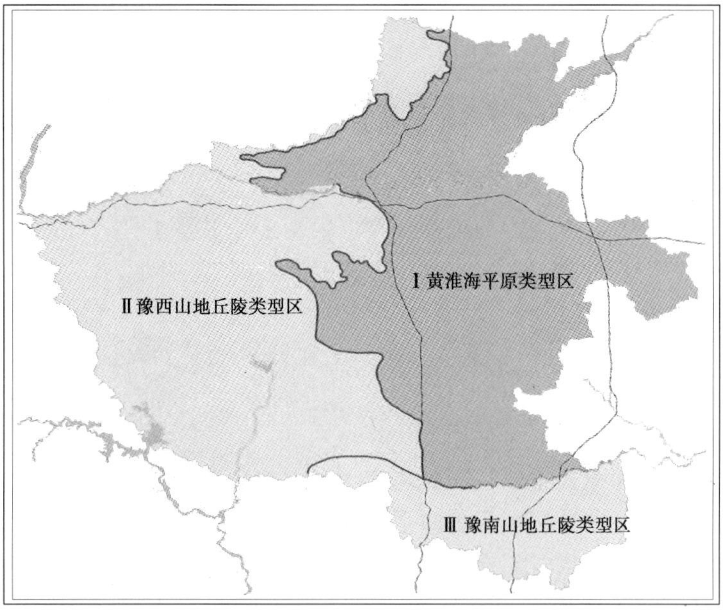

图 1-2　河南省土地开发整理一级工程类型区图

貌。主要土壤类型有棕壤、褐土、红黏土、黄棕壤、黄褐土、砂姜黑土。该区北部为豫西洛阳—三门峡一线的黄土丘陵和豫北的山地丘陵，中部为小秦岭、崤山、熊耳山、伏牛山和外方山等较大的山脉组成的豫西山地，南部为南阳盆地。

1.4.7.3　豫南山地丘陵类型区

该区位于淮河以南地区，属于大别山北坡，南部与湖北省相邻。区域范围包括南阳市的桐柏县和信阳市淮河以南的区域。全区地处北亚热带，有明显的过渡特点。区域地貌总的趋势是自西南向东北倾斜，自桐柏大别山山脉主脊向北地势逐渐降低，由低山、丘陵过渡为山前洪积倾斜平原。该区属于北亚热带湿润季风气候区，年均日照时数 1 990 ~ 2 173 h，年均气温 15.3 ℃，相对湿度 75% ~80%，无霜期 217 ~228 d，年太阳辐射总量 112.7 ~121.7 kcal/cm^2，全年平均降水天数 102 ~129 d，降水量在 900 ~1 300 mm，降水量年变率在 14% ~20%，年蒸发量 1 355 ~1 500 mm，区域水资源充足。全区地带性土壤为黄棕壤，土壤类型有黄褐土、棕壤、紫色土、红黏土、石质土、粗骨土、潮土、水稻土等，区域内以水稻土分布最多。动植物资源丰富，具有北亚热带的显著特征。

1.4.8　二级类型区（模式）划分

1.4.8.1　土地开发整理工程模式的概念

土地开发整理工程模式（简称模式）是为实现土地开发整理目标而确立的各项工程的组合方案。

1.4.8.2　土地开发整理工程模式构建方法

分析土地开发整理工程二级类型区的自然条件和限制性因素，根据不同类型工程的建设方式、建设特点以及对土地利用的改良方向和优化效果，归纳总结全省范围内土地开发整理工程模式的类型，从田块形式、水源类型、灌溉方式、排水方式、路面特征、防护林类型等方面明确不同模式的工程组合形式。划分结果见表 1-5。

1.4.8.3　土地开发整理工程模式特征

按照各项工程的内容和作用，土地开发整理工程可以分为土地平整工程、农田水利工程、田间道路工程和农田防护工程四大工程。

土地开发整理工程模式针对不同类型区的自然、经济社会等条件，因地制宜、科学合理地确定土地开发整理工程内容和工程类型。根据土地平整工程、农田水利工程、田间道路工程和农田防护工程的实施目的，分别选取田块形式、蓄引水方式、灌溉方式、渠道特征、排水方式、路面材质、防护林类型表征工程组合特征，平原地区突出灌溉水源和灌溉方式特征，山地丘陵地区突出地形特征。河南省土地开发整理工程模式与工程组合特征汇总见表 1-6。

1）井渠结合灌溉工程模式特征

井渠结合灌溉工程模式主要是针对河南太行山前倾斜平原而提出的土地开发整理工程类型的特征组合。该区域属太行山向平原过渡区域，西接豫西北太行山地丘陵区，东界为卫河和古阳堤。该区年均气温 13.5 ℃，年均降水量为 600～650 mm，干旱指数为 2.0。土壤以褐土为主，潮褐土次之。由于位于山前洪积扇部位，地下水丰富。部分可以利用山区蓄水，因此其土地开发整理工程宜用井渠结合灌溉工程模式，实施土地整理、复垦、开发等综合整治。因地制宜，开发荒山、荒坡，土地开发整理项目设计应着重提高农田基本建设标准，进行灌溉、排水、土地平整、农田防护、培肥地力、土壤改良等技术措施。

该模式的主要工程特征包括：田块以条田形式为主；水源为地表蓄水（上游水库等）和地下水；灌溉方式为地表水自流灌溉、提水灌溉和井灌相结合；输水方式为低压管道、明渠、塑胶软管等；排水以自排为主；田间主道为混凝土路面，田间次道为泥结石路面，生产路为素土压实路面；农田林网类型为农田防护林。

2）引黄补源灌溉工程模式特征

引黄补源灌溉工程模式主要是针对河南东北部低洼平原而提出的土地开发整理工程类型的特征组合。该区域位于河南省东北部，是黄河大冲积扇的北翼，地势由西南向东北倾斜，地面平均坡度 1/4 000 左右，是历史上黄河决口泛滥和改道最频繁的地区之一。其西北侧为故背河洼地，东南侧是故黄河滩地，属较为完整的黄河故道带。该区年均气温 13.5 ℃，年均降水量为 600～650 mm，干旱指数为 2.0。地貌类型主要有扇形洼地、低平地、古黄河高滩地等，高程降至 45 m，地下水大部分属中等富水区。土壤主要为潮土，其次为风沙土、盐碱土等。由于地下水资源超量开采，部分地方形成漏斗区，旱涝、盐碱、风沙、水源不足是主要限制因素。本区土地开发整理规划设计应把完善水利设施、扩大水浇地面积、优化农业结构、增加土地效益作为重点。可引用黄河水、雨水回灌补充地下水，防旱与排涝并举、井灌渠灌结合，合理利用地表水，适度开采地下水。同时，加强林网建设，进行防风固沙，保持农田林网生态完整性；增施有机肥料，改造风沙、盐碱地；低洼地区要控制地下水位，预防土壤的次生盐渍化。积极复垦废弃油井、废场地，防止污染，保护环境。

该模式的主要工程特征包括：田块以条田形式为主；以地下水或引黄水为水源；灌溉方式为井灌与提水灌溉相结合；输水方式为低压管道、明渠、塑胶软管等；排水采用自排与抽排结合的排水方式；田间主道为混凝土路面，二级间道为泥结石路面，生产路为素土压

表 1-5 河南省一级类型区与二级类型区对照

省级一级类型区	黄淮海平原类型区				豫西山地丘陵类型区			豫南山地丘陵类型区	
主体地域特征	地形平坦，土壤深厚，属于半湿润半干旱地区				地形起伏较大，降水较少，属于半干旱半湿润地区			地形有一定起伏，气候属北亚热带，温暖湿润	
主导限制因素	干旱缺水，旱涝频繁、盐碱、风沙、低洼易涝				山高坡陡，地形破碎，水源缺乏，水土流失严重，土壤黏重			土壤黏重，冷浸田和烂泥田多	
土地开发整理工程重点和方向	平整土地；发展引水蓄水工程，适度开发地下水，井灌渠灌结合，防旱与排涝并举				修筑梯田、搞好水土保持，水利工程以蓄为主，蓄、引、提、挖相结合等方式开辟水源			修筑梯田搞好土地平整，改造和建立冲田的专一排灌系统，改造冷浸田和烂泥田	
省级二级类型区（工程模式）	井渠结合灌溉工程模式	引黄补源灌溉工程模式	平原地下水灌溉工程模式	平原地表水灌溉工程模式	豫西山地丘陵灌溉工程模式	豫西河谷盆地灌溉工程模式	坡改梯水保旱作工程模式	江淮丘岗冲垄稻田工程模式	江淮河谷平原灌溉工程模式
土地开发整理工程措施组合方案	着重提高农田基本建设标准，进行灌溉、排水、土地平整、农田防护、培肥地力、土壤改良等技术措施	完善水利设施，引黄补源，扩大水浇地面积。加强林网建设，改造风沙、盐碱地；低洼地区预防土壤的次生盐渍化	排涝与防旱并举，在水资源较丰富的区域，发展井灌；平整土地、完善田间道路工程和林网工程	以排水为主，疏浚河道，增修骨干排灌工程，完善田间排灌系统，在部分低洼地段可以改旱作为水作，改良培肥土壤	整治丘陵坡耕地，在缓坡地段修筑梯田，大力种植水土保持林和水源涵养林，水利工程以蓄为主，形成完整的坡面灌排体系	以引水灌溉为主，完善堤防、塘堰、渠系、泵站等引水和蓄水工程。平整土地，改良土壤，改造低洼易涝地和“上浸地”	修筑梯田，搞好水土保持；水利工程以蓄为主，采用蓄引提相结合；在缺少水源的地方发展旱作农业	改造冲田的排灌系统，合并零星地块，扩大田块规模，并与骨干灌排工程衔接配套；改造冷浸田和烂泥田	垄岗部位要深翻改土、平整土地、发展灌溉；沿淮平原洼地要加强排涝设施建设，排涝降渍，有条件的地方实行“旱改水”
典型县级行政区	安阳县、汤阴县、淇县、卫辉市、获嘉县、孟州市、温县、武陟县等	滑县、内黄县、原阳县、延津县、封丘县、长垣县、濮阳市域	郑州市区以东，开封市域、商丘市区域、周口市域沙颍河以北、许昌市域东部	沙颍河以南，淮河以北，包括沈丘县、项城市、商水县驻马店市域中东部	林州市、卫辉市、焦作、济源市北部、西部三门峡市大部、洛阳市的西部和西南部，平顶山市的西部，南阳市的西北部	典型县有洛宁县、宜阳县、方城县、社旗县、唐河县、桐柏县北部、泌阳县、确山县西部等	巩义市、偃师县、新安县、孟津县、湖滨区、义马市、渑池县、陕县北部、灵宝北部	桐柏县南部、浉河区、平桥区、罗山县南部、光山县、固始县、商城县、新县	罗山县、光山县、固始县北部、潢川县、息县和淮滨县淮河以南部分

表 1-6　河南省二级类型区（工程模式）特征

国家二级类型区	B2 冲积平原区				C1 沙石山基岩侵蚀类型区			G1 丘岗类型区	
省级二级类型区（模式）	井渠结合灌溉工程模式	引黄补源地下水灌溉工程模式	平原地下水灌溉工程模式	平原地表水灌溉工程模式	豫西山地丘陵灌溉工程模式	豫西河谷盆地灌溉工程模式	坡改梯水保旱作工程模式	江淮丘岗冲垄稻田工程模式	江淮河谷平原灌溉工程模式
耕地利用方式	水浇地	水浇地	水浇地	水浇地	水浇地/旱地	水浇地/旱地	水浇地/旱地	水田	水田
田块形状	条田	条田	条田	条田	梯田	条田	梯田	梯田/格田	格田
农田灌溉方式	自流/井灌	井灌/提灌	井灌	自流/提灌	自流/提灌	自流/井灌	提灌/自流	自流/提灌	自流/提灌/井灌
水源类型	地表蓄水/地下水	引黄水/地下水	地下水	地表水	地表蓄水	地表水/地下水	地表蓄水	地表水/地表蓄水	地表水/地表蓄水
输水方式	明渠/地埋管/地面移动管	明渠/地埋管/地面移动管	明渠/地埋管/地面移动管	明渠/地埋管/地面移动管	明渠	明渠/地埋管/地面移动管	明渠	明渠	明渠
排水方式	自排	自排/抽排	自排/抽排	自排/抽排	自排	自排/抽排	自排	自排	自排/抽排
田间路	一级:混凝土；二级:泥结石	一级:混凝土；二级:泥结石	一级:混凝土；二级:泥结石	一级:混凝土；二级:泥结石	一级:混凝土；二级:碎石	一级:混凝土；二级:碎石	一级:混凝土；二级:泥结石	一级:混凝土；二级:碎石	一级:混凝土；二级:碎石
生产路	素土压实	素土压实	素土压实	素土压实	砂石	砂石	土质	砂石	砂石
农田防护类型	农田防护林	农田防护林	农田防护林	农田防护林	水土保持林	农田防护林/水土保持林	水土保持林	水土保持林	水土保持林/护岸林

实路面;农田林网类型为农田防护林。

3)平原地下水灌溉工程模式特征

平原地下水灌溉工程模式主要是针对河南东部平原而提出的土地开发整理工程类型的特征组合。该区域位于黄河以南、沙颍河以北,系豫东黄河冲积平原的南翼。该区年均气温 14 ~ 15 ℃,年均降水量为 650 ~ 800 mm。多年平均日照时数 2 241.9 ~ 2 529.9 h,干旱指数为 1.5 左右。由于历史上黄河曾夺淮入海,泛滥流经本区,造成地貌类型比较复杂,主要有黄河故道、黄泛丘陵沙碱洼地、扇缘洼地、低平洼地以及黄河浸润地等,地势比较平坦。水文地质条件是:西部为强富水区,东部为中等富水区,地下水位较浅。土壤主要为潮土,其次为风沙土、盐碱土等。区域内砂土、风沙土漏水漏肥,致使土地的生产力低,土壤沙化土,部分区域有盐碱化土壤,土地较为瘠薄。因此,区域内土地开发整理工程宜用地下水井灌灌溉模式。排涝与防旱并举,在水资源较丰富的区域,通过打井灌溉、衬砌渠道、沟河疏浚等措施增加土壤黏性,减少灌水渗漏,提高灌溉效率;通过平整土地、道路工程建设、林网建设等措施提高土地生产力。

该模式的主要工程特征包括:田块以条田形式为主;灌溉水源以地下水为主、引黄灌淤为辅;灌溉方式以井灌为主、渠灌为辅;输水方式为低压管道、明渠、塑胶软管;排水方式以自排为主;田间主道为混凝土路面,田间次道为泥结石路面,生产路为素土压实路面;农田林网类型为农田防护林。

4)平原地表水灌溉工程模式特征

平原地表水灌溉工程模式主要是针对河南淮河以北平原而提出的土地开发整理工程类型的特征组合。该区域位于沙颍河以南,伏牛山以东,淮河以北,主要是淮河及其支流泛滥冲积和湖积而形成的低缓平原。该区年均气温 14 ~ 15 ℃,年均降水量为 800 ~ 900 mm,干旱指数为 1.0 ~ 1.5。其地貌类型主要有河间微倾斜平地、低平地和洼地,地势由西北向东南倾斜,海拔由 100 m 降至 30 m。地下水由北部的强富水区变至淮河泛流带的弱富水区。土壤主要为砂姜黑土、黄褐土和灰潮土等。区域内限制因素为地势低洼、排水不畅、多暴雨、水流缓慢、涝灾频繁,土壤质地黏重、结构不良等。

土地开发整理工程应采用地表水灌溉工程模式,充分利用本区较好的地表水资源,增修骨干干、支排灌工程,完善田间斗、农排灌系统;以排水为主,疏浚河道,加强排水设施建设。因地制宜实行灌排分流,畅通排水,修建水闸,有效控制灌水和排水,在部分低洼地段可以改旱作为水作;根据土壤中障碍层分布情况,通过深耕、混层犁混拌、浅翻深松、增施有机肥等耕作措施来改良培肥土壤。

该模式的主要工程特征包括:田块形式以条田为主或格田;灌溉用水以过境水和地表蓄水为主、地下水为辅;灌溉方式以提灌、井灌、自流灌溉相结合;输水方式为低压管道、明渠、塑胶软管;排水方式采用自排与抽排结合;田间主道为混凝土路面,田间次道为泥结石路面,生产路为素土压实路面;农田林网类型为农田防护林。

5)豫西山地丘陵灌溉工程模式特征

豫西山地丘陵灌溉工程模式主要是针对河南西部山地丘陵地区而提出的土地开发整理工程类型的特征组合。该区域地形为山地丘陵,地形复杂,山高坡陡,气候、土壤、植被等自然地理特征垂直分异明显,气温较低,不利于农业生产,属河南省耕作制度中唯一的

“二年三熟”地区；浅山丘陵区水土流失比较严重，区域内气温低、气候干旱、交通不便、水土流失是主要限制性因素。因此，土地开发整理工程宜采用山地丘陵灌溉工程模式，在缓坡地段修筑梯田，水利工程以蓄为主，布设截水沟、排水沟、引水渠、蓄水池，拦截地表径流，形成完整的坡面灌排体系；土地开发整理要结合小流域治理，合理确定灌溉用水方案，“引水、蓄水、截水、提水”相结合，采取节水措施，降低灌溉成本，大力种植水土保持林和水源涵养林；整治丘陵坡耕地，适度耕地后备资源。

该模式的主要工程特征包括：田块以梯田形式为主；以蓄水池或水库蓄水为水源；灌溉方式为自流灌溉与提水灌溉相结合；排水采用自排方式；输水为明渠；田间主道为混凝土路面，田间次道为碎石路面，生产路为砂石路面；农田林网类型为水土保持林。

6）豫西河谷盆地灌溉工程模式特征

豫西河谷盆地灌溉工程模式主要是针对河南西部山地丘陵中的山间河谷盆地而提出的土地开发整理工程类型的特征组合。该区域包括南阳盆地以及豫西山地丘陵中的山间河谷盆地。南阳盆地由边缘向中心和缓倾斜，地势具有明显的环状和梯级状特征。盆地外围环抱着低山丘陵，边缘分布有波状起伏的岗地和岗间凹地，盆地中南部为地势低平的洪积平原和冲积平原。该区属长江流域，年均气温为 15 ℃，年均降水量为 800 ~ 900 mm，干旱指数为 1.0 ~ 1.5。地貌类型有低山丘陵、垄岗高地和盆地倾斜平原。水文地质条件是：盆地中部大部分为强富水区，山丘区大部分为中、弱富水区。土壤以黄褐土和砂姜黑土为主。全区限制因素表现在降水多暴雨、洪涝灾害频繁，盆地周边丘陵岗地水土流失严重，盆地中央地势低缓，排水不畅通，土壤黏重、瘠薄上浸。土地开发整理工程应以引水灌溉为主，配套或新修堤防、塘堰、渠系、泵站等引水和蓄水工程。平整土地，完善配套或新修水利灌溉设施。改良土壤，进行有效的排涝治浸，改造低洼易涝地和“上浸地”。

豫西山地丘陵中的山间河谷盆地要以新修或完善配套塘堰、引水工程、泵站、机井、田间道路、土地平整等工程为主。

该模式的主要工程特征包括：田块以条田形式为主；水源以地表水（包括过境水和水库蓄水）为主、地下水为辅；灌溉方式为自流灌溉、提水灌溉和井灌相结合；排水方式以自排为主；输水方式为低压管道、明渠、塑胶软管；田间主道为混凝土路面，田间次道为碎石路面，生产路为砂石路面；农田林网类型为农田防护林、水土保持林。

7）坡改梯水保旱作工程模式特征

坡改梯水保旱作工程模式主要是针对河南西部黄土丘陵地区而提出的土地开发整理工程类型的特征组合。该区位于京广线以西，黄河以南，伏牛山主脊以北的广大山地丘陵区。年均气温 14 ℃左右，年均降水量为 600 ~ 800 mm，干旱指数为 1.5 ~ 2.0。地形有黄土塬、黄土丘陵和黄土低山、黄土冲沟和黄土物质组成的黄土河谷平原等。一般海拔 250 ~ 900 m。由于流水切割，山体较破碎。黄土高原由西向东逐渐降到海拔 200 m 左右。水文地质条件是山丘区大部分为弱富水区。土壤主要有褐土、红黏土。本区是河南省黄土集中分布区，地面沟壑纵横，区域限制性因素主要有水资源短缺，区域地形破碎，流水侵蚀强烈，水土流失严重，植被稀少，生态环境脆弱，土壤肥力低下，干旱现象突出，全区属典型的旱作农业区。

本区土地开发整理主要工程措施可采用修筑梯田、搞好水土保持；结合水源位置、地质条件，加强治坡工程布局，防治水土流失；水利工程以蓄为主，以小型水利工程为主，以蓄、引、提、挖相结合等方式开辟水源，灌水方式可采用蓄引提结合，提高灌溉能力，扩大灌溉面积；排水设施宜根据坡向、田块方向布局，保证排水的同时，尽量降低对坡面的冲蚀；农田防护工程宜结合排水设施，合理修建排水沟，依地形栽种护坡防护林、水土保持林和水源涵养林，采取生物措施和工程措施，逐步治理水土流失，改善生态环境；加强复垦工矿废弃地和废弃的地坑院，增施有机肥料，提高耕地质量。

该模式的主要工程特征包括：田块以梯田形式为主；以旱作农业为主，在有水源的地方可以发展灌溉农业；水源以蓄水池为主；灌溉方式根据地形特征选择自流灌溉、提水灌溉等；输水方式为明渠；排水采用自排方式；田间主道为混凝土路面，田间次道为砂石路面，生产路为土质路面；农田林网类型为水土保持林。

8）江淮丘岗冲垄稻田工程模式特征

江淮丘岗冲垄稻田工程模式是针对豫南山地丘陵类型而提出的土地开发整理工程类型模式。该区域降水丰富是主要特征，年均降水量为1 000～1 400 mm，干旱指数为0.75左右。南部山地丘陵水资源丰富，除塘、堰、坝水面外，主要大中型水库也集中这里。但地形破碎、水土流失突出；目前山区的冲田一般没有专门的排灌系统，以田代渠，从上到下逐块过水，不仅限制了排灌的机动性，而且土肥流失严重，暴雨季节容易引起水冲砂压，冲毁禾苗。因为山泉水冷，冷浸田很多，同时还有烂泥田（久水田），土壤黏重。农田基本建设的首要任务是改造冲田的排灌系统，进行等高分带梯级调整，合并零星地块，扩大田块规模，并与骨干灌排工程衔接配套，消灭串灌串排，实施独立排灌、各立门户；改造冷浸田和烂泥田；在坡地或旱地区修筑梯田，要最大限度地利用现有水源，合理配置田间排灌工程。同时，进行增施有机肥、秸秆还田、种植绿肥等耕作培肥，采用半旱式耕作方式，发展水土保持林和水源涵养林，减轻山区洪水的危害。

该模式的主要工程特征包括：田块形式为梯田或格田，以种植水稻为主；水源以地表水（包括水库、塘坝、河流）为主；灌溉方式为自流灌溉或提水灌溉相结合；渠道以明渠为主布置；排水采用自排方式；田间主道为混凝土路面，田间次道为碎石路面，生产路为砂石路面；农田林网类型为水土保持林。

9）江淮河谷平原灌溉工程模式特征

江淮河谷平原灌溉工程模式是针对淮河以南的河谷平原而提出的土地开发整理工程类型模式。该区域几条大河均发源于南部山地，自西南呈梳状排列向东北流去。河流沿岸为平畈和河谷滩地，河间为长条形垄岗，但起伏不大。北部边缘是淮河平原洼地，地形是波状起伏的洪积冲积平原，洼地分布广泛，涝灾是主要限制因素。垄岗之上水源缺乏，一般为旱地，单产水平较低；因此本区北部应选择江淮河谷平原灌溉工程模式。垄岗部位要深翻改土、平整土地、发展灌溉；沿淮平原洼地要加强排涝设施建设，加深加密排水沟道，内外水分治，排涝降渍，有条件的地方实行“旱改水”。

该模式的主要工程特征包括：田块形式为格田，以种植水稻为主；水源以地表水（包括水库、河流）为主；灌溉方式为自流灌溉或提水灌溉相结合；渠道以明渠为主布置；排水采用自排或抽排方式相结合；田间主道为混凝土路面，田间次道为碎石路面，生产路为砂石或素土压实路面；农田林网类型为水土保持林和护岸林。

1.5 工程布局

1.5.1 工程布局的原则

1.5.1.1 有利于建设目标实现的原则

土地开发整理工程要积极引进和使用新技术、新方法和新材料，但同时不能脱离实际，不但要考虑工程成本，而且要考虑新技术、新方法和新材料的引进和使用成本，还有当地群众的接受能力、程度以及习惯，即布局的工程要有利于建设目标的实现。否则，布局的工程将难以有效地落实。

1.5.1.2 体现综合整治的原则

总体布局把土地平整、灌溉与排水、田间道路、农田防护与生态环境保持和新农村建设、工程建设等有机地结合起来考虑，“田、水、路、林、村”综合整治，全面规划，合理安排，达到综合治理的目的。

总体布局围绕工程体系的一级项目，分别提出土地平整、灌溉与排水、田间道路、农田防护与生态环境保持等各单项工程的布局要求。

1.5.1.3 突出重点的原则

各二级工程类型区的地貌特征、土壤类型、水资源状况、气候条件、农业发展主导方向、经济发展水平和土地利用问题有很大差别，致使土地开发整理工程布局和工程组合模式也不尽相同。因此，各类型区的土地开发整理工程建设，要围绕农业发展主导方向，粮、棉、油生产基地建设要求，按“因地制宜、突出重点，合理配套、有机组合”的原则进行布置。

1.5.1.4 体现可持续发展的原则

按照节水、节土、方田化、梯田化的总体思路，根据各不同工程类型区的特点，结合县级土地利用总体规划、农业规划、水利规划和交通规划等，统一考虑，综合安排。在实施工程技术措施的同时，对生态环境起到保护与改善的作用。要围绕解决或缓解土地利用问题，实现耕地数量和质量动态平衡，以及水土资源的可持续利用和社会经济的可持续发展进行安排。

1.5.2 总体布局

依据工程类型区的特点和工程模式综合特征，以及增加有效耕地面积、提高耕地质量、实现土地的可持续利用的要求，合理安排土地平整、灌溉与排水、田间道路、农田防护与生态环境保护工程。

1.5.2.1 黄淮海平原类型区

针对耕地面积大、水资源短缺、地形洼地多、风沙危害严重等突出问题，以加强农田基本建设为重点，合理布置土地平整、灌溉与排水、田间道路、盐碱风沙治理等工程。

1.5.2.2 豫西山地丘陵工程类型区

针对本区地形复杂、坡陡土薄、干旱缺水、水土流失严重等问题，以控制水土流失、改善和保护生态环境为主，因地制宜地布置梯田修筑、梯田防护、沟道治理和坡面小型蓄排工程。

1.5.2.3　豫南山地丘陵类型区

针对该区地形破碎，降水量大，沿河低洼处多洪涝灾害；垄岗区易发生干旱；全区土壤过于黏重、冷浸田和烂泥田多等问题，应把土壤改良、土地平整、排涝等工程作为重点。宜在丘岗坡地修筑梯田，布置灌溉工程；对于渍涝潜育型冷浸田和烂泥田，完善排水工程；发展水土保持林和水源涵养林，减轻山区洪水的危害。

1.5.3　分区布局

主要工程分区布局见表 1-7。

表 1-7　主要工程分区布局

一级类型区	二级类型区（工程模式）	工程布局重点内容
黄淮海平原类型区	井渠结合灌溉工程模式	以农田灌排水设施的更新完善为主，兼顾煤矿塌陷地、矿山挖损地、灾毁地的平整复垦，布置土地平整工程、引水蓄水、灌排水等工程。开发地下水，井灌渠灌相结合；硬化主要田间道路，农田防护与生态环境保护等
	引黄补源地下水灌溉工程模式	以抗旱为主，与排涝、风沙、盐碱地治理相结合，布置土地平整、农田灌排水、道路整修、农田防护等工程。引黄补源，发展节水灌溉。合理利用地表水，适度开采地下水。布置农田防护林网工程，防风固沙
	平原地下水灌溉工程模式	以防旱为主，防旱排涝并举，布置平整土地、农田灌排水工程和道路工程建设等。农田灌溉水源以地下水为主；布置农田防护林网工程，防风固沙
	平原地表水灌溉工程模式	充分利用丰富的地表水资源，增修骨干灌溉（引水渠道）工程；因地制宜地实行灌排分流，畅通排水；在部分低洼地段可以改旱作为水作；土壤改良
豫西山地丘陵类型区	豫西山地丘陵灌溉工程模式	选择土层深厚的缓坡，以梯田修筑工程为主，合理安排梯田修筑和防护、沟道治理、坡面小型蓄排、生态环境保护工程。水源以蓄为主，蓄、引、提、挖、截留相结合。在没有水源的地方发展旱作农业
	豫西河谷盆地灌溉工程模式	以配套或新修渠系、泵站等引水灌溉为主，完善配套灌排水利设施；灌溉水源以地表水为主、地下水为辅；灌溉方式为自流灌溉、提水灌溉和井灌相结合。同时，安排平整土地工程；实施有效的排涝治浸工程，改造低洼易涝地和“上浸地”
	坡改梯水保旱作工程模式	修筑梯田，加强治坡工程布局；在没有水源的地方发展旱作农业。有水源条件的地方布置灌溉工程；水源工程以蓄为主，“蓄、引、提、挖”相结合；排水工程要与农田防护工程相结合，修建排水沟；依地形种植护坡防护林、水土保持林和水源涵养林
豫南山地丘陵类型区	江淮丘岗冲垄稻田工程模式	南部丘岗坡地或旱地修筑梯田，搞好土地平整和条田建设、加厚土层、修筑石埂或土埂梯田，加强灌溉设施建设；对于冷浸田和烂泥田，完善排水工程，同时增施有机肥、秸秆还田、种植绿肥等耕作培肥，采用半旱式耕作方式，发展水土保持林和水源涵养林
	江淮河谷平原灌溉工程模式	北部平原洼地围绕排涝与抗旱设施建设，安排排水与灌溉设施工程；布置有效的排涝工程，改造低洼易涝地。灌溉水源以地表水为主、地下水为辅，充分利用地表水；地表水不足的地方开采地下水，同时安排平整土地工程

第2章　河南省土地开发整理项目选择条件研究

2.1　绪　论

2.1.1　研究背景

2.1.1.1　河南省土地开发整理现状

河南省农业开发历史悠久,多年来,全省土地管理尤其是耕地保护,一直面临着人口多、人均数量少、经济发展和农业结构调整、生态退耕等种种问题。新修订的《土地管理法》实施之后,为处理好耕地保护与经济建设的关系,保障国土资源的可持续利用,河南省进一步加大了土地开发整理力度,建立了土地开发整理规划、计划管理体系,完善了相关配套政策,初步形成了以国家和省级投资为主,包括国土、农业、水利、林业等部门以及建设用地单位、农民群众等多元化的投资体系,基本建立了系统内的土地开发整理专门机构。全省已经建立起耕地占补平衡、土地开发整理项目管理、土地开发资金管理等配套的政策法规体系,初步具备了推进土地开发整理的管理基础和技术保障。同时,河南省新增建设用地土地有偿使用费、建设用地"占一补一"费用、土地复垦费、土地出让金以及财政安排的其他专项资金的征收工作正在稳步推进,政府筹资与社会自筹资金相互结合,基本保证了当前土地开发整理活动的资金使用。

多年来,河南省委、省政府和各级国土资源部门认真落实党中央、国务院做出的关于加强土地整理的一系列重大决策,精心谋划,严格管理,把土地整理纳入法治和政策规范的轨道,理清思路,与时俱进。截至2007年底,河南省共设立土地整理项目483个,总规模26.89万hm^2,新增耕地3.78万hm^2,总投资金额43.68亿元。其中国家批复河南省土地开发整理项目272个,建设规模24.48万hm^2,预计新增耕地3.39万hm^2。河南省的土地整理工作在保持耕地总量平衡、保护耕地资源、坚守耕地红线的战役中作出了贡献。

耕地产出增实力、人民得实惠,土地整理实现了"双保双赢"。通过开展土地整理,优化土地利用结构,改善生活生产条件,既保护了土地资源,又保障了耕地总量不减少和耕地的可持续发展,为河南省的经济发展和社会需求提供了资源保障。通过水利、道路、林网等各项工程建设,改善了灌溉、交通等农业生产条件,提高了农田生产能力。整理后,项目区平均粮食产量一般可提高10%~20%。根据对已竣工项目的调查测算,土地整理项目区内的土地每公顷年净收益可增加约1 275元,土地开发项目区新增耕地每公顷年净收益5 850元左右。

河南省通过土地整理,保护了耕地资源,有约27万hm^2的基本农田得到整理,建设成了一批高标准的基本农田,使耕地综合生产能力得以提升。同时,一大批荒废闲置多年的荒地、老宅基地、砖瓦窑厂、工矿废弃地等得到了整理使用，节约了土地资源，增加了有效耕地面积，农村土地的使用效率明显提高。工程实践表明，基本农田整理新增耕地潜力在5%以上，耕地整理新增耕地潜力在10%以上，土地开发复垦新增耕地潜力在40%以上。

由于在土地开发整理项目的实施过程中对田、水、路、林、村进行综合整治，不仅提高了耕地质量，增加了有效耕地面积，而且建成了一批村落布局规整、生产生活方便、居住环境优美的新农村。此外，通过土地开发整理，还有效防治了水土流失、耕地退化和洪涝干旱等自然灾害，推动了生态环境的保护和建设。

2.1.1.2　河南省土地开发整理存在问题

虽然河南省土地开发整理取得了很大的成绩，但是还存在许多问题：

(1)补充耕地的压力越来越大。随着河南省社会经济的持续高速发展，城市和基础设施建设用地需求量的日益增加，易开发整理的耕地后备资源逐步减少，未来土地开发整理的任务更重，成本更高，难度更大。

(2)资金投入不足、使用分散。尽管各级政府每年都投入了大量土地开发整理资金，但与全省土地开发整理资金总需求相比，仍有相当差距。同时，由于土地开发整理资金投向分散，也影响了资金的使用效益。

(3)土地开发整理质量不高。受资金投入能力和管理水平等多种因素的制约，土地开发整理项目建设整体标准偏低，继续投入和监督利用的机制也不健全。

(4)土地开发整理项目选择中存在着许多问题。目前由于缺乏必要的标准和依据，导致土地开发整理项目的选择存在很大的随意性。

2.1.1.3　河南省土地开发整理项目的选择存在问题

由于缺乏必要的标准和依据，河南省在土地开发整理项目的选择上存在着很多问题，主要体现在以下几个方面：

(1)项目的选择在一定程度上偏向行政喜好。如领导对个别地方较为熟悉，而不考虑项目自身的条件，不利于土地开发整理项目的总体布局。

(2)有的项目选在某些特殊区域(如自然保护区、湿地、地质公园核心区、森林公园、行洪蓄洪区等)，而这些区域按照相关的法律法规是严禁进行土地开发整理项目的，对项目的实施造成难以克服的困难和障碍，有的项目甚至因此而被取消。

(3)有的补充耕地项目选择的地块存在难以改变的限制性因素(如土层厚度、水源、土壤质地等)，使得项目实施后耕地质量较低，难以达到与占有耕地相当的质量等级。

(4)有关政府部门在对地方申报的土地开发整理项目审查和确定时，由于缺乏必要的依据，导致审查的时间长，而且有时候许多项目都符合条件，项目的取舍难以确定。

2.1.1.4　研究的目的与意义

土地开发整理是土地利用总体规划的重要内容，是深化和落实土地利用总体规划的重要措施和手段。它不仅能够增加有效耕地面积、缓解人地矛盾、实现耕地总量动态平衡战略目标，而且可以提高土地质量和产出率，改善生活、生产条件和生态环境，促进土地集约化利用，推进农业和农村现代化建设。本研究对于科学指导土地开发整理活动、合理安排土地开发整理项目、保障耕地占补平衡和耕地保护目标的实现具有重要意义。为更好地开展河南省土地开发整理工作，规范全省土地开发整理项目选址，按照河南省国土资源厅的安排开展了本项研究。研究目的与意义主要体现在以下几个方面：

(1)制定项目选择条件,为项目的选择提供参考和依据。地方政府可以根据项目的选择条件,在条件较好而且特别需要土地开发整理项目投资的区域选择项目,可以避免项目选择的盲目性和随意性,为项目的科学选择和顺利实施奠定坚实基础。

(2)为有关部门审查和确定土地开发整理项目的取舍提供理论上的依据与支持。土地开发整理项目申报上来以后,需要有关部门对项目的增加耕地潜力、规模、投资、选址等进行详细研究和审查,并最终确定立项与否。该项目的研究,综合考虑了项目区的自然条件、社会经济条件、开发整理潜力、相关政策倾斜以及某些受限制和禁止的区域,可以为有关部门方便和快捷地审查项目并确定其立项与否提供必要的参考与依据。

(3)有利于土地开发整理项目资金的有效利用。在土地开发整理项目资金短缺的情况下,通过对土地开发整理项目优先区域的划分和选择条件的研究,可以使有限的资金投在综合效益明显、开发整理难度小的区域或项目上。

2.1.2 研究内容、方法和技术路线

2.1.2.1 研究内容

本研究的主要内容包括以下几个方面：

(1)土地开发整理项目的类型及其潜力空间分布。分析目前河南省主要的土地开发整理项目类型、各种类型的潜力及其空间分布,为不同类型项目选择标准的确定奠定基础。

(2)土地开发整理项目选择的影响因素分析。系统分析影响土地开发整理项目选择的自然条件、社会经济条件、相关政策标准等各种因素,为土地开发整理项目选择的优先区、限制区、禁止区划分以及土地开发整理项目选择指标体系的建立奠定基础。

(3)土地开发整理项目的区域选择。在土地开发整理项目选择的影响因素分析的基础上,在系统工程理论、复杂系统理论、GIS 空间分析等理论和技术指导下,划分河南省土地开发整理项目选择的优先区、限制区和禁止区。

(4)土地开发整理项目选择指标体系的建立。根据各种影响因素的分析和选择区域的划分结果,确定土地开发整理项目选择的因素因子体系。然后通过层次分析与专家咨询相结合的方法确定因素因子的权重,并且详细说明因素因子量化的方法和综合分值的计算模型。

2.1.2.2 研究方法

(1)定性分析与定量研究相结合。定性分析与定量研究是现代科学最基本的方法,二者各有优缺点。定性分析主要是对研究问题的宏观分析和把握,定量研究是对问题的具体深入和量化,在实际应用中需要将二者有机结合。在土地开发整理项目的选择条件研究中,在对影响土地开发整理项目的各种因素宏观分析和把握的基础上,将各因素因子的影响予以深入和量化,以便准确地确定土地开发整理项目选择的相关标准和条件。

(2)系统工程分析方法。土地开发整理项目的选择条件研究是一项复杂的系统工程,必须采用系统工程分析的方法,研究分析影响土地开发整理选择的各种因素因子,深入探讨土地开发整理项目的实施对社会、经济和生态环境潜在的综合影响,从而科学合理

地确定土地开发整理项目选择的各种条件。

(3)GIS空间分析方法。GIS具有强大的空间分析功能。利用GIS空间分析技术,调查研究影响土地开发整理项目的自然条件、社会经济条件及各种限制性因素,采用GIS的叠加分析、缓冲区分析、扩散分析等空间方法,研究确定单个因素对项目的影响以及各种因素的综合作用。

(4)借鉴与比较分析法。土地开发整理项目的选择与土地利用总体规划、土地开发整理规划、生态环境保护规划、农田水利规划等密切相关,确定土地开发整理项目的选择条件时可以借鉴相关规划的内容、要求、成果,并对之进行比较分析,进而确定土地开发整理项目的选择条件。

(5)层次分析法。层次分析法(Analytic Hierarchy Process,AHP)是美国匹兹堡大学运筹学家T. L. Saaty于20世纪70年代提出的一种多层次权重分析决策方法,具有高度的逻辑性、简洁性和实用性。人们在处理决策问题的时候,要考虑的因素有多有少,但一个共同的特点是通常涉及经济、社会、人文等方面的因素。作比较、判断、评价、决策时,这些因素的重要性、影响力或者优先程度往往难以量化,人的主观选择起着重要作用,给用一般的数学方法解决问题带来很大的困难。土地开发整理项目选择的影响因素很多,其影响程度很难判断,这里可以采用层次分析法来确定每个因素因子的权重。

2.1.2.3　技术路线

土地开发整理项目的选择条件研究是一项复杂的系统工程,该研究在系统工程理论、复杂系统理论和GIS空间分析技术的支持下,拟采用以下技术路线:在河南省土地开发整理项目类型及其潜力空间分布研究的基础上,对土地开发整理项目选择的影响因素进行详细分析,划分土地开发整理项目选择的优先区、限制区和禁止区,建立土地开发整理项目选择的指标体系,并确定指标的权重以及指标量化的标准。技术路线和流程见图2-1。

2.2　土地开发整理的相关概念与理论基础

2.2.1　土地开发整理的相关概念

2.2.1.1　土地开发整理内涵

土地开发整理是人类利用自然和改造自然的措施,是社会经济发展到一定阶段解决土地利用问题的必然选择,其基本内涵是:在一定区域内,按照土地利用规划或城市规划确定的目标和用途,采取行政、经济、法律手段和工程手段,调整土地利用结构,进行科学规划,合理布局、综合开发,提高土地资源的利用效率,改善生产生活条件和生态环境,促进经济、社会、环境三大效益的良性循环。

土地开发整理是以增加有效耕地面积、提高耕地质量为中心,通过对田、水、路、林、村综合整治,改善农业生产条件、农村居住条件及生态环境。广义的土地开发整理包括土地开发、土地整理和土地复垦。

2.2.1.2　土地开发的含义

狭义的土地开发就是对未利用土地的开垦,是把土地资源的自然生态系统转变为人

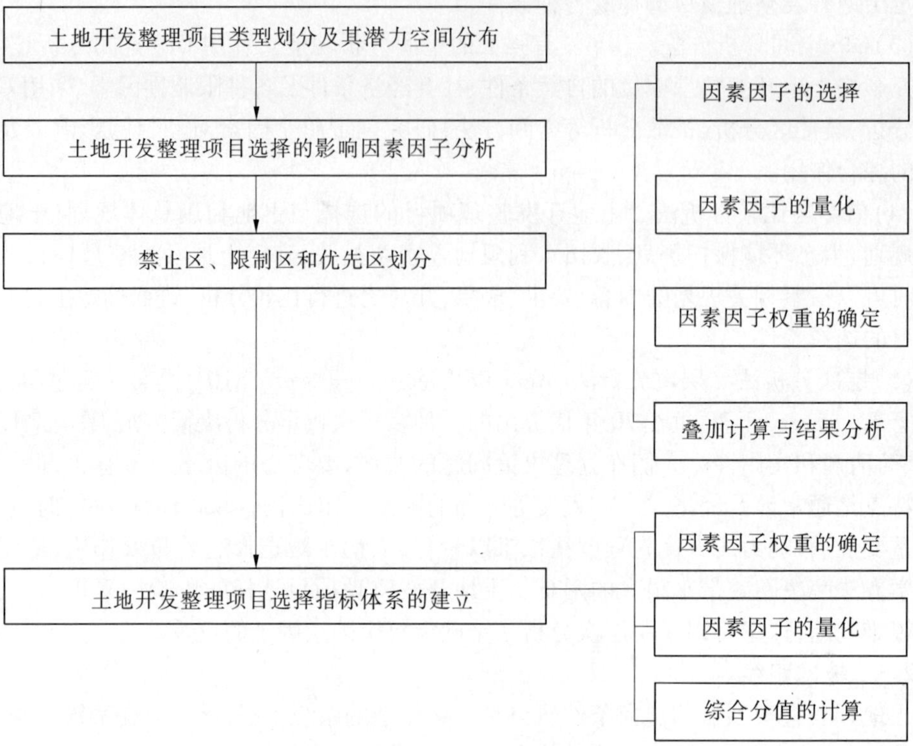

图 2-1　研究的技术路线和流程

工生态系统的过程。大多数学者接受的是广义的土地开发观念,即土地开发既包括对未利用土地的开发,也包括对业已利用的土地进行追加投资,集约利用。由此可见,土地开发包括两方面的含义:一方面是指土地利用范围的扩大,即对未利用土地的开发,如把尚未利用的荒山、荒滩、海涂等转化为可以利用的土地;另一方面是指土地利用深度的开发,如把现已利用但利用尚不充分、生产效益低下的土地以及城市基础设施不配套的老城区等加以改造提高,使其利用充分,效益提高。从这两方面可以看出,土地开发是通过各种手段挖掘土地的固有潜力,提高土地利用率,扩大土地利用空间与利用深度,充分发挥土地在生产和生活中的作用。

2.2.1.3　土地复垦的含义

土地复垦是指对被破坏或退化土地的再生利用及其生态系统恢复的综合性技术过程。由于采矿业是破坏土地最严重的行业,因此有时狭义地讲"土地复垦"是专指对工矿业用地的再生利用和生态系统的恢复。我国矿区每年都要破坏和侵占大量耕地,据统计,我国采矿区每年排出废石渣约 5 000 万 t,全国 1 500 多个露天煤矿及煤矸石占地就达 200 多万 hm^2,另外,城乡建筑、水利工程、道路桥梁都需要临时占用大量土地,在建设过程中也会对周围土地产生一些破坏作用,也应当及时复垦,恢复其生产力,将废弃的土地变成有利用价值的土地。

2.2.1.4　土地整理的含义

从国内外的研究来看,土地整理的内涵应为:①在一定区域内,按照土地利用目标和用途,采取行政、经济、法律手段和工程技术手段对土地利用状况进行调整改造、综合整治,提高土地利用率和产出率,改善生产、生活条件和生态环境的过程。②土地整理分为城市土地整理和农村土地整理(或称为市地整理与农地整理,农地整理和非农地整理)。③农地整理是我国现阶段的重点,其科学的含义应是:在一定区域内,依据土地利用总体规划,采取行政、经济、法律和技术手段,对田、水、路、林、村等进行综合整治,调整土地关系,改善土地利用结构和生产、生活条件,增加可利用土地面积,提高土地利用率和产出率。④城市土地整理,主要任务是解决用地结构不合理,提高存量土地的利用效率,从而达到少占或不占耕地的目的,减轻建设用地对耕地的压力。

2.2.1.5　土地开发、复垦、整理的联系和区别

土地开发(land development,land consolidation)、土地复垦(land reclamation)和土地整理(land revitalization)三个概念既有联系又有区别。其共同特点是:通过一定的手段挖掘土地的固有潜力,提高土地利用率,扩大土地利用空间与利用深度,充分发挥土地在生产和生活中的作用。它们的区别是其侧重点各有不同。虽然土地开发也包括对已利用的土地进行追加投资和劳动,集约利用,但其更侧重于对未利用土地的开发;土地复垦侧重于对因各种自然和人为因素造成破坏的土地采取治理措施,使其恢复到可供利用状态的活动,是一项综合性的技术过程;土地整理则是对存在利用不合理、不充分甚至混乱等现象的土地进行治理,同时进行权属调整,进而达到土地资源合理、充分和有序利用的目标,它是一项对土地权属和土地的用途、布局、结构等进行全面调整的综合措施。所以,从概念上讲,土地整理要比土地开发、土地复垦的概念宽广;从内容上讲,土地整理包含土地开发、土地复垦。因此,土地开发、土地复垦的概念逐步受到淡化,而土地整理的概念越来越受到人们的重视。

2.2.2　土地开发整理的理论基础

2.2.2.1　系统理论

人们通常把某个所要研究与关心的问题或对象都看成一个系统。系统论创始人 L. V. 贝塔朗菲把系统定义为“相互联系的诸要素的综合体”。而我国著名科学家钱学森教授认为系统是“由相互作用和相互依赖的若干组成部分结合而成的具有特定功能的有机整体”。毫无疑问,也可以把待开发整理的土地看成一个系统,在系统理论和方法的指导下对其进行研究。土地开发整理的系统理论主要体现在结构—功能方面。土地利用系统是一个多层次结构的复合体。合理的土地利用结构可以产生结构效应,促使土地利用系统功能效率的提高。结构决定功能,这是系统理论得出的普遍结论。土地开发整理正是这一原理的具体体现,通过土地开发整理改变现有的土地利用结构,以优化其功能。土地利用学研究土地利用的基本原理与规律的实质,在于揭示土地利用系统内部结构与系统功能的内在机制和联系。因此,这一理论在整个土地开发整理基础理论中居于支配和主导地位。

2.2.2.2　景观生态学理论

景观生态理论是 20 世纪 70 年代发展起来的一门新兴学科,以景观生态系统结构、功能及其变化作为其研究对象。景观生态学是研究景观单元的类型组成、空间格局及其与

生态学过程相互作用的综合性学科,强调空间格局、生态学过程与尺度之间的相互作用是景观生态学研究的核心所在。

土地开发整理作为一个历史范畴,是个长期发展的、客观的动态过程。应着眼于长远的自然景观保护和生态平衡,囊括有关土地生产环境和生态景观建设的一切措施与手段,保证土地资源的可持续利用,追求生态、经济、社会相统一的整体效益。景观生态学中的丰富度、均匀度、镶嵌度、连接度、边缘、异质性、尺度、空间格局、多样性等概念在土地整理中具有很大的实践应用价值,同时景观生态学所阐述的景观功能也是土地开发整理不可忽视的目的之一。按生态学规律进行可更新自然资源的开发与生产活动,建设与自然系统和谐协调、适于人类生存的可持续景观模式等。

2.2.2.3　地域分异理论

地域分异理论是自然地理学极其重要的基本理论,所谓地域分异是指自然地理综合体及其各组成成分按地理坐标确定的方向发生有规律变化和更替的现象。有的学者认为地域分异还应包括人文社会要素的地域变化,可把这种观点理解为广义的地域分异。土地开发整理是人类生产活动的产物,所以在自然条件地域差异的基础上又形成生产的地域差异。不同的土地利用环境不仅反映土地本身的适宜性和限制性,而且反映当前生产力发展水平以及对土地的改造能力和利用程度。任何涉及土地利用的问题都必须根据地域分异理论遵循因地制宜、切实的原则,才能将土地利用的潜在可能性转化为现实生产力,土地开发整理作为土地利用的重要组成部分,其内容和深度均应立足于各地社会、经济和自然的具体情况,突出体现不同地域的地域特色。因此,在确定项目方案时,应认真分析研究当地的自然资源状况和社会经济水平,作出与之相适应的规划。

2.2.2.4　可持续发展理论

可持续发展就是既满足当代人的需要又不影响后代满足其需要能力的发展。它包括资源和生态环境的可持续发展、经济可持续发展和社会可持续发展。在土地利用的过程中也要强调可持续发展,实现土地的可持续利用,这是人类社会实现可持续发展必不可少的条件。土地开发整理作为土地利用的一个重要组成部分,同样需要可持续发展理论的指导。土地资源的合理利用是社会经济发展的立足之本。随着社会经济的发展,土地资源的生产能力和景观环境必须满足人类日益增长和生活水平不断提高的要求,这些正是土地整理的主要目的所在。土地整理作为实现土地资源可持续利用的具体措施和手段,必须遵循可持续发展基本原理,即立足于人类的持续生存这个核心基础之上,保证土地利用在生态环境阈值之内,坚持以不破坏土地经济系统为基本前提,在土地生态环境允许限度之内进行土地整理。在近代和当代国内外有关人地关系的论述中,尤其是可持续发展理论中包含协调土地合理利用的积极因素,至今开展的土地整理,从某种意义上讲,可视为可持续发展理论的实际运作。

2.2.2.5　土地经济供给理论

土地供给包括自然供给和经济供给。土地的自然供给是指地球供给人类可以利用的土地数量,包括已利用的土地资源和未来可利用的土地资源,即后备土地资源,数量相对稳定,不受人为因素和其他社会经济因素的影响。土地经济供给是指在土地自然供给的基础上,投入人类劳动进行开发后,成为人类可直接用于生产、生活和各种用途土地的供给,土地经济供给是有效供给。土地由自然供给变成经济供给后,才能为人类所利用。影响土地经济供给的基本因素有自然供给量、人类利用土地的方式和技能、交通条件、土地利用的集约度、社会经济发展需求变化和工业与科技的发展等。土地整理是人类通过利用土地条件的变化来改变影响土地经济供给的因素,从而提高土地经济供给的能力和数量。

2.2.3　土地开发整理项目的类型及其潜力空间分布

2.2.3.1　土地开发整理项目的类型

根据不同的分类标准,土地开发整理项目可以分为不同的类型,目前项目类型主要根据项目的工程内容、性质、投资主体、整理对象等来划分。

(1)按项目工程内容划分。根据土地开发整理项目中各种工程内容,土地开发整理项目可以分为土地开发、土地整理、土地复垦及综合项目。目前,这是最常用的一种分类方法,本研究中如果不予以特别说明,项目类型就是按照这种方法划分的。

(2)按项目性质来划分。按项目性质的不同,土地开发整理项目可分为重点项目、示范项目和补助项目。重点项目是指国家以增加耕地面积为主要目的,集中资金成规模进行耕地开发的土地开发整理项目。示范项目是指国家在耕地开发中,为完成有关土地开发整理管理与技术等方面的改革、创新任务,所进行的具有示范作用的土地开发整理项目。补助项目是指国家对特定地区耕地开发给予适当资金补助的土地开发整理项目。

(3)按项目投资主体划分。按投资主体的不同,可以分为中央政府投资的土地整理、地方投资的土地整理和其他投资(资金来源于农民集资、公司投资、其他社会机构投资和外资等)的土地整理。今后,对土地开发整理项目的资金国家不再统一分配,由各省及其以下各级政府具体负责,这种分类方法逐渐失去意义。

(4)按整理对象来划分。根据整理对象的不同,土地整理在总体上可分为农地整理和非农地整理。农地整理主要包括耕地整理、园地整理、林地整理、牧草地整理和养殖水面整理等,农地整理的内容一般包括平整土地、改良土壤、归并零散地块、规范地块形状、建设田间道路工程和农田水利设施,非农地整理主要包括村镇用地整理、城镇用地整理、独立工矿用地整理、交通和水利设施用地整理等。尽管我国目前各类土地整理都有不同程度的进展,但土地整理的重点仍是耕地整理。按照被整理土地利用状况,可分为土地整理、土地复垦和土地开发。

2.2.3.2　土地开发整理潜力及其空间分布

从广义上讲,土地开发整理潜力是指在一定时期、一定生产力水平下,针对某种土地用途,通过在行政、经济、法律和技术等方面采取一系列措施,可增加的土地利用空间、可提高的土地生产能力、可降低的生产作业成本幅度及生态环境得到改善的潜在能力。由于提高土地质量、改善生态环境难以量化,操作复杂,因此在潜力测算中主要测算增加农用地,特别是增加耕地的数量和系数。根据土地开发整理项目的类型,土地开发整理潜力可以分为开发潜力、整理潜力、复垦潜力。

土地开发潜力是指在一定的经济、技术和社会条件下,未利用地适宜开发为耕地及其他农用地;土地复垦潜力是指对在生产建设过程中因挖损、塌陷、压占、污染以及自然灾害等造成破坏、废弃的土地采取整治措施，使其恢复利用与经营而可增加的耕地和其他农用地的面积；耕地整理潜力是指通过对耕地及其间的道路、林网、沟渠、零星建设用地和未利用地等进行综合整治，使有效耕地面积增加和耕地质量提高的能力；农村居民点整理潜力是指通过对现有农村居民点改造、迁村并点、空心村整治等，可增加耕地及其他农用地面积的能力。

土地开发整理潜力一般用耕地增加系数（即项目实施后增加耕地的数量与项目建设规模的比率）来表示，耕地增加系数的计算公式为：

$$a = M_{新增}/S \times 100\%$$

式中：a 为耕地增加系数；$M_{新增}$ 为土地开发整理后增加的耕地面积；S 为项目区的面积。

河南省国土资源厅在河南省土地开发整理规划中（2001～2010）对河南省土地开发整理潜力有详细的研究。经测算，规划期内（2001～2010 年），全省土地开发整理增加农用地的潜力为 1 772 514 hm^2，增加耕地潜力为 755 959 hm^2。其中耕地整理增加耕地潜力为 370 803 hm^2，全省平均新增耕地潜力系数为 4.15%；农村居民点整理增加耕地潜力为 219 300 hm^2，全省平均新增耕地潜力系数为 15.09%；土地复垦增加耕地潜力为 30 859 hm^2，占全省待复垦土地资源总量的 58.12%；土地开发增加耕地潜力为 134 997 hm^2，占全省待开发土地资源总量的 7.55%。

2.3 土地开发整理项目选择的影响因素分析

2.3.1 项目区基本条件

2.3.1.1 自然条件

1）地形坡度

项目区地形地貌应尽量平坦，以减少土地平整的工程量；若是在丘陵山地区，项目区的地形坡度不宜太大，以减少工程量和水土流失。如果项目区地势低洼，会造成项目区的排水困难，甚至需要泵排，会大大提高成本。

2）水资源保障

长期的农业生产实践证明，北方平原区改善农业生产条件的重点就是水电配套的问题。河南省是全国主要农业区、粮食主产区，也是中低产田集中分布的地区，干旱缺水是农业生产力水平提高的主要限制因素。土地整理不仅要解决耕地增加的问题，更重要的是使项目区有可靠的水源保证，能否使水土资源协调利用，而不致出现土地向平面扩展而地下水资源向纵向延伸的反向发展现象，但同时防止地下水的过度开采，成为土地整理所要解决的重要问题。在对土地开发整理项目区的调查中发现，解决了水的问题，也就基本上解决了低产耕地的整理改造问题。在土地整理项目选择时，必须充分调查项目区的水文和水文地质资料，论证地下水资源状况。项目水资源应尽量稳定，地下水不宜太深，水质应符合农业灌溉要求。同时，要充分分析项目区的降雨量、来水等地表水状况。

对于地下水的利用，具体做法是：协调水利部门，在确定地下水开采深度，以及在经济合理，又不至于引起水资源状况恶化的前提下，确定水资源允许开采模数，计算水资源年可利用数量；再与本项目区作物灌溉需水量比较，进行水资源平衡分析。在这里应该充分考虑管灌等节水措施的应用，综合评价水资源农业利用的保证程度，同时考虑解决内涝等灾害问题。

3）土地适宜性

项目区土地适宜性对土地的利用方向和利用模式起着重要的指导作用，若土地适宜性评价的结果不适合作为耕地，或者作为耕地的适宜性不强，则不宜在该地区选择土地开发整理项目。项目区土壤应满足农作物的基本要求，应以壤土、沙壤土为宜。

4）生态环境保护

在生态环境已经非常脆弱的今天，土地开发整理活动要尽量避开防洪区、滞洪区、生态保护区、自然保护区等区域。在项目立项前要进行环境影响评价，项目的实施过程就是对原有景观格局和生态系统的破立过程，是通过人为干扰促使景观格局和生态系统的变化过程。项目的实施将对区域内的土壤、水资源、生物多样性、植被、大气及景观格局产生影响，在施工期间将影响区域内的水资源、大气，并产生一定的噪声污染。但项目完成后，形成新的生态环境应是一个优于项目实施前的、能实现可持续发展的生态环境。

2.3.1.2　社会经济条件

1）人均耕地

人均耕地水平反映了该地区对土地开发整理项目的需求程度。若人均耕地少，则相对需要通过土地开发整理增加耕地数量。此外，人均耕地的多少，从侧面反映了当地居民对土地开发整理项目的参与和重视程度。

2）经济发展水平

一方面，项目区的经济发展水平高低对项目能否顺利实施有重要影响。经济发展水平高，可以保证项目前期的物力和财力的投入，保证项目相关配套资金的及时到位，从而保证项目的顺利实施。另一方面，项目区的经济发展水平低，说明需要通过土地开发整理改善生活水平。

3）土地利用效率

土地利用效率的高低，反映了土地质量的好坏，说明了对土地开发整理的需求程度，以改善土壤条件，提高土地质量和土地产出率。

2.3.1.3　基础设施条件

项目区中农业基础设施状况既要保证项目建设的顺利进行，又要具有不完善的特征。具体的衡量内容有：保证项目建设的顺利进行，必须有通往项目区便利的交通支持，以便大型工程机械和车辆进入；必须在项目区附近有充足的电力容量，以保证水电配套后的农业用电，要求在项目区内或附近有变压器或高压线通过，并与电力部门协调用电容量；在项目区附近必须有充足水源保证，要求在项目内或附近有充足的地表水和地下水可开采水源；项目区排水有充足的承泄区等。

不完善的特征具体表现为：田间道路状况差，比如坑洼不平、宽窄不一、布局不合理等；农田排水不畅；水电配套不完善，机井布局不合理；耕作田块平整度差等，切实表现项目区中土地利用中存在的明显问题，体现土地整理的必要性和迫切性。

2.3.2 项目自身条件

2.3.2.1 项目规模

项目的建设规模也是项目区选择的主要因素,《全国土地开发整理规划(2001～2010年)》确定了六大工程,重大工程实施方案也已编制完成,就是要集中有限的资金,建设成集中连片、有规模效益的项目区,充分发挥项目的示范作用,带动周边地区的发展和民间资本向农业的投入。

根据国土资源部有关文件规定,土地整理项目的规模有平原、丘陵之分,平原区整理项目400～2 000 hm^2,单片面积不小于60 hm^2,总片数不大于10片;丘陵区整理项目100～1 000 hm^2,单片面积不小于40 hm^2,总片数不大于10片。但在实际操作中,尤其对于平原区基本农田的整理,这一要求并不能满足实施的需要。根据近年项目实施的经验,尤其在项目总片数的要求上,一般以不超出2片为宜,相应的单片规模要在200 hm^2(平原区)和50 hm^2(丘陵区)以上。这样在项目实施中易于各种关系的协调,并且容易形成规模,发挥示范带动作用。

对土地开发、土地复垦项目的规模要求一般比土地整理要低。对于综合性项目,可以根据实际情况进行具体分析。

2.3.2.2 耕地数量增加潜力

除对项目区的位置要求外,现阶段我国进行土地整理项目实施的重要衡量指标是增加耕地系数,即项目实施后增加耕地的数量与项目建设规模的比率。按国土资源部有关文件规定,土地整理项目耕地增加潜力系数一般不低于5%,《关于加强和改进土地开发整理工作的通知》([2005]29号)又规定,基本农田整理项目的新增耕地率不低于3%,因而为保证项目的顺利申报和立项,增加耕地系数成为土地整理项目安排需满足的必要条件,同时这也是当初立法征收新增建设用地土地有偿使用费的意图之一和国土部门的职责所在。

对于一个有具体边界的土地开发整理项目来说,增加耕地数量的来源一般包括:一是项目建设区内经过开发可以转变为耕地的未利用地,包括荒草地、沙地、苇地、滩涂等;二是项目建设区内可复垦为耕地的农村居民点和工矿用地;三是由于农业结构调整将老化的果园、林地调整为耕地(此类整理增加的耕地,如果是可调整园地、可调整林地不能作为新增耕地指标计算);四是路、沟、渠、田坎经过合理整理后可调整为耕地的数量。

以上规定一般来说适应于土地整理或者以土地整理为主的项目,对于以土地开发、土地复垦为主或者综合性项目的项目增加耕地的潜力可能要大得多,应根据具体项目进行具体分析。

2.3.2.3 耕地质量提高潜力

后备耕地资源是有限的,单纯依靠通过整理增加耕地数量的潜力是有限的。然而,我省乃至全国存在着大量的中低产田,可以通过土地整理,提高耕地质量,从而提高单位面积的产出能力,间接实现增加耕地数量的目的。因此,今后土地整理的目标应由增加耕地数量转向提高耕地质量。

2.3.2.4　符合规划情况

土地开发整理项目的选择要符合土地利用总体规划、基本农田保护规划、土地开发整理规划等。项目的选择应符合土地利用总体规划的要求，若总体规划是林地、水面或者其他生态保护区，不能作为项目的选址；项目应该符合土地开发整理规划，首选土地开发整理规划中的备选项目。

2.3.3　其他因素

2.3.3.1　权属调整

土地权属是指土地的所有权、使用权及他项权利的归属。土地整理必然涉及土地权属的调整。土地整理后，为了土地的方便使用，先前的土地界线必然打破，在我国土地使用实行联产承包的形式下，必然引起土地使用权的交换分合，导致利益的重新分配。所以土地权属状况是十分重要的，如果权属调整不妥或者不及时，很有可能影响项目的顺利实施。

2.3.3.2　政府支持与公众参与

土地开发整理项目中的政府支持程度反映了领导的重视程度，是项目顺利实施的前提和基础，项目实施中的资金使用和配套、权属的调整都离不开政府的支持和参与。同时公众参与也是土地开发整理中的重要因素，项目的立项、论证、设计和实施以及权属的调整都离不开群众的大力参与。

2.3.3.3　前期投入

土地开发整理的申请、立项、设计及其他工作等需要一定的前期投入，若当地政府不重视，没有足够的前期投入可能会导致项目的可研、设计和论证不足，进而导致无法立项，或立项后难以顺利实施。

2.3.3.4　投资密度

投资密度也就是项目需要投资的总费用与项目总规模的比例，它也从另一个方面反映了单位面积投入所取得的效益情况。在当前土地开发整理资金非常紧缺的情况下，要尽量把有限的资金投入到投资密度小的项目上，也就是说投资密度越小，项目越可行。

2.4　河南省土地开发整理项目的区域选择

2.4.1　总体说明

土地开发整理项目最终需要落实在一定的区域和空间上，人为的各种原因可能导致选址的项目最终无法实施或者实施后达不到预定的标准，但最主要的原因就是项目的空间选择不合理。基于这种考虑，我们拟根据河南省自然、生态环境保护规划的有关要求，划定河南省土地开发整理项目选择的禁止区域和限制区域。同时，综合考虑河南省各县（市）的自然条件、社会经济条件、土地开发整理潜力以及国家的相关政策，综合评定河南省土地开发整理项目选择的优先区域及优先级别。

需要说明的是，优先区及优先级别是以县（市）为单位划分的，此时没有考虑禁止区和限制区的问题；而禁止区和限制区是以禁止或者限制的因素所在区域而划分的。这样可能出现优先级别最高的区域内有禁止区域或者限制区域。对于这种情况，我们做以下规定：优先区是指该区域内（县、区或县级市）除禁止区、限制区外的区域，优先级别高的区域内的禁止区仍然是禁止任何土地开发整理项目的选择；而当某区域内有限制区的时候，应综合考虑优先级别、限制因素等的综合影响，最终确定该区域是否适合作为土地开发整理项目的选择地。

此外，从理论上讲，影响土地开发、土地整理、土地复垦项目选择的因素因子是不同的，它们的优先区也是不同的。然而，目前河南省实际情况是，单纯的较大的土地开发、土地复垦项目已经很少，大量存在的是以土地整理为主，项目区内有少量的工矿废弃地、农村居民点、闲散地、未利用地等需要整理复垦和开发。因此，本研究所涉及的土地开发整理项目选择条件指的是以土地整理为主的综合项目的选择条件。单纯的土地复垦、土地开发项目可视具体情况而定。

河南省土地开发整理项目选择的优先区、限制区和禁止区划分见附图10、附图11。

2.4.2 土地开发整理项目区选择的原则

2.4.2.1 先易后难的原则

土地开发整理项目需要大量的资金投入，目前我国土地开发整理项目的资金来源还比较单一，基本上以政府投入为主。在目前我国各级政府能够投入土地开发整理资金十分有限的情况下，项目的选择在时间上要有先后顺序。根据土地开发整理规划，结合地方经济和自然条件的地域差异，集中人力、物力、财力，有计划、有步骤地对土地开发整理潜力大、工作难度小、工程量小并具有较大规模的区域优先进行开发整理，在较短时间内获得较大成效。

2.4.2.2 可持续性的原则

土地开发整理项目的选择要以可持续发展为指导思想，并通过土地整理规划这一土地和空间资源的调控手段加以落实，以促进经济、社会的持续协调发展。

2.4.2.3 生态环境保护原则

目前，生态环境的保护是土地开发整理中必须重点考虑的因素，项目选择必须符合生态环境保护的要求。

2.4.2.4 最大效益的原则

土地开发整理的最终目标就是要发挥土地整理后的社会、经济、环境效益的最大化，充分利用有限的资金，发挥其潜能。

2.4.2.5 与国家政策相结合的原则

土地开发整理项目的选择还应该与国家政策相结合，促使资源合理配置，向重大工程和粮食生产核心区、粮食主产县、基本农田保护区倾斜。选择政府支持力度较大、急需政府投资土地开发整理的地区予以支持。

根据以上原则，按照土地开发整理规划的总体要求，结合河南省生态环境保护规划、防洪规划等相关规划的要求，确定河南省土地开发整理项目的优先区域、限制区域和禁止区域。

2.4.3 河南省土地开发整理项目选择的禁止区

2.4.3.1 禁止区划分的含义

在有些区域是不能进行任何土地开发整理活动的，如自然保护区、湿地、风景名胜区、地质公园（核心和关键区域）等区域。土地开发整理项目选择的禁止区划分就是在分析影响土地开发整理项目选择因素的基础上，确定禁止土地开发整理的区域。

2.4.3.2 禁止区划分的影响因素

划分土地开发整理项目选择的禁止区，需要考虑以下几方面的因素。

1）自然保护区

自然保护区是为保护某些生物及其多样性而建立起来的禁止狩猎、开发、放牧等人类活动的区域。截至2004年3月，全省共有自然保护区30个（见表2-1和附图12）。其中，国家级自然保护区8个，地方级自然保护区22个，总面积64.61万 hm^2。按类型分：森林生态系统自然保护区11个，野生动物自然保护区8个，内陆湿地和水域生态系统自然保护区8个，古生物遗迹及其他自然保护区3个。

表2-1 河南省自然保护区建设管理情况一览

序号	自然保护区名称	地点	面积（hm^2）	级别
1	鸡公山国家级自然保护区	河区	2 917	国家级
2	内乡宝天曼国家级自然保护区	内乡县	5 412.5	国家级
3	豫北黄河故道湿地鸟类国家级自然保护区	卫辉市、延津县、封丘县	24 780	国家级
4	伏牛山国家级自然保护区	嵩县、栾川县、西峡县、南召县、鲁山县	56 000	国家级
5	太行山猕猴国家级自然保护区	济源市、沁阳市、博爱县、修武县、辉县	56 600	国家级
6	河南董寨国家级自然保护区	罗山县	46 800	国家级
7	黄河湿地国家级自然保护区	济源市、孟州市、灵宝市、湖滨区、陕县、渑池县、新安县、孟津市、吉利区、偃师市	67 000	国家级
8	南阳恐龙蛋化石群国家级自然保护区	西峡县、内乡县、淅川县	78 015	国家级
9	南阳恐龙蛋化石群省级自然保护区	西峡县、内乡县、淅川县	14 652	省级
10	灵宝小秦岭禁猎禁伐区	灵宝市	4 080	省级
11	卢氏大鲵省级自然保护区	卢氏县	1 000	省级
12	商城金刚台省级自然保护区	商城县	2 972	省级
13	桐柏太白顶省级自然保护区	桐柏县	4 924	省级

续表 2-1

序号	自然保护区名称	地点	面积(hm^2)	级别
14	西峡大鲵省级自然保护区	西峡县	1 000	省级
15	新县连康山省级自然保护区	新县	2 000	省级
16	开封柳园口湿地省级自然保护区	开封市	16 148	省级
17	内乡县湍河湿地自然保护区	内乡县	4 547	省级
18	淅川县丹江口湿地自然保护区	淅川县	64 000	省级
19	汝南宿鸭湖湿地自然保护区	汝南县	16 700	省级
20	新安青要山省级自然保护区	新安县	4 000	省级
21	淮滨淮南湿地省级自然保护区	淮滨县	3 400	省级
22	信阳天目山自然保护区	平桥区	6 750	省级
23	商城鲶鱼山省级自然保护区	商城县	5 805	省级
24	林州万宝山省级自然保护区	林州市	8 667	省级
25	信阳黄缘闭壳龟省级自然保护区	信阳浉河区、罗山县、新县、商城县、固始县	123 260	省级
26	信阳四望山省级自然保护区	浉河区	14 000	省级
27	桐柏高乐山省级自然保护区	桐柏县	9 060	省级
28	济源市温泉自然保护区	济源市	163	市级
29	栾川大鲵自然保护区	栾川县	800	县级
30	嵩县大鲵自然保护区	嵩县	600	县级
	合计		646 052. 5	

2)地质公园

地质公园是以具有特殊的科学意义、稀有的自然属性、优雅的美学观赏价值,具有一定规模和分布范围的、有区域性代表意义的地质遗迹为主体,并融合其他自然景观或人文景观构成的特定地区。地质公园以保护地质遗迹、促进地方经济、文化和环境的可持续发展为宗旨,为人们提供具有较高科学品位的观光游览、休闲度假、康疗保健、科学研究、科普教育的场所。对于地质公园,只要不在其核心区域(如特殊景观、地质遗迹的关键区域等)进行土地开发整理,在其外围区域可以根据实际情况进行适当的土地开发整理。至2007年,河南省有世界级地质公园4处,国家级地质公园5处,省级地质公园10处(见表2-2和附图13)。

3)森林公园

森林公园应是以森林为主体,具有地形、地貌特征和良好生态环境,融自然景观与人文景观于一体,经科学保护和适度开发,为人们提供娱乐、科学考察及普及、度假、休疗养服务,一般位于城市郊区的区域。据不完全统计,截至 2005 年底,河南省有 63 处森林公园(见表 2-3)。

表 2-2　河南省地质公园一览

序号	公园名称	级别	地址
1	中国嵩山世界地质公园	世界级	登封市
2	中国云台山世界地质公园	世界级	修武县
3	南阳伏牛山国家地质公园	世界级	南阳市
4	王屋山—黛眉山国家地质公园	世界级	济源市、洛阳市
5	遂平嵖岈山国家地质公园	国家级	遂平县
6	郑州黄河	国家级	郑州市
7	神灵寨国家地质公园	国家级	洛宁县
8	金刚台国家地质公园	国家级	商城县
9	关山国家地质公园	国家级	辉县市
10	小秦岭省级地质公园	省级	灵宝市
11	玉皇山省级地质公园	省级	卢氏县
12	红旗渠、林滤山省级地质公园	省级	林州市
13	跑马岭省级地质公园	省级	卫辉市
14	滦川县省级地质公园	省级	滦川县
15	白云山省级地质公园	省级	嵩山县
16	汝阳恐龙蛋化石群	省级	汝阳县
17	桐柏山省级地质公园	省级	桐柏县
18	杏山省级地质公园	省级	邓州市
19	大红寨省级地质公园	省级	汝州市

表 2-3　河南省森林公园一览

序号	公园名称	面积(hm^2)	建设单位	地址
1	嵩山国家森林公园	11 533	国有登封林场	登封市区迎仙阁
2	寺山国家森林公园	5 600	国有木寨林场	西峡县丁河镇
3	风穴寺国家森林公园	767	国有风穴寺林场	汝州市骑岭乡
4	石漫滩国家森林公园	5 333	国有石漫滩林场	舞钢市区
5	薄山国家森林公园	6 067	国有薄山林场	确山县任店镇
6	开封市国家森林公园	553	国有开封市林场	开封市西郊
7	亚武山国家森林公园	15 133	国有河西林场	灵宝市尹溪路

续表 2-3

序号	公园名称	面积(hm^2)	建设单位	地址
8	花果山国家森林公园	4 200	国有宜阳林场	宜阳县
9	云台山国家森林公园	359	国有修武林场	修武县西村乡
10	白云山国家森林公园	8 133	国有五马寺林场	嵩县车村乡
11	龙峪湾国家森林公园	1 833	国有龙峪湾林场	栾川县庙子乡
12	五龙洞国家森林公园	2 527	林州市泽下乡	林州市泽下乡
13	南湾国家森林公园	2 810	国有南湾林场	信阳市浉河区
14	甘山国家森林公园	3 800	国有窑店林场	陕县张村镇
15	郑州市森林公园	313	国有郑州市林场	郑州市北郊
16	白云寺森林公园	2 593	国有辉县林场	辉县市薄壁镇
17	乐山森林公园	6 800	国有乐山林场	确山县朱古洞乡
18	中牟森林公园	5 458	国有中牟林场	郑州市中牟县城
19	黄河故道森林公园	4 198	国有延津林场	延津县东屯乡
20	上寺森林公园	420	国有荆关林场	淅川县荆关镇
21	菩提寺森林公园	133	国有五岳庙林场	镇平县五岳庙乡
22	白云山森林公园	10 000	国有板桥林场	泌阳县板桥镇
23	龙虎森林公园	363	国有滑县林场	滑县城关镇
24	丹霞山森林公园	933	南召县林业局	南召县林业局
25	焦作森林公园	937	国有焦作市林场	焦作市建设西路
26	云梦山森林公园	3 000	淇县群营林	淇县云梦山
27	嵩北森林公园	493	国有巩义林场	巩义市夹津口镇
28	禹州森林植物园	67	国有禹州林场	禹州市禹台办事处
29	濮阳黄埔森林公园	1 198	濮阳市林业局	濮阳市郊
30	泌阳铜山森林公园	7 309	国有马道林场	泌阳县马谷田镇
31	玉皇尖森林公园	2 982	国有淇河林场	卢氏县狮子坪乡
32	青龙山森林公园	2 317	国有与群营林	巩义大峪沟镇民权村
33	金兰山森林公园	3 333	国有新县林场	新县城关向阳路 172 号
34	全宝山森林公园	958	国有全宝山林场	洛宁县兴华乡
35	小浪底库区森林公园	41 976	国有郁山林场与群营	新安县李村乡
36	大寺森林公园	433	国有方城大寺林场	方城县二郎庙乡
37	紫云山森林公园	1 588	国有襄县林场	国有襄县林场
38	金顶山森林公园	2 400	确山县蚁蜂镇	确山县蚁蜂镇林场

续表 2-3

序号	公园名称	面积(hm²)	建设单位	地址
39	独山森林公园	400	独山园艺场	卧龙区独山园艺场
40	神灵寨森林公园	5 300	国有三官庙林场	洛宁县陈吴乡
41	长葛市森林公园	62	长葛市林业局	长葛市老城镇
42	商丘市省级森林公园	149	国有梁园区林场	商丘市梁园区
43	黄柏山省级森林公园	647	国有黄柏山林场	商城县长竹园乡
44	双龙山省级森林公园	1 000	国家山张林场	偃师市大口乡
45	孟州省级森林公园	333	国有孟州林场	孟州市西虢镇
46	天池山省级森林公园	735	国有王莽寨林场	嵩县德亭乡
47	桐柏山省级森林公园	4 924	国家陈庄林场	桐柏县城关镇
48	安山省级森林公园	600	国有固始林场	固始县城郊
49	黄庙沟省级森林公园	2 000	鹤山区林业局	鹤山区林业局
50	郑州黄河大观森林公园	174	郑州黄河大观有限公司	郑州黄河南岸 86 号
51	濮阳张挥省级森林公园	87	濮阳县林业局	濮阳县林业局
52	渑池韶山省级森林公园	1 400	国有渑池林场	渑池县仁村乡
53	天目山省级森林公园	2 400	国有天目山林场	平桥区邢集乡
54	息州省级森林公园	223	国有息县林场	息县城关
55	大虎岭省级森林公园	1 500	国有大虎岭林场	汝阳县城关
56	桃花峪省级森林公园	1 330	荥阳市	荥阳市广武镇
57	汤阴云莱省级森林公园	925	汤阴县苗圃	汤阴县
58	新郑始祖山森林公园	4 667	千户寨乡、观音寺镇	新郑市
59	巩义南河渡森林公园	2 050	南河渡镇	巩义市
60	神仙洞省级森林公园	3 100	尖山乡	新密市
61	嵖岈山省级森林公园	2 000	张台乡	遂平县
62	摩云山省级森林公园	4 165	曹家窑林场	义马市
63	方城七峰山森林公园	5 100	拐河镇七峰山林场、泉白山林场	方城县
	合　计	214 126		

4)行洪蓄洪区

行洪蓄洪区是为了避免特大洪水和暴雨对下游区域的威胁,在位于下游的湖泊洼地建立一定的区域,这些区域具有调节河川径流的功能,主要表现在暂时蓄纳入湖洪峰水量,而后缓慢泄出,减少洪水和严重暴雨带来的更大范围的损失。河南省洪水调蓄极重要地区主要分布在淮河、黄河沿岸,包括淮河支流的水库,如南湾水库、鲇鱼山水库、石山口水库等,以及淮河出省界地区的圩子、淮河、黄河本身;重要地区包括淮河支流上规模较大的水库,如昭平台水库、白龟山水库、宿鸭湖水库以及滞洪区,黄河流域的陆浑水库、故县水库等,长江流域的鸭河口水库、丹江口水库,海河流域的盘石头水库及滞洪区等;比较重要的地区主要为小型的距离黄、淮干流较远的小型水库以及太行山地区的小型水库。此外,在淮河中下游平原低洼地区也建有一些滞洪区。

5)风景名胜区

风景名胜区是为人类提供休闲和旅游的地区,为防止人类活动破坏景区景观和生态环境,一般禁止在风景名胜区内选择土地开发整理项目。截至2005年,全省省级以上风景名胜区30个,其中国家重点风景名胜区9个,省级风景名胜区21个(见表2-4),风景名胜区总面积达到0.371 4万 hm^2,占全省国土总面积的2.23%。

表2-4　河南省风景名胜区分布情况

序号	名称	地点	面积(km^2)	级别
1	嵩山风景名胜区	登封市	153.9	国家重点
2	鸡公山风景名胜区	信阳市	295	国家重点
3	龙门风景名胜区	洛阳市	9.21	国家重点
4	王屋山风景名胜区	济源市	265	国家重点
5	云台山风景名胜区	修武县	56	国家重点
6	石人山风景名胜区	鲁山县	268	国家重点
7	林滤山风景名胜区	林州市	310	国家重点
8	青天河风景名胜区	博爱县	106	国家重点
9	神农山风景名胜区	沁阳市	96	国家重点
10	桐柏山—淮源风景名胜区	桐柏县	108	省级
11	铜山风景名胜区	泌阳县	76.7	省级
12	老君山—鸡冠洞风景名胜区	栾川县	10	省级
13	嵖岈山风景名胜区	遂平县	52	省级
14	昭平湖风景名胜区	鲁山县	40	省级
15	百泉风景名胜区	辉县市	187.9	省级
16	薄山湖风景名胜区	确山县	126	省级
17	云梦山风景名胜区	淇县	26.1	省级
18	丹江风景名胜区	淅川县	590	省级
19	南湾湖风景名胜区	信阳市	192	省级
20	亚武山风景名胜区	灵宝市	52	省级
21	大伾山风景名胜区	浚县	7.8	省级

续表 2-4

序号	名称	地点	面积(km^2)	级别
22	浮戏山—雪花洞风景区	巩义市	34.55	省级
23	环翠峪风景名胜区	荥阳市	25	省级
24	五龙口风景名胜区	济源市	128	省级
25	青要山风景名胜区	新安县	34	省级
26	灵山风景名胜区	罗山县	61.5	省级
27	青龙峡风景名胜区	修武县	108	省级
28	黄河风景名胜区	郑州市	108	省级
29	白云山风景名胜区	嵩县	168	省级
30	震雷山风景名胜区	信阳市平桥区	19.4	省级

6)其他

除了以上因素,还需要考虑自然及文化遗产保护区、工矿发展预留地等其他需要考虑的因素。

2.4.3.3　禁止区划分的结果

根据以上对土地开发整理项目选择的禁止区划分的影响因素分析,参考《河南省生态功能区划》,结合河南省实际情况,一共划出 22 个比较大的禁止区(见表 2-5 和附图 11)。需要说明的是,22 个禁止区包含了部分自然保护区、风景名胜区、地质公园、森林公园、行洪蓄洪区等,对于个别小的各级政府明确提出的需要保护或者禁止开发的区域也应列入禁止区内。

在此需要强调的是,在禁止区或者各类禁止性因素中,都有大比例尺范围边界图,以这些图件或有关部门核定的区域为准,土地开发整理项目选址时,应认真核对此类图件,避免发生选址错误。

表 2-5　土地开发整理项目选择的禁止区

编号	区域名称	地理位置及面积	区域功能或禁止原因
1	太行山生物多样性及水源涵养功能区	太行山的河南省界东南坡,面积约 2 173.6 km^2	太行山猕猴国家级自然保护区,生物多样性保护
2	小秦岭生物多样性保护功能区	灵宝县的西部小秦岭深山区,面积约 388.7 km^2	灵宝小秦岭生物多样性保护区
3	韶山青要山生物多样性保护功能区	三门峡东北部的韶山和洛阳西北部的青要山,面积约 284.2 km^2	新安青要山生物多样性保护区
4	伏牛山熊耳山外方山生物多样性保护功能区	三门峡、洛阳、南阳境内的伏牛山、熊耳山、外方山海拔 1 000 m 以上的中山区,面积约 7 200 km^2	内乡宝天曼国家级自然保护区、伏牛山国家级自然保护区;生物多样性保护,水源涵养

续表 2-5

编号	区域名称	地理位置及面积	区域功能或禁止原因
5	鸭河口湿地生物多样性保护及水土保持功能区	南阳南召县境内，外方山、伏牛山山涧白河上游区，面积约 275.9 km^2	生物多样性保护
6	丹江口水库水资源保护及水土保持生态功能区	淅川县南部，南水北调中线渠口区域，面积约 2 905 km^2	生物多样性保护及水源涵养
7	豫西黄河湿地功能区	黄河自豫灵镇至花园口段，面积约 1 295.8 km^2	水资源保护及湿地生态保护
8	嵩山自然及文化遗产保护功能区	巩义南部、新密西部、登封北部，面积 897.7 km^2	自然及文化遗产保护
9	桐柏淮河源生物多样性保护功能区	桐柏县的城关乡、新集乡、淮源镇、城郊乡，面积约 359.5 km^2	淮河源头，生物多样性保护和水源涵养
10	嵖岈山自然遗产保护功能区	遂平县西部、泌阳县北部、舞钢市东南部，面积约 410.7 km^2	嵖岈山森林公园，保护景区自然景观
11	天目山生物多样性保护功能区	桐柏县的毛集镇、回龙乡，信阳的王岗、邢集镇，面积约 355.3 km^2	信阳天目山自然保护区、天目山省级森林公园；生物多样性保护，水源涵养，水土保持
12	信阳四望山生物多样性保护功能区	信阳市浉河岗乡，面积约 824.5 km^2	信阳四望山省级自然保护区，生物多样性保护
13	大别山生物多样性保护功能区	信阳市的浉河区、新县、罗山、商城、固始，靠近省界的大别山区，面积约 4 044 km^2	河南董寨国家级自然保护区、商城金刚台省级自然保护区、新县连康山省级自然保护区、商城鲇鱼山省级自然保护区、信阳黄缘闭克龟省级自然保护区；生物多样性保护
14	长陵一谷堆淮南湿地生物多样性保护功能区	息县长陵乡，潢川的孜镇，淮滨的张庄、涂营、谷堆，面积约 157.79 km^2	淮滨淮南湿地省级自然保护区，湿地生物多样性保护和洪水调蓄
15	卫河共渠洪水调蓄功能区	新乡市的东北部、鹤壁市的东南部和安阳市的东南部，面积约 607.1 km^2	地势低洼，洪水调蓄

续表 2-5

编号	区域名称	地理位置及面积	区域功能或禁止原因
16	民权黄河故道湿地生物多样性保护功能区	民权和商丘市的梁园区的黄河故道及废黄河河南段民权西北林七水库、吴屯水库周边区域,面积约 186 km^2	生物多样性保护
17	宿鸭湖湿地生物多样性保护功能区	宿鸭湖水库位于汝南县城西北方向,属平原人工湖,面积约 190.2 km^2	汝南宿鸭湖湿地省级自然保护区;生物多样性保护,水源涵养,洪水调蓄
18	蛟停湖洪水调蓄功能区	新蔡县西部与正阳交界的汝河下游的蛟停湖乡,面积约 63.75 km^2	地势低洼,易发生洪涝灾害;洪水调蓄
19	老王坡洪水调蓄功能区	西平县人和、宋集,面积约 129.6 km^2	地势低洼,易发生洪涝灾害;洪水调蓄
20	杨庄洪水调蓄功能区	西平杨庄乡,小洪河上游,面积约 101.4 km^2	地势低洼,易发生洪涝灾害;洪水调蓄
21	豫东黄河湿地功能区	黄河花园口至台前县出省境的吴坝乡,面积约 646.9 km^2	洪水调蓄;湿地保护
22	泥河洼洪水调蓄功能区	舞阳北舞渡镇,沙河南岸,面积约 73.15 km^2	洪水调蓄

2.4.4 河南省土地开发整理项目选择的限制区

2.4.4.1 限制区划分的含义

土地开发整理项目选择的限制区就是指在限制性因素分析的基础上,确定限制区域及限制的因素(因子)。如在水源涵养地进行土地开发整理项目,只能选择生态农业或者对地下水无污染的农业项目;在水土流失严重的区域,土地开发整理项目必须特别重视水土保持措施。需要说明的是,土地开发整理项目应尽量避开限制区域,若特别需要安排土地开发整理项目,应采取多种措施避免或减小各种可能的不利影响。

2.4.4.2 限制区划分的影响因素分析

影响限制区划分的因素很多,根据土地开发整理的实践及相关专家的意见,需要重点考虑的因素有以下几个方面。

1)水源涵养与保护地

水源地周围可以进行土地开发整理项目,但项目在可行性研究报告及设计过程中,必须充分考虑对水源地的保护及涵养。如应尽量减少化肥和农药的使用,积极发展生态农业,加强植被的营造和保护。河南省水源地及其空间分布见表 2-6、河南省饮用水源地分布见附图 14。

2)水土保持

水土保持是土地开发整理过程必须考虑的因素,特别是在丘陵或山地区,必须将水土保持的防治放在第一位。如因地制宜地建设梯田，选择合适的植被进行立体绿化，采取多种水利措施防治水土流失等。

3）沙化敏感区

河南省存在大量容易沙化的土地，这些区域我们将其称之为沙化敏感区。在这些区域从事土地开发整理项目，一定要注意采取妥善措施，避免土地沙化。河南省土壤沙化敏感区分布见附图15。

表2-6 河南省水源地及其空间分布

编号	地点	名称	编号	地点	名称
1	郑州市	黄河邙山	26	安阳市	岳城水库
2	郑州市	黄河花园口	27	安阳市	一水厂刘家庄地下水井群
3	郑州市	尖岗水库	28	安阳市	二水厂石家沟地下水井群
4	郑州市	常庄水库	29	安阳市	三水厂东环路地下水井群
5	郑州市	西流湖	30	安阳市	四水厂大坡村地下水井群
6	郑州市	北郊地下水井群	31	安阳市	五水厂韩王度地下水井群
7	郑州市	九五滩地下水井群	32	鹤壁市	盘石头水库
8	郑州市	郑州市井水厂地下水井群	33	鹤壁市	寒波洞
9	郑州市	上街区井水厂地下水井群	34	鹤壁市	鹤壁集地下水井群
10	开封市	黄河黑岗口	35	新乡市	黄河贾太湖
11	开封市	二水厂地下水井群	36	新乡市	黄河原阳中岳
12	开封市	三厂水地下水井群	37	新乡市	三水厂地下水井群
13	洛阳市	陆浑水库	38	新乡市	四水厂地下水井群
14	洛阳市	洛南地下水井群	39	新乡市	凤泉水厂地下水井群
15	洛阳市	李楼地下水井群	40	焦作市	太行水厂周庄地下水井群
16	洛阳市	张庄地下水井群	41	焦作市	峰林水厂闫河地下水井群
17	洛阳市	五里堡地下水井群	42	焦作市	中站水厂李封地下水井群
18	洛阳市	王府庄地下水井群	43	焦作市	新城水厂东小庄井群
19	洛阳市	后李庄地下水井群	44	濮阳市	中原油田彭楼
20	洛阳市	临涧地下水井群	45	濮阳市	西水坡
21	洛阳市	东郊地下水井群	46	濮阳市	沿西环线地下水井群
22	洛阳市	下池地下水井群	47	濮阳市	中原油田基地地下水井群
23	洛阳市	吉利区地下水井群	48	濮阳市	李子园地下水井群
24	平顶山	白龟山、昭平台水库	49	许昌市	北汝河
25	平顶山	沙北地下水井群	50	许昌市	麦岭地下水井群

续表 2-6

编号	地点	名称	编号	地点	名称
51	漯河市	澧河	83	新郑市	望京楼水库
52	漯河市	二水厂地下	84	新郑市	新郑市水厂地下水井群
53	漯河市	三水厂地下水井群	85	登封市	少林水库
54	三门峡	黄河三门峡水库	86	登封市	纸房水库
55	三门峡	卫家磨水库	87	登封市	马庄水库
56	三门峡	陕州公园地下水井群	88	登封市	券门水库
57	三门峡	沿青龙涧河地下水井群	89	登封市	白沙水库
58	三门峡	王官地下水井群	90	偃师市	一水厂地下水井群
59	商丘市	黄河故道	91	偃师市	二水厂地下水井群
60	商丘市	梁园区二水厂地下水井群	92	舞钢市	田岗水库
61	商丘市	梁园区三水厂地下水井群	93	舞钢市	枣林地下水井群
62	商丘市	睢阳区一水厂地下水井群	94	汝州市	许寨地下水井群
63	商丘市	睢阳区二水厂地下水井群	95	林州市	弓上水库
64	商丘市	睢阳区供水站地下水井群	96	林州市	南谷洞水库
65	商丘市	商丘市开发区地下水井群	97	林州市	林州市地下水井群
66	周口市	一水厂沙颍河南井群	98	卫辉市	塔岗水库
67	周口市	二水厂官坡地下水井群	99	辉县市	段屯地下水井群
68	周口市	三水厂沙颍河北地下水井群	100	沁阳市	沁阳市地下水井群
69	周口市	三水厂沙颍河南地下水井群	101	孟州市	孟州市地下水井群
70	驻马店	板桥水库	102	禹州市	颍河
71	南阳市	鸭河口水库	103	长葛市	长葛地下水井群
72	南阳市	白河地下水井群	104	义马市	常窑水库
73	信阳市	南湾水库	105	义马市	黄河槐扒
74	济源市	小庄地下水井群	106	义马市	洪阳地下水井群
75	济源市	柴庄地下水井群	107	义马市	马岭地下水井群
76	济源市	白涧地下水井群	108	灵宝市	沟水坡水库
77	巩义市	坞罗水库	109	灵宝市	思平地下水井群
78	巩义市	巩义市三水厂地下水井群	110	邓州市	张沟水库
79	新密市	李湾水库	111	邓州市	柳林地下水井群
80	新密市	新密市地下水井群	112	永城市	李庄藤庙地下水井群
81	荥阳市	黄河王村	113	项城市	项城市地下水井群
82	荥阳市	荥阳市地下水井群			

4)地下水超采区

某些区域由于盲目开采地下水,导致地下水位下降,形成“地下漏斗”,应尽量避免在这些区域继续布局井灌,以免形成更严重的“地下漏斗”。河南省浅层地下水超采情况及其分布见附图16。

5)其他因素

除了以上因素,还要考虑其他许多因素,如某些特殊区域(自然保护区、旅游景区、地质公园的核心区域等)的外围、生态脆弱区域、主要河流沿岸、地质活动(崩塌、滑坡、泥石流)频繁区域、矿山开采未来塌陷区等,都需要充分考虑。

2.4.4.3 限制区划分的结果

根据以上限制区划分的影响因素,结合河南省环境保护局于2006年完成的《河南省生态功能区划》及其他相关资料,对河南省一共划分出9个较大的土地开发整理项目选择的限制区域,具体见表2-7和附图11。

需要说明的是,表2-7只是列出了比较明显和较大的限制区域,根据需要考虑的限制因素,若存在限制因素则需要充分讨论、论证项目立项的可行性及其可能造成的后果。此外,由于受到图幅比例尺的限制,图上显示位置和区域只是示意性的,在实际实施过程中,其区域和范围应根据当地大比例尺地图及有关部门的成果和要求确定。

表2-7 土地开发整理项目选择的限制区

编号	区域名称	地理位置及面积	主要限制因素或措施
1	新安鹤水源涵养功能区	安阳、新乡、鹤壁交界处的低山区,面积约1 651.1 km^2	天然泉群补水源地,水源涵养
2	林州市山间盆地水土保持农业功能区	林州市西部山间盆地区,面积约320.8 km^2	水土流失严重
3	义新渑矿产开发生态恢复农业生态功能区	义马、新安的西部、渑池的中部、陕县东部的一部分地区,面积约984.4 km^2	水土流失严重
4	小秦岭崤山水源涵养与水土保持功能区	灵宝大部、卢氏北部、陕县大部及洛宁北部等崤山海拔500 m以上的区域;小秦岭海拔500~1 000 m的区域,面积7 889.8 km^2	水源涵养和水土保持
5	洛嵩栾水源涵养与水土保持功能区	熊耳山、伏牛山和外方山海拔500~1 000 m的区域,洛宁、嵩县、栾川,面积约4 545.8 km^2	生物多样性保护区域外围区,水源涵养地
6	西峡内乡水源涵养与水土保持功能区	西峡、南召以及内乡、镇平北部,卢氏南部,中山、低山丘陵区,面积约11 181.5 km^2	生物多样性保护外围区,为老灌河等的源头区;水源涵养和水土保持

续表 2-7

编号	区域名称	地理位置及面积	主要限制因素或措施
7	鲁山汝州水源涵养与水土保持生态功能区	鲁山、汝州及宝丰西部，面积 4 054.6 km^2	沙河源头区，有昭平台水库；水源涵养和水土保持
8	桐柏山水源涵养及水土保持功能区	桐柏县的大河镇、朱庄，泌阳县的马谷田镇、铜山乡、王店乡、竹沟镇、黄山口乡、瓦岗乡，面积约 7 565.8 km^2	淮河源头区，生物多样性保护，水源涵养
9	大别山水源涵养及水土保持功能区	豫南信阳地区，海拔一般在 100～200 m 的低山丘陵区，面积约 4 159.1 km^2	位于生物多样性保护区的外围区；水源涵养，水土保持

2.4.5　河南省土地开发整理项目选择的优先区划分

2.4.5.1　优先区划分的含义

目前，我国各地对土地开发整理投资的需求是很大的，而各级政府在一定时期内投资土地开发整理的资金是有限的，因此土地开发整理项目的选择在空间上存在着先后顺序。土地开发整理项目选择的优先区域划分就是根据各地的自然条件、社会经济条件、土地开发整理潜力、国家或地区的相关政策等，对全省区域范围内需要进行土地开发整理的地区进行优先级别的划分。

土地整理项目选择的优先区划分是一项复杂的系统工程，需要综合考虑地区的自然条件、社会经济条件、开发整理潜力及国家的相关政策等各种因素。

2.4.5.2　优先区划分的影响因素

1）影响因素因子的确定

前已述及，土地开发整理项目选择的优先区域划分需要综合考虑各种因素，因素的选择对划分结果起着至关重要的作用。总的来看，需要考虑地区的自然条件、社会经济条件、土地开发整理潜力、国家的相关政策等。而影响一个区域的自然条件、社会经济条件很多，若要分别单独考虑，势必会大大增加研究的难度和工作量。河南省于 2002～2003 年对全省的农用地进行了分等，分等结果综合考虑了区域的自然条件、社会经济条件、土地利用强度与效益等，因此我们将农用地等别作为一个因素，衡量区域的自然条件和社会经济条件。此外，还考虑了区域的土地开发整理潜力和国家的相关政策等因素。

（1）农用地等别。农用地等别成果有自然等、利用等和经济等，根据研究目的和需要，我们选择经济等（农用地等别），该等别成果综合反映了农用地的自然条件、土地利用程度、土地的投入产出等，因此严格来说，它不是一个因素，而是多个因素的综合，从侧面反映了地区的自然条件和社会经济条件。这里直接采用河南省农用地分等成果中的农用地等别成果（经济等）。

（2）增加耕地数量潜力。土地开发整理潜力反映了区域可供土地开发整理的后备资源情况,潜力大小对土地开发整理项目的选择具有重要的影响。土地开发整理潜力包括土地开发潜力、整理潜力和复垦潜力。河南省土地开发整理规划(2001～2010),在对耕地后备资源广泛调查的基础上,对河南省土地开发整理潜力进行了比较详尽的研究,这里直接采用该规划中的研究成果。

(3)提高耕地质量潜力。提高耕地质量潜力主要考虑中低产田的改造。河南省目前存在大量的中低产田,对中低产田的改造可以提高耕地质量,从而增加单位耕地面积的产出,等于间接增加耕地面积。

(4)国家的相关政策。国家及地方政府的相关政策在一定程度上也影响着土地开发整理项目的选择。《关于加强和改进土地开发整理工作的通知》,明确了当前和今后一个时期内土地开发整理工作的重点和方向,即土地开发整理工作要以提高农业综合生产能力为出发点,大力开展基本农田整理,促进补充耕地数量、质量、生态三者统一;要落实《全国土地开发整理规划》,积极实施重大工程,促进项目布局的相对集中;要建立项目指南发布制度,促进资金与资源合理配置,向重大工程和粮食主产区、粮食主产县、基本农田保护区倾斜。同时,对于那些经济条件比较落后,没有充足的资金,但又需要通过土地开发整理改善生活条件的贫困地区,国家也应相应照顾。

基本农田保护示范县对地区耕地的保护提出了特殊的要求,因此这些地区在土地开发整理项目的投资方面可以得到适当的倾斜和照顾。目前河南省有国家级基本农田保护示范县6个、省级基本农田保护示范县25个,见表2-8。

表2-8　影响河南省土地开发整理项目选择的相关政策

政策		县(市)
基本农田保护示范县	国家级	扶沟县、原阳县、邓州市、潢川县、禹州市、嵩县
	省　级	新郑市、杞县、偃师市、宜阳县、郏县、辉县市、封丘县、滑县、武陟县、孟州市、南乐县、浚县、陕县、鄢陵县、临颍县、社旗县、新野县、睢县、虞城县、淮阳县、郸城县、西平县、泌阳县、罗山县、商城县
优质粮食工程项目县		安阳县、汤阴县、内黄县、浚县、南乐县、清丰县、濮阳县、滑县、卫辉市、辉县市、延津县、封丘县、长垣县、原阳县、获嘉县、武陟县、沁阳市、偃师市、伊川县、中牟县、开封县、尉氏县、杞县、民权县、兰考县、睢县、睢阳区、虞城县、夏邑县、永城市、柘城县、鹿邑县、太康县、扶沟县、鄢陵县、长葛市、许昌县、临颍县、襄城县、叶县、舞阳县、漯河市郾城区、西华县、淮阳县、郸城县、沈丘县、商水县、项城市、上蔡县、西平县、遂平县、汝南县、平舆县、新蔡县、正阳县、息县、淮滨县、固始县、潢川县、罗山县、平桥区、确山县、泌阳县、唐河县、社旗县、方城县、镇平县、邓州市、南阳市宛城区、禹州市
国家级贫困县		卢氏县、汝阳县、洛宁县、嵩县、宜阳县、栾川县、封丘县、滑县、台前县、范县、兰考县、虞城县、睢县、民权县、宁陵县、鲁山县、桐柏县、淅川县、南召县、社旗县、淮滨县、新县、商城县、固始县、光山县、沈丘县、淮阳县、确山县、平舆县、上蔡县、新蔡县

为了促进河南省的粮食生产，提高河南省的粮食商品化率，改善粮食主产区的农业基础设施条件，河南省农业厅于2004年确定了农业生产条件相对较好、粮食商品化率较高的71个县(市)为河南省优质粮食工程项目县，国家和省政府将对优质粮食工程县在农业基础设施投资、粮食的生产和销售等方面实行投资倾斜政策。土地开发整理项目作为政府投资农业生产的一种重要途径，需要对列入优质粮食工程县的地区重点考虑。河南省优质粮食工程项目县见表2-8。

截至2007年底，河南省仍有国家级贫困县30个，这些县农民的人均收入还很低，农业生产条件相对还比较落后。为了帮助这些县尽快脱贫，在其他条件满足时，土地开发整理项目的投资选择应对国家级贫困县有所倾斜，以帮助这些贫困地区尽快脱贫。截至2007年底，河南省的国家级贫困县见表2-8。

2)影响因素因子的量化

为了综合分析，必须对各因素因子进行量化。这里对各因素因子进行标准差标准化，各因素因子的最大值为100分，最小值为0分。

(1)农用地等别的量化。农用地等别反映了耕地增产的潜力，等别越高潜力越小，相应的分值也就越低。在河南省范围内，将等别最高的赋0分，最低的赋100分，中间等别进行线性内插。农用地各等别相对应的分值见表2-9。

表 2-9 农用地各等别对应分值

农用地等别	2	3	4	5	6	7	8	9
分等指数	<400	401 ~ 600	601 ~ 800	801 ~ 1 000	1 001 ~ 1 200	1 201 ~ 1 400	1 401 ~ 1 600	>1 600
对应分值	100	86	71	57	43	29	14	0

(2)增加耕地数量潜力的量化。河南省土地开发整理规划(2001 ~ 2010年)，对土地整理(包括耕地整理、居民点整理)、土地复垦和土地开发的潜力都划分了三个级别，根据潜力级别的不同分别赋予不同的分值。这里将潜力为1级的赋100分，二级的赋70分，三级的赋40分。

(3)提高耕地质量潜力的量化。耕地质量的提高既要考虑地形地貌、土壤、气候等自然因素，还要考虑土地利用的强度。在农用地分等成果中，农用地自然等是综合反映农用地自然条件的质量，而利用等则在考虑自然条件的基础上，考虑了土地的利用强度。一般来说，农用地的自然等越高，而土地的利用强度越低，农用地提高耕地质量的潜力也就越大。在此，我们根据农用地自然等和利用强度的组合，将提高耕地质量潜力分为9个级别，见表2-10。

表 2-10 提高耕地质量潜力因素因子量化标准

利用强度	自然质量			
	优	良	一般	差
高	30	20	10	0
中	70	50	30	10
低	100	75	50	25

(4)国家相关政策的量化。对基本农田保护示范县,国家级赋 100 分,省级赋 60 分,其他赋 0 分。对于是国家级贫困县和河南省优质粮食工程县的县(市)分别赋 100 分,其他赋 0 分。

3)影响因素因子的权重

(1)权重的确定方法。为了对各种影响因素进行综合分析,需要对各种因素进行叠加分析,而叠加分析首先需要确定各种影响因素因子的权重。这里采用最常用、最简单的特尔斐专家咨询法来确定各因素因子的权重。特尔斐专家咨询法确定权重的一般过程是:①召集相关领域专家,并向专家介绍特尔斐专家咨询法的含义及一般过程;②专家针对各因素因子打分(百分制),分别计算各因素因子的权重平均值和标准差;③根据事先设定的精度要求,判断标准差是否满足要求,若不满足则进行下一轮咨询,直到满足要求为止。

(2)根据以上思路和方法,经过 10 位专家两轮的咨询,得到满意的结果,见表 2-11。

表 2-11　优先区划分的影响因素因子及其权重

因素	权重	因子	权重	综合权重
农用地等别	0.40	农用地等别	1.00	0.400 0
开发整理潜力	0.26	耕地整理潜力	0.28	0.072 8
		居民点整理潜力	0.15	0.039 0
		土地开发潜力	0.28	0.072 8
		土地复垦潜力	0.29	0.075 4
提高耕地质量潜力	0.14	提高耕地质量潜力	1.00	0.140 0
国家的相关政策	0.20	基本农田保护示范县	0.43	0.086 0
		优质粮食工程县	0.42	0.084 0
		国家级贫困县	0.15	0.030 0

2.4.5.3　优先区划分的综合指数计算与结果

根据以上所选取的影响因素因子及对各因素因子的量化和权重,采用 GIS 中的空间分析方法,采用加权平均的方式分别计算各区域单元优先区划分的综合指数,综合指数计算的公式如下:

$$F = \sum_{i=1}^{n} \sum_{j=1}^{m} W_{ij} X_{ij}$$

式中:F 为某县的优先区划分的综合指数;W_{ij}为第 i 个因素的第 j 个因子的权重;X_{ij}为第 i 个因素的第 j 个因子的分值。

根据 F 的大小,结合其他因素,综合划分河南省土地开发整理项目选择的优先区,结果见表 2-12 和附图 10。

表2-12　土地开发整理项目优先区及其级别划分

级别	县(市、区)
一级	浚县、滑县、长垣县、封丘县、原阳县、武陟县、兰考县、开封县、偃师市、民权县、杞县、禹州市、宁陵县、睢县、夏邑县、永城市、虞城县、柘城县、扶沟县、鄢陵县、襄城县、临颍县、西华县、淮阳县、郸城县、沈丘县、舞阳县、西平县、郾城县、上蔡县、方城县、社旗县、唐河县、新野县、邓州市、平舆县、新蔡县、淮滨县、潢川县、固始县
二级	南乐县、清丰县、内黄县、汤阴县、台前县、范县、濮阳县、辉县市、获嘉县、新乡县、延津县、沁阳市、温县、孟州市、巩义市、洛阳市、宜阳县、嵩县、伊川县、中牟县、新郑市、尉氏县、通许县、长葛市、许昌县、睢阳区、周口市、太康县、鹿邑、郏县、叶县、鲁山县、镇平县、商水县、项城市、泌阳县、遂平县、汝南县、确山县、正阳县、息县、平桥区、罗山县、光山县
三级	安阳县、林州市、鹤山区、山城区、淇县、卫辉市、中站区、马村区、修武县、博爱县、上街区、郑州市、新密市、荥阳市、新密市、登封市、汝州市、汝阳县、石龙区、宝丰县、吉利区、孟津县、新安县、义马市、渑池县、陕县、灵宝市、洛宁县、卢氏县、栾川县、西峡县、淅川县、内乡县、南召县、舞钢市、桐柏县、浉河区、新县、商城县、济源市

2.5　土地开发整理项目选择指标体系的建立

2.5.1　土地开发整理项目影响因素因子选择的原则

各项指标的选择和评价方法是土地开发整理项目选择的关键，在建立指标方面应该积极挖掘土地整理的内涵、土地整理的实际效用和对土地整理起主要影响的因素，从土地可持续利用的长远角度来选择指标，遵循一定的原则。

(1)主导因素原则。影响土地开发整理项目选择的因素很多，各种因素所起的作用是不同的。为了便于分析和计算，需要通过计算分析，选择那些主要的、起主导作用的因素，突出主导因素，以便减少数据收集和处理的工作量。

(2)替代性原则。影响土地开发整理项目选择的有些因素的数据难以收集或者量化处理，可以选择其他能够反映这些因素因子的作用的指标值予以取代，这样不仅可以达到预期的目的，而且可以提高工作效率，减少收集数据的工作量。

(3)定性与定量相结合。为了提高研究结果的准确性和可操作性，对所考虑的因素因子必须予以量化处理。然而有些因素因子的量化是比较困难的，必须在对各种因素进行定性分析的基础上，结合经验及相关专家的意见，采用不同的方法对各种因素因子予以量化处理。

(4)差异性原则。所选取的因素对土地开发整理项目的选择应具有较大的差异，因素因子的指标值在研究区范围内应具有较大的变化范围。

(5)可比性原则。可比性原则是指确立的指标含义明确,计算口径一致,核算方法统一,从而达到静态和动态具有可比性,不同地区之间具有可比性,不同时期具有可比性,以保证比较结果的合理性和科学性。

(6)可操作性原则。所选取的指标在量化时要有一个统一的标准,做到有据可依,尽可能选取有具体统计数据,便于搜集到资料的一些因素因子,对于目前还不能统计和收集到的数据与资料,暂时不纳入指标体系,以减少收集数据的困难性。

2.5.2　指标体系的确定

影响土地开发整理项目选择的因素因子很多,有宏观的、微观的;有静态的、动态的;有直接的、间接的,且因素、因子之间相互联系、相互影响。根据前面阐述的原则,综合影响土地开发整理项目选择的因素,结合土地开发整理实践,同时采用专家咨询去掉一些明显不合理、难以量化、数据不可获得的因素因子,最后确立了20个因子。主要包括社会经济条件、基础设施条件、自然条件、项目自身条件、国家政策倾斜度和土地利用结构方面的指标。其中有些指标属于强制性指标,如项目规模、新增耕地率一定要达到国家关于土地开发整理项目的有关规定。同时,项目还要符合土地利用总体规划、基本农田保护规划以及土地整理规划等方面的要求,否则,即使其他条件再好,项目也不能立项。指标体系见表2-13。

2.5.3　因素因子权重的确定

确定因素因子权重的方法很多,主要的有特尔斐专家咨询法、层次分析(AHP)法、主成分分析法、成对因素比较法等,每种方法都有各自的优缺点,适用的范围也不尽相同,在实际使用过程中,需要根据问题的复杂程度及所选择的专家组成结构来选择合适的方法。在此我们选择特尔斐专家咨询法进行确定,具体过程同前,计算结果见表2-13。

2.5.4　因素因子的量化及标准化

在土地开发整理项目选择条件的研究中,需要选取众多指标进行评价,这些指标因为性质不同,其取值范围也相差很大,不具有直接可比性,尤其在综合评价时不可能直接放在一起。因此,有必要找出一种方法,使得所有指标都转换成可以统一评价的数值。对于有些难以量化的定性指标,采用直接赋分的方法(中间可以根据实际情况内插)。同时,有些指标是强制性指标,要求必须达到某个标准,对于这类指标,设置强制性开关变量(θ)若达不到最低标准,则$\theta=0$,即综合得分为0。以下分别对各指标的含义、量化及标准化方法分别加以说明。

2.5.4.1　社会经济条件

1)单位土地面积收入x_1

单位土地面积收入越低说明土地利用效率越低,也就需要通过土地开发整理来改善土地各方面的条件,提高土地利用效率。该项指标以所有申报项目所在地区(以乡镇为单位)单位土地面积收入为依据。该项指标为反向指标,即指标值越小,越需要土地开发整理项目。

表 2-13　土地开发整理选择的因素因子及其权重

项目		因素	权重	因子	权重	权重总排序
土地开发整理项目选择条件	项目所在区域条件	社会经济条件	0.121 4	单位土地面积收入 x_1	0.342 7	0.041 6
				人均收入 x_2	0.322 8	0.039 2
				人均耕地 x_3	0.334 5	0.040 6
		基础设施条件	0.128 6	电力设施 x_4	0.242 5	0.031 2
				排水设施 x_5	0.261 8	0.033 7
				道路条件 x_6	0.216 4	0.027 8
				水资源保障 x_7	0.279 3	0.035 9
		自然条件	0.190 3	地形坡度 x_8	0.351 8	0.066 9
				水质条件 x_9	0.310 9	0.059 2
				土地适宜性 x_{10}	0.337 3	0.064 2
	项目自身条件	项目规模	0.129 7	总规模 x_{11}	0.304 7	0.039 5
				单片规模 x_{12}	0.361 9	0.046 9
				项目片数 x_{13}	0.333 4	0.043 2
		增加产出能力	0.151 2	新增耕地数量潜力 x_{14}	0.504 2	0.076 2
				提高耕地质量潜力 x_{15}	0.495 8	0.075 0
		项目投入产出	0.147 4	项目投资密度 x_{16}	0.524 3	0.077 3
				项目投资回收周期 x_{17}	0.475 7	0.070 1
	国家政策倾斜		0.131 4	基本农田保护示范县 x_{18}	0.429 8	0.056 5
				优质粮食工程县 x_{19}	0.420 2	0.055 2
				国家级贫困县 x_{20}	0.150 0	0.019 7

当项目区单位土地面积收入(C_1)与河南省单位土地面积生产总值(C'_1)持平时，该指标作用分值按 60 分计算，则可以通过以下公式计算出指标的分值 x_1(计算结果大于 100 的按 100 分计算)：

$$x_1 = 60 \times \frac{C'_1}{C_1}$$

2)人均收入 x_2

人均收入反映了项目区生活水平的高低，也说明了对土地开发整理的需求程度，人均收入低，说明仅以群众自身力量，已很难把土地开发整理工作进行下去，因此十分需要资金支持。同时，也需要通过土地开发整理改善项目区社会、经济以及其他各方面的条件，提高项目区人们的生活水平。该指标以项目所在地的农民人均纯收入作为衡量指标。该项指标为反向指标。

当项目区当年人均收入(C_2)与河南省农民人均收入(C'_2)相等时,作用分值假设为60分,那么通过以下公式可以计算出该项指标分值 x_2(计算结果大于100的按100分计算):

$$x_2 = 60 \times \frac{C'_2}{C_2}$$

3)人均耕地 x_3

人均耕地的多少反映了对土地开发整理项目的需求程度,人均耕地越少,说明该地区越需要土地开发整理项目增加耕地。该指标以项目区所在地的人均耕地作为衡量指标。该项指标也为反向指标。

该指标的量化方式同上,公式为:

$$x_3 = 60 \times \frac{C'_3}{C_3}$$

2.5.4.2 基础设施条件

1)电力设施 x_4

电力设施条件越好,越有利于土地开发整理项目的进行。电力设施的条件包括电力负荷、距离电源的距离等。在此我们综合考虑负荷和距离两个因素,确定各项目区电力设施情况得分,具体见表2-14。

表2-14 电力设施条件赋分标准

距电源距离	电力负荷			
	充分满足	满足	基本满足	严重不满足
0.5 km以内	80~100	50~80	30~50	10~30
0.5~1.5 km	70~80	40~70	25~40	5~25
1.5~3.0 km	45~50	35~45	20~35	0~20
>3.0 km	25~30	20~25	15~20	0~15

2)排水设施 x_5

项目区的排水条件越好,越有利于雨水特别是洪水的排出,主要影响因素有项目区的地势、排水干渠等,在此我们综合考虑各种影响因素,给出综合分值见表2-15。

表2-15 排水设施、道路条件赋分标准

设施情况	十分完备	完备	基本完备	不完备
作用分值	90~100	70~90	50~70	30~50

3)道路条件 x_6

项目区周围要有大型机械设备或车辆可以进入的道路,这种道路只要宽度、路面基本满足即可,在此采用赋分的方法,见表2-15。

4)水资源保障 x_7

水资源保障率越高,越适宜土地开发整理项目的进行。河南省地域差异较大,不同的地域、不同的耕作模式对水资源条件的要求也不尽相同。为了方便,我们对不同的工程类型区，按照不同的水资源保障条件赋予不同的作用分值。

需要说明的是，即使在同一工程类型区内部，水资源条件差异也很大，在具体操作过程中可以根据实际情况确定保障程度，按表 2-16 标准赋分值。

表 2-16　水资源保障条件赋分标准

水资源保障情况		90% ~ 100%	75% ~ 90%	60% ~ 75%	40% ~ 60%	< 40%
作用分值	黄淮海平原类型区	80 ~ 100	60 ~ 80	40 ~ 60	20 ~ 40	0 ~ 20
	豫南山地丘陵类型区	90 ~ 100	55 ~ 75	35 ~ 55	15 ~ 35	0 ~ 15
	豫西山地丘陵类型区	80 ~ 100	70 ~ 90	60 ~ 70	40 ~ 60	20 ~ 40

2.5.4.3　自然条件

1）地形坡度 x_8

项目区范围内的地形坡度以小于 15°为宜，一般不得大于 25°；对于项目区内个别区域坡度大于 25°的则不宜作为耕地。同时，项目区不能是地势低洼地区，以便于排水。此外，在平原区和山地丘陵区，地形坡度对土地开发整理项目的影响也不尽相同，该指标分值赋分标准见表 2-17。

表 2-17　地形坡度赋分标准

地形坡度		≤2°	2° ~ 6°	6° ~ 15°	15° ~ 25°	> 25°
作用分值	平原区	80 ~ 100	60 ~ 80	40 ~ 60	20 ~ 40	0
	山地丘陵区	90 ~ 100	70 ~ 90	50 ~ 70	30 ~ 50	0

2）水质条件 x_9

项目区水质条件既要考虑生活饮用水，又要考虑农业灌溉需要，在此主要考虑对于农业灌溉的满足程度，根据表 2-18 的标准赋分。

表 2-18　水质条件赋分标准

水质条件	优	良	中	差
作用分值	80 ~ 100	60 ~ 80	40 ~ 60	20 ~ 40

3）土地适宜性 x_{10}

这里的土地适宜性主要是指项目区范围内的土地是否适宜于耕地，按土地适宜程度划为三等：一等（高度适宜），二等（中度适宜），三等（勉强适宜）。根据土地的宜耕程度来确定指标的作用分值，宜耕等级越高，作用分值越大。同时，项目区内 90% 以上的土地应该都是宜耕地，否则，项目不予考虑。赋分标准见表 2-19（中间可以适当内插）：

表 2-19　土地适宜性评价赋分标准

土地适宜等	一等（高度适宜）	二等（中度适宜）	三等（勉强适宜）
作用分值	80 ~ 100	60 ~ 80	40 ~ 60

2.5.4.4　项目规模

前面已经提到,现在的土地开发整理项目大多是综合项目,即项目区内既有土地整理,又有土地开发和土地复垦,而且土地开发占的比例最大。因此,在此我们以土地整理的规模标准作为参考标准。对于省政府投资的土地开发整理重点项目,其规模参考原先国家级及省级项目的有关规定。

国家级土地开发整理的规模标准为:平原区项目400~2 000 hm^2,单片面积不小于60 hm^2,总片数不大于10片;丘陵区整理项目100~1 000 hm^2,单片面积不小于40 hm^2,总片数不大于10片。根据近几年项目实施的经验,尤其在项目总片数的要求上,河南省要求一般以不超出2片为宜,相应的单片规模要在200 hm^2 以上。

1)总规模 x_{11}

项目规模一般要求在400~2 000 hm^2(平原区)和100~1 000 hm^2(丘陵区),在此我们设定:对于平原区,项目规模在400 hm^2 以下的不予立项,规模在400 hm^2 和2 000 hm^2 的分别赋予40分和100分;对于丘陵区,项目规模在100 hm^2 以下的不予立项,规模在100 hm^2 和1 000 hm^2 的分别赋予40分和100分;其他的规模进行线性内插,公式如下:

$$x_{11} = \begin{cases} \text{不予立项} & C_{11} < 400 \\ 0.037\,5 \times C_{11} + 25 & 400 \leqslant C_{11} \leqslant 2\,000 \quad (\text{平原区}) \\ 100 & C_{11} > 2\,000 \end{cases}$$

$$x_{11} = \begin{cases} \text{不予立项} & C_{11} < 100 \\ 0.067 \times C_{11} + 33.33 & 100 \leqslant C_{11} \leqslant 1\,000 \quad (\text{丘陵区}) \\ 100 & C_{11} > 1\,000 \end{cases}$$

若项目中土地复垦或者开发所占的比例较大,规模标准可适当放开。

2)单片规模 x_{12}

根据河南省目前执行的标准,即片数一般不大于2片,按国家级最小规模400 hm^2(平原区)和100 hm^2(丘陵区)计算,单片最小规模分别为200 hm^2(平原区)和50 hm^2(丘陵区),因此单片规模最小标准分别为200 hm^2(平原区)和50 hm^2(丘陵区),对其赋40分。对于上限,我们规定:单片规模大于1 000 hm^2(平原区)和500 hm^2(丘陵区)的均为100分。其他的进行线性内插,公式如下:

$$x_{12} = \begin{cases} \text{不予立项} & C_{12} < 200 \\ 0.075 \times C_{12} + 25 & 200 \leqslant C_{12} \leqslant 1\,000 \quad (\text{平原区}) \\ 100 & C_{12} > 1\,000 \end{cases}$$

$$x_{12} = \begin{cases} \text{不予立项} & C_{12} < 50 \\ 0.133 \times C_{12} + 33.33 & 50 \leqslant C_{12} \leqslant 500 \quad (\text{丘陵区}) \\ 100 & C_{11} > 500 \end{cases}$$

3)项目片数 x_{13}

土地开发整理项目的片数应该越少越好,片数为1片时为最理想片数。而河南省规定一般不超过2片,国家规定不超过10片。考虑今后随着土地开发整理项目的深入开展,河南对片数的要求可能会适当放宽,在此我们规定最多片数为5片,赋分标准见

表 2-20。

表 2-20　项目片数赋分标准

总片数	1	2	3	4	5
作用分值	100	80	60	50	40

2.5.4.5　增加产出能力

1）增加耕地数量潜力（新增耕地系数（x_{14}））

对于不同类型的土地开发整理项目，新增耕地系数差异很大。《国家投资土地开发整理项目管理暂行办法》对项目净增耕地面积比例作了规定："土地开发净增耕地面积不低于项目规划设计面积的 60%；土地复垦净增耕地面积不低于项目规划设计面积的 40%；土地整理净增耕地面积不低于项目规划设计面积的 10%。"基本农田整理项目新增耕地系数不低于 3%，对于居民点整理，由于涉及居民点的拆迁、合并和新建等诸多问题，新增耕地系数可以适当放宽。在此主要针对土地开发整理项目作一规定（见表 2-21）。在实际操作中，可以根据项目的不同类型综合确定各项目该指标的作用分值。

表 2-21　土地开发整理项目增加耕地潜力赋分标准

新增耕地系数（%）	≥7.0	6.0	5.0	4.0	3.0	<3.0
作用分值	80 ~ 100	60 ~ 80	40 ~ 60	20 ~ 40	0 ~ 20	0

2）提高耕地质量潜力（x_{15}）

土地整理后，土地质量的提高可以提高耕地的产出能力，等于间接地增加了耕地数量。因此，我们根据增加耕地数量的潜力标准并适当提高，作为提高耕地质量的标准。具体见表 2-22。

表 2-22　土地开发整理项目提高耕地质量潜力赋分标准

提高耕地质量潜力系数（%）	≥10.0	8	7	6	5	4	3	<3.0
作用分值	80 ~ 100	60 ~ 80	50 ~ 60	40 ~ 50	30 ~ 40	20 ~ 30	10 ~ 20	0

2.5.4.6　项目投入产出

1）项目投资密度（x_{16}）

项目的投资密度以单位新增耕地面积的投入作为衡量指标，指标值越小，说明项目越具有可行性，即为反向指标。

该指标分值以上年河南省对土地开发整理的平均投资密度（C'_{16}）为标准，与它相等时 60 分，则项目投资回收周期的作用分值 x_7 的公式如下：（结果大于 100 的按 100 分计算）

$$x_{16} = 60 \times \frac{C'_{16}}{C_{16}}$$

2)项目投资回收周期(x_{17})

该指标以实际的投资回收周期衡量,周期越短,项目立项的可能性越大,即为反向指标。河南省的土地开发整理项目回收周期一般不超过12年,一般在8~12年。

该指标分值以上年河南省土地开发整理项目的平均平均回收周期(C'_{17})为标准,与它相等时60分,则项目投资回收周期的作用分值x_{17}的公式如下:(结果大于100的按100分计算):

$$x_{17} = 60 \times \frac{C'_{17}}{C_{17}}$$

2.5.4.7 **国家政策倾斜度**

国家政策支持的重点项目区域主要包括基本农田保护示范县(x_{18})、优质粮食工程县(x_{19})和国家级贫困县(x_{20})。对基本农田保护示范县,国家级赋100分,省级赋60分,如果不是赋0分;对于是国家级贫困县和河南省优质粮食县的县(市)分别赋100分,不是的赋0分。

2.5.5 土地开发整理项目综合分值的计算

土地开发整理项目的选择除了考虑以上所选因素外,还要考虑所处的区域,如是否在禁止区或者限制区、所在区域的优先级别等。

在前面指标权重计算和分值确定的基础上,我们采用综合指数计算模型计算土地开发整理项目的综合分值。公式如下:

$$F = \alpha\beta\theta \sum_{i=1}^{n} w_i x_i$$

式中:F为土地开发整理项目的综合分值;x_i为第i个指标的作用分值;w_i为第i个指标的权重值;α、β、θ的取值如下:

$$\alpha = \begin{cases} 0 & \text{项目在禁止区} \\ 0.8 & \text{项目在限制区} \\ 1 & \text{其他} \end{cases}$$

$$\beta = \begin{cases} 1.0 & \text{项目选在一级优先区} \\ 0.9 & \text{项目选在二级优先区} \\ 0.8 & \text{项目选在三级优先区} \end{cases}$$

$$\theta = \begin{cases} 0 & \text{任何一强制性指标达不到最低要求,或者不符合规划} \\ 1 & \text{其他} \end{cases}$$

根据以上土地开发整理项目选择的各项指标赋分的标准,对每个申报的土地开发整理项目分别计算总分值,如果需要开展的土地开发整理项目比较多并且都达到标准,但是资金又短缺的情况下,可以根据分值的高低对项目进行择优评价,首先支持分值比较高的项目。

以上只是对所有申报项目进行综合评定的一般方法,在实际操作中需要考虑的因素可能更多,而且有的因素因子的量化需要灵活处理。

2.6　应用实例

为了增强本研究的实用性,并指导今后的土地开发整理项目的选择,本研究选择已经获批并辅助实施的两个项目作为案例进行具体分析和研究。下面以罗山县竹竿镇和子路镇土地整理项目(以下简称罗山县项目)、台前县侯庙镇(二)个乡(镇)土地整理项目(以下简称台前县项目)为例进行说明。

2.6.1　项目区位置及概况

2.6.1.1　罗山县项目

项目区分为两片。

片Ⅰ位于罗山县竹竿镇,涉及文湖、王集、朱湖 3 个行政村。项目区片Ⅰ四至:东至竹竿河,西至王集村东农路,北至文湖村与河口村交界处,南至南干四支渠北。其地理坐标介于东经 114°39′15″~114°42′21″、北纬 32°11′31″~32°14′18″。

片Ⅱ位于罗山县子路镇,涉及子路、朱湾、陈湾 3 个行政村。项目区片Ⅱ四至:东至小潢河,西至小泥河,北至宁西铁路,南至陶南村庄北。其地理坐标介于东经 114°27′18″~114°29′55″、北纬 32°06′00″~32°09′30″。

项目区建设规模 1 923.49 hm^2,新增耕地 190.77 hm^2,占建设规模的 9.92%;项目预算总投资 2 707.59 万元,单位面积投资 1.41 万元/hm^2(938.43 元/亩)。

2.6.1.2　台前县项目

项目区分为两片。

片Ⅰ位于台前县侯庙镇,涉及兰赵、马口、西孙口、苗口东、苗口西、杨口、西张楼、大李和东张楼等 9 个行政村。项目区片Ⅰ四至:东至侯庙镇与后方乡乡界,西至翟庄村庄东,北至台前县与山东省交界处,南至苗口西、苗口东、杨口等村庄北。其地理坐标介于东经 115°42′58″~115°46′03″、北纬 35°55′32″~35°57′23″。

片Ⅱ位于台前县后方乡,涉及前方村、张庄、大寺郭、北辛庄、姜庙、殷庄、玉皇岭、东王坊和后张等 9 个行政村。项目区片Ⅱ四至:东至张庄村东界,西至后马公路东,北至后张村北界,南至濮台铁路。其地理坐标介于东经 115°48′31″~115°50′51″、北纬 35°55′22″~35°57′17″。

项目区建设规模 1 638.95 hm^2,新增耕地 134.86 hm^2,占建设规模的 8.23%;项目预算总投资 2 491.89 万元,单位面积投资 1.52 万元/hm^2(1 013.36 元/亩)。

2.6.2　土地开发整理项目选择指标分析及分值的确定

下面我们根据 2.5 节各因素因子的量化方法,对两个项目的各评价因素因子予以量化。

2.6.2.1　项目区社会经济条件

(1)项目区单位面积收入。根据有关资料计算,罗山县项目所涉及的两个镇当年单位面积收入为 15 516.9 元/hm^2(1 034.46 元/亩),台前县项目所涉及的两个镇当年单位面积收入为 14 780.7 元/hm^2(985.38 元/亩)。由于项目区所在镇农村就业多以农业耕种为主,农业人口比重较大,所以在这里用它与河南省单位面积农业生产总值比较,河南省单位面积农业生产总值为 19 101.75 元/hm^2(1 273.45 元/亩)。项目区人均收入及其得分见表 2-23。

(2)项目区人均收入。由于项目区所在镇农村就业多以农业耕种为主,农业人口比重较大,该指标的分值用它与河南省农民人均收入比较来确定。项目区人均收入及其得分见表 2-23。

(3)人均耕地。人均耕地以项目区所在乡镇的人均耕地数量来衡量,具体见表 2-23。

表 2-23 项目区社会经济条件及其得分

项目		河南省平均	罗山县项目区	台前县项目区
单位面积收入	指标值(元/hm^2)	19 101.75	15 516.9	14 780.7
	得分	60	73.86	77.54
人均收入	指标值(元/人)	3 587	2 050	1 826
	得分	60	100	100
人均耕地	指标值(亩/人)①	0.101	0.080	0.080
	得分	60.00	75.75	75.75

注:①1 亩 = 667 m^2。

2.6.2.2 项目区基础设施条件

根据调查,项目区各项基础设施状况及其得分见表 2-24。

表 2-24 项目区各项基础设施状况及其得分

项目区		罗山县项目区	台前县项目区
电力设施	设施状况	距离项目区 1.2 km 左右有高压线,充分满足需要	距离项目区 1.0 km 左右有高压线,充分满足需要
	得分	75	85
排水条件	设施状况	田间没有相应的灌溉配套设施,排水不畅通,布局不合理	沿道路有部分排水沟,规模不一,布局不合理,排水不畅通
	得分	75	80
道路设施	设施状况	有村级道路通过,基本具备施工条件,但田间道路较差	有村级道路通过,基本具备施工条件
	得分	80	90
水资源保障	设施状况	项目区供水量远大于需水量,完全可以满足农业生产需求量	供水量远大于需水量,完全可以满足农业生产需求量
	得分	100	100

2.6.2.3　项目区自然条件

根据项目区周围的自然条件状况，结合 2.5 节的量化方法，分别赋予一定的分值，见表 2-25。

表 2-25　项目区自然条件及其得分

项目区		罗山县项目区	台前县项目区
地形坡度	地形状况	基本上平坦，介于平原和丘陵之间，坡度在 3°左右	地势基本平坦，局部略有起伏，地形坡度在 2°左右
	得分	75	90
水质条件	水质状况	水质较好	水质良好
	得分	90	80
土地适宜性	适宜性状况	项目区所有的非耕地都属于适宜类。但有的需采取一定的工程和管理措施，全部评价对象均为中度适宜	项目区均为宜耕地，但受土层厚度限制、水分限制和土壤质地的限制，大部分为三等宜耕地
	得分	80	65

2.6.2.4　项目规模

项目区的规模（包括总规模、单片规模、项目片数）均符合要求，而且项目基本上在平原区，根据 2.5 节量化及赋分标准，可以得到各因子状况及其得分，见表 2-26。

表 2-26　项目区规模及其得分

项目区		罗山县项目区	台前县项目区
总规模	总规模（hm^2）	1 923.49	1 638.95
	得分	97.13	86.46
单片规模	单片规模（hm^2）	916.56	797.52
	得分	93.74	84.81
项目片数	项目片数（片）	2	2
	得分	80	80

2.6.2.5　增加产出能力

该项指标包括新增耕地数量潜力（新增耕地系数）和提高耕地质量潜力，各指标值及其得分见表 2-27。

表 2-27　项目区增加产出能力及其得分

项目区		罗山县项目区	台前县项目区
新增耕地潜力	新增耕地系数	9.92	8.23
	得分	100	100
提高耕地质量潜力	提高耕地粮食产量	9.15	10.35
	得分	90	100

2.6.2.6 项目投入产出

根据项目的可研报告,两个项目的投资密度及回收周期见表2-28;根据2.5节赋分标准,得分见表2-28。

表2-28 项目区投入产出及其得分

项目区		河南省(2006)	罗山县项目区	台前县项目区
投资密度	投资密度(万元/hm^2)	1.31	1.41	1.52
	得分	60.00	55.74	51.71
回收周期	回收周期(年)	9.8	10.6	9.1
	得分	60.00	55.47	64.62

2.6.2.7 国家政策倾斜

罗山县是省级基本农田保护示范县和优质粮食工程县,台前县是国家级贫困县。各因子得分见表2-29。

表2-29 项目区政策倾斜及其得分

项目区		罗山县项目区	台前县项目区
基本农田保护示范县	级别	省级	不是
	得分	60	0
优质粮食工程县	是否	是	不是
	得分	100	0
国家级贫困县	是否	不是	是
	得分	0	100

2.6.3 综合分值计算与结果分析

2.6.3.1 计算结果

罗山县项目和台前县项目均不在限制区和禁止区内;从优先区级别来看,属于二级优先区;各因子均达到最低要求,且符合各项规划。根据以上确定的各因子的分值以及权重,采用以下公式:

$$F = \alpha\beta\theta\sum_{i=1}^{n} w_i x_i$$

其中:$\alpha=1$;$\beta=0.9$;$\theta=1$;各因素因子的作用分值及权重见表2-30。

2.6.3.2 结果分析

从表2-30可以看出,两个项目的总体评价相差不大,总的来看,罗山县的土地开发整理项目条件略优于台前县的项目，假设必须从二者中选择一个的话，可以选择罗山县的土地开发整理项目。

表 2-30　罗山县及台前县土地开发整理项目综合评价

项目	因素	权重	因子	权重	权重总排序	因子得分	
						罗山县项目	台前县项目
项目所在区域条件	社会经济条件	0.121 4	单位土地面积收入 x_1	0.342 7	0.041 6	73.86	77.54
			人均收入 x_2	0.322 8	0.039 2	100	100
			人均耕地 x_3	0.334 5	0.040 6	75.75	75.75
	基础设施条件	0.128 6	电力设施 x_4	0.242 5	0.031 2	75	85
			排水设施 x_5	0.261 8	0.033 7	75	80
			道路条件 x_6	0.216 4	0.027 8	80	90
			水资源保障 x_7	0.279 3	0.035 9	100	100
	自然条件	0.190 3	地形坡度 x_8	0.351 8	0.066 9	75	90
			水质条件 x_9	0.310 9	0.059 2	90	80
			土地适宜性 x_{10}	0.337 3	0.064 2	80	65
项目自身条件	项目规模	0.129 7	总规模 x_{11}	0.304 7	0.039 5	97.13	86.46
			单片规模 x_{12}	0.361 9	0.046 9	93.74	84.81
			项目片数 x_{13}	0.333 4	0.043 2	80	80
	增加产出能力	0.151 2	新增耕地数量潜力 x_{14}	0.504 2	0.076 2	100	100
			提高耕地质量潜力 x_{15}	0.495 8	0.075 0	90	100
	项目投入产出	0.147 4	项目投资密度 x_{16}	0.524 3	0.077 3	55.74	51.71
			项目投资回收周期 x_{17}	0.475 7	0.070 1	55.47	64.62
国家政策倾斜		0.131 4	基本农田保护示范县 x_{18}	0.429 8	0.056 5	60	0
			优质粮食工程县 x_{19}	0.420 2	0.055 2	100	0
			国家级贫困县 x_{20}	0.150 0	0.019 7	0	100
α（是否在限制区或禁止区）				—	—	1	1
β（项目所在区域的优先区级别）				—	—	0.9	0.9
θ（是否符合各种规划及强制性指标是否达标）				—	—	1	1
综合得分				—	—	71.46	65.75

第 3 章　河南省土地开发整理耕地建设等级目标研究

3.1　土地开发整理耕地建设等级目标研究的目的与意义

3.1.1　开展土地开发整理耕地建设等级目标研究的目的

《国务院关于深化改革严格土地管理的决定》(国发[2004]28 号)明确指出:“严格执行占用耕地补偿制度。各类非农业建设经批准占用耕地的,建设单位必须补充数量、质量相当的耕地,补充耕地的数量、质量实行按等级折算,防止占多补少、占优补劣。”从我国土地资源现状看,耕地在数量上的扩张是有限的,重点应放在提升耕地质量方面。土地开发整理的基本功能是有效补充耕地、提高粮食综合生产能力、改善农业生态环境质量、促进土地集约化利用和加快农村经济社会的发展,因而,提高土地质量是其最主要的任务。

确保耕地数量不减少、质量不降低,维护我国粮食安全。过去几年来,土地开发整理工作为增加河南省耕地面积作出了巨大贡献,但是实施中的重点放在增加耕地的数量上。为了有效贯彻落实国务院国发[2004]28 号文件精神,开展与土地开发整理相关的土地质量评价研究十分必要。

开展土地开发整理耕地建设等级目标研究工作,目的是研究和探索土地开发整理耕地建设等级的评价方法,同时结合土地开发整理设计工作,为编制河南省土地开发整理工程标准提供基础资料。

3.1.2　开展土地开发整理耕地建设等级目标研究的意义

开展土地开发整理耕地等别评定研究,有利于科学、客观地评定开发整理耕地的质量等别,对开发整理工作的效果作出科学的评判。由于开发整理耕地的质量评定是基于土地开发整理项目设计条件预期所能达到的农业生产能力的评定,因此在质量等别评定上存在一定的不确定性。通过等别评定技术方法研究,有助于科学分析开发整理耕地的主要影响因子、质量变化趋势以及预期所能达到的质量等别。

开展土地开发整理耕地等别评定技术方法研究是制定土地开发整理工程标准的前提和基础,也有助于优化土地开发整理项目规划设计方案。开发整理耕地等别评定技术方法研究要分析影响耕地质量的因素,同时要根据开发整理耕地要达到的目标等级研究影响开发整理耕地质量因素所应该达到的标准,为制定土地开发整理工程标准提供参考依据。因此,土地开发整理耕地等别评定研究是实现土地开发整理项目效益最大化的前提。

3.2　耕地等级的评价方法

为了更好地借鉴已有耕地质量评价成果,使本研究成果与相关规定科学合理地衔接,经咨询、检索发现河南省已完成土壤质量评价、耕地地力评价和农用地分等。

3.2.1　土壤质量评价

土壤质量评价是以农业耕地土壤质量评价为目的,依据与农业生产有密切关系的土壤基础条件、土壤养分和肥力影响因素、障碍因素及环境因素与部分人为因素进行综合评价。在全国第二次土壤普查资料的基础上,河南省农业部门完成了土壤质量的评价。

3.2.1.1　评价的原则

(1)目的性和实用性相结合的原则:通过对各类农耕土壤的质量评价,鉴定其生产力的高低,揭示农耕地土壤资源对农作物的适宜性和限制性,为种植业区划、农耕地利用总体规划服务,因此土壤评价必须紧密结合农业生产实际。

(2)主导因素与环境因素相结合的原则:土壤质量是由众多因子组成的综合概念,而各因子对土壤质量的影响又存在着明显的差异,在评价土壤质量时,既要研究影响土壤质量的基本属性,又要研究影响土壤性状的环境因素。土壤基本属性是决定土壤质量好坏的主要因素,而环境因素对土壤的开发利用有很大的制约作用。土壤属性包括土壤的基础条件(土体构型、土层厚度和质地)、养分状况、肥力影响因素(有机质、阳离子交换量和 pH 值);环境因素是指直接影响土壤水、肥、气、热条件的地貌、水文及水文地质、气温、降水量和农田基本建设情况等,对这些因素不能等同看待,而应科学地确立主导因素和次要因素,从而测定出因素的权重进行全面分析、综合评价。

(3)定量和定性相结合的原则:对于每个被评价的土壤类型单元的各个参评因子在第二次土壤普查过程中已数量化的,应按照已确定的评价因素,相应地给参评项目确定出指数,而对没有数量化的或难以判定的参评项目,可根据土壤普查时外业调查记录、描述和群众概念,采取定性的方法,统一地按习惯规定为依据,给参评项目适应的参数,尽量实现评价指标规范化,防止人为地任意划分指标范围,影响评价结果。

3.2.1.2　评价的依据

土壤与自然条件、人为活动等关系密切,其质量的优劣是自然成土条件和人为活动综合作用的综合。条件在改变,土壤质量的优劣也在改变,因此土壤质量评价的结果也在不断的变化之中,评价一次不可能是一劳永逸的,土壤发生学观点不仅正确揭示了环境因素综合作用于土壤,使其发生发展变化的实质,而且认为环境条件在变化,土壤类型相应变化,土壤性质也在不断变化,土壤质量的优劣当然也在不断变化之中。以此发展观点评价土壤质量,不仅可以反映土壤自然肥力与人为肥力的统一及其客观性,也可从对土壤肥力的发展变化中增强对土壤利用上的预见性,因此土壤发生学观点是土壤质量评价的理论依据。

3.2.1.3　评价单元

评价单元是土壤资源评价的基本单位。评价单元是根据评价目的来确定的,土壤资源评价是为合理开发利用土壤生产潜力、保护和改良土壤环境、管好用好农耕地土壤资源服务的,所以应以土种为主要评价单元。土种是土壤分类系统中基层分类单元。同一土种在地理分布、所处的自然条件、社会环境因素、土壤形态特征、理化性质等方面基本相同或相似,土壤普查中土种志基本反映了以上内容,利用土种志中各因素的平均值进行单项评价,综合出该土种的评价积分,求出等级,提出改良利用方向或主攻目标。

3.2.1.4 土壤质量评价因素

土壤评价原则和评价单元确定后,就要按照其要求选取评价因素,建立评价指标体系,正确选择参评因素、恰当地建立评价指标是科学地揭示土壤质量差异性的前提,也是评价结果能否正确反映土壤生产水平的关键,根据河南省的具体情况和土壤普查有关资料,经过反复研究,拟定了土壤资源评价的参评因素如下。

1)环境因素

环境因素主要指影响土壤肥力发挥的环境条件。影响土壤肥力的环境因素很多,评价只选取坡度、地形和地貌、地下水丰度、地下水矿化度和地下水埋深等。

在耕地土壤中,坡度直接关系到土壤的侵蚀强度和水土流失及土壤养分淋失的严重程度。地貌特征与地形部位,对土壤形成有着重要影响,同时也决定着土壤水分及物质能量的再分配,因此是质量评价的重要参评项目。地下水埋深、地下水的矿化度及地下水的丰度对我国北、中部地区尤为重要。河南省地处半湿润半干旱地区,地下水状况直接影响着土壤生产潜力的发挥,所以应作为评价项目。

2)人为因素

人为因素主要指通过人为活动来改变和调节土壤水、肥、气、热状况的措施。人们改良土壤提高土壤生产潜力的措施很多,有些是能够以定量的方法来衡量的,大多数则因目前技术条件的限制很难给以定量指标。因此在评价工作中,我们只选用了排水状况、灌溉保证率及耕层厚度作为评价的参评项目。

3)土壤属性

土壤属性是土壤质量评价的主要部分。根据土壤普查所获得的资料,把土壤属性分为土壤基础因素、土壤养分因素和影响土壤肥力因素三个部分。

(1)土壤基础因素:包括土壤有效土层厚度、土壤质地和土体构型等。

土壤有效土层厚度是指植物根系能自由伸展的土层,它直接影响着植物根系对土壤养分与水分的吸收,从而影响植物地上部分的生长和发育。

土壤质地是影响土壤结构性、通透性及一系列水分物理性质,土壤耕性及土壤养分状况的重要条件。

土体构型影响土壤水、肥运行及植物根系伸展范围,并对土壤保水、保肥都有重要作用。

(2)土壤养分因素包括土壤的潜在养分和有效养分:潜在养分是指土壤氮、磷、钾全量养分含量,有效养分是指土壤中速效氮、磷、钾等养分的含量。当潜在养分和有效养分都高时,说明土壤养分充足,肥力高;土壤潜在养分高而有效养分低时,说明养分释放缓慢,需要改善养分转化条件,使其迅速有效化;当潜在养分低而有效养分高时,说明养分贮备不足,需要多施迟效肥料;当潜在养分、有效养分都低时,说明土壤养分含量低,应设法提高土壤养分含量。

(3)影响土壤肥力的因素包括土壤有机质、土壤阳离子交换量及土壤酸碱性、土壤盐碱化程度等。

土壤有机质虽是作物养分的重要来源,但同时也是改善土壤一系列物理、化学性质的物质。它具有较强的吸附性能,是土壤无机胶体的 4 ~5 倍,吸水能力是无机胶体的 5 ~10 倍,同时土壤有机质可改善土壤结构,形成有机、无机复合体,形成团粒结构。因此,土壤有机质能调节土壤水、肥、气、热等肥力因素,对土壤肥力影响极大。

阳离子代换量是指土壤胶体在 pH7.0 时能吸附交换性阳离子的数量。代换量越大,能够吸附的阳离子越多,则土壤保肥力越强,故阳离子代换量的大小是判断土壤肥力高低的重要指标之一,因而也是影响土壤肥力的重要因素。

土壤的酸碱性是反映土壤溶液中存在着 H^+ 和 OH^- 多少,其数量的多少决定土壤溶液的酸碱程度。它是土壤的一个重要特性,也是影响土壤肥力和植物生长的一个重要因素。一般作物在中性、弱酸性、弱碱性土壤中生长适宜,过酸、过碱都会影响作物生长。在过酸土壤中 Fe^{3+}、Al^{3+} 离子增加,与磷酸化合形成磷酸铁和磷酸铝,降低磷的有效性。在碱性土壤中,磷酸又可与碳酸钙作用而形成磷酸三钙、磷酸十钙等难溶性的化合物,同样降低磷的有效性,因此土壤酸碱性也是影响土壤肥力的重要因素。

土壤盐碱化程度的高低同样是影响土壤肥力的重要条件,因为盐碱化程度高,土壤溶液浓度大,往往造成植物根部吸水困难,出现生理干旱,植物因缺水而萎蔫枯死。另外土壤盐碱化程度高,土壤中含有较多的碱性物质,如 Na_2CO_3、$NaHCO_3$ 等,能够腐蚀植物机体,破坏植物组织,对植物有毒害作用。盐碱化程度高,土壤胶体与溶液中的 Na^+ 含量多,能使土粒充分分散,从而引起土壤一系列理化性质的恶化(结构破坏、土壤板结、通透性变坏等),而且 Na^+ 过多,能够代换土壤胶体上的盐基离子(如 K^+、NH_4^+ 等),使土壤养分淋失,土壤碱性过强,同样影响土壤养分的有效性。因此,土壤盐碱化程度是一个可量化的影响土壤肥力因素的重要条件。

4)障碍因素

障碍因素是指阻碍植物正常生长发育,限制土壤肥力发挥,破坏土壤良好性能的各种因素,如砂姜盘层、砾石层、过砂层、过黏层、土壤含盐层与碱化层、土壤潜育层、漂白层等均属障碍因素。在评价土种时,基本上都作了反映,故不再作为单独的评价因素列入评价项目。

3.2.1.5　土壤质量评价方法

目前,国内外对土壤质量评价的方法很多,各有其特点。根据河南省情况和土壤普查所获得的资料,采用加权指数法较为适宜。

1)确定土壤质量评价参评因素的权重

根据历史统计资料和土壤肥力监测网点的资料及肥料试验资料,把参评因素对土壤肥力的影响程度定性地确定出百分比,即环境因素占 15%,人为因素占 25%,土壤属性占 60%,其中土壤基础因素、土壤养分因素与影响土壤肥力的因素各占 20%。

2)确定土壤质量评价参评项目的指数

根据全国第二次土壤普查的规定和水利、地质部门的有关规定,把参评因素中的各个参评项目划分为5个等级,按等比数划分指数。各评价因素的评价项目与评价指数,列于表3-1～表3-4。

表3-1 环境因素评价项目与评价指数

项目	级别				
	Ⅰ	Ⅱ	Ⅲ	Ⅳ	Ⅴ
坡度(°)	<3	3～5	5～10	10～15	15～25
指数	10	8	6	4	2
潜水埋深(m)	5～10	10～20	20～50	>50	—
指数	10	8	6	4	2
地下水矿化度(g/L)	<0.5(最佳)	0.5～1.0(良好)	1.0～2.0(一般)	2.0～5.0(较差)	>5.0(最差)
指数	10	8	6	4	2
地形部位及地貌	平地、畈田、岗冲畈田	平地、平原低平田,山区冲畈田	河谷阶地、岗地低田,河谷低洼畈田	岗地、岗地中上部田、山地垄田	坡地、深山狭谷田,岗顶田,低洼圩田
指数	10	8	6	4	2
地下水丰度(m^3/d)	>5 000(极丰富)	1 000～5 000(丰富)	100～1 000(中量)	10～100(缺水)	<10(极贫)
指数	10	8	6	4	2

表3-2 人为因素评价项目与评价指数

项目		级别				
		Ⅰ	Ⅱ	Ⅲ	Ⅳ	Ⅴ
排水状况		排水良好,日降水量100 mm,不受灾	排水较好,日降水量100 mm,受灾<15%	有一定排水工程,日降水量100 mm,受灾15%～25%	无排水条件,日降水量100 mm,受灾25%～50%	无排水条件,日降水量100 mm,受灾>50%
指数		10	8	6	4	2
灌溉保证率		>5次 一周灌一遍	3～4次 半月灌一遍	1～2次 一月灌一遍	有少量灌溉工程,灌溉无保证	无灌溉条件
指数		10	8	6	4	2
耕层厚度(cm)	水田	—	20～25	15～20	10～15	<10
	旱地	>30	25～30	20～25	15～20	<15
指数		10	8	6	4	2

表 3-3　土壤基础因素评价项目与评价指数

项目	级别				
	Ⅰ	Ⅱ	Ⅲ	Ⅳ	Ⅴ
土层厚度(cm)	>100	>100	100～60	60～30	<30
指数	8	8	6	4	2
土壤质地	重壤土	中壤土	黏土	轻壤土 沙壤土	沙土 沙质土
指数	10	8	6	4	2
土体构型	通体重壤土 潴育型	通体中壤土蒙金土(黏层在 60 cm 左右处) 渗育型	通体黏土上黏下壤(壤土层在 60 cm 左右处) 淹育型 潜育型	通体轻壤土沙壤土漏沙型(沙层出现在 60 cm 左右处)砂姜层、砾石层 漂洗型	通体沙土 30 cm 以上砾石、砂姜含量 > 70% 砂姜盘层与砾石盘层 表潜型 沼泽型
指数	10	8	6	4	2

表 3-4　土壤肥力影响因素评价项目与评价指数

项目	级别				
	Ⅰ	Ⅱ	Ⅲ	Ⅳ	Ⅴ
有机质(g/kg)	>20	15～20	10～15	6～10	<6
指数	10	8	6	4	2
阳离子交换量[cmol(+)/kg]	—	>20	15～20	10～15	<10
指数	—	8	6	4	2
pH 值	—	6.5～7.5	7.5～8.5 6.5～5.4	8.5～9.0 5.5～4.0	>9.0 <4.0
指数	—	8	6	4	2
盐碱化程度(0～20 cm)全盐量(g/kg)	<2 无盐碱化	2～4 轻度	4～6 中度	6～10 重度	>10 极重度
指数	10	8	6	4	2

3)土壤质量评价级别的划分

把参评土种的各调查数据和分析数值按照参评项目划分的级别对号入座。而后按参评因素中各个参评项目最高级别得分之和除以参评土种各参评项目的得分之和,然后乘以参评因素的权重数得出该土种某参评因素的得分值。最后把参评土种各个参评因素得分值相加之和作为划分该土种质量等级的依据。根据河南省耕地土壤的实际情况或划分出5个等级,即Ⅰ等土壤大于85、Ⅱ等土壤为85~75、Ⅲ等土壤为75~65、Ⅳ等土壤为65~55、Ⅴ等土壤小于55。

4)河南省土壤质量评价概况

根据上述土壤质量评价方法,对全省135个耕地土壤的土种进行了较全面的评价,参评土种占全省428个土种的31.5%,面积为775.52万hm^2,占全省总耕地面积的86.6%。根据评价结果,评级分数在65以上,属质量好的和比较好的土种有79个,占耕地土壤土种数目的58.52%,面积为542.4万hm^2,占耕地土壤面积的69.94%;质量差的和极差的土种有56个,占耕地土壤土种数目的41.48%,面积为233.1万hm^3,占耕地土壤面积的30.06%。参评耕地土壤概况如下:

Ⅰ级耕地土壤:评价加权指数和≥85,包括黏质洪积褐土1个土种,面积1.34万hm^2,占评价耕地土壤面积的0.17%,该级土壤土层深厚,地形平坦,田面平整,沙黏适中,结构良好,耕性好,适耕期长,浅层地下水丰富,地下水埋深适度,农田水利设施配套,灌排条件良好,土壤养分含量丰富,保水、保肥性能好,抵御自然灾害能力较强,无明显的障碍因素,是全省粮、棉、油等作物高产稳产的土壤类型,主要问题是人口稠密,人均耕地少,人为占用耕地矛盾突出,“三废”污染较为严重,土壤利用强度大,应注意投入,保持用养平衡。

Ⅱ级耕地土壤:评价加权指数和为85~75,包括黏质潮褐土等18个土种,面积154.36万hm^2,占评价耕地土壤面积的19.9%,该级土种土层深厚,地形平坦,土壤质地基本良好,耕性好,适耕期长,浅层水丰富,地下水较浅,农田水利设施基本配套,土壤养分丰富,土壤保水、保肥性能好,生产潜力大,抵抗自然灾害的能力较强,也是全省粮、棉、油作物生产的主要基地。利用上的主要问题是地下水位较浅,地表有次生盐渍化威胁,土壤养分状况不够协调,而且含量亦较低,应加强物质投入。

Ⅲ级耕地土壤:评价加权指数和为75~65,包括有轻壤质潮土等60个土种,面积为386.7万hm^2,占评价耕地土壤面积的49.87%,该级土壤土层较深厚,地形较平坦,田面基本平整,土壤质地轻重不一,土壤养分尚丰富,但不够协调,有一定的排灌条件,农田水利设施不够配套,土壤保水、保肥能力较差,抗御自然灾害能力较弱,农作物产量不稳,受自然因素制约较明显,障碍因素较多等,本级土壤利用中的主要问题有土壤有机质含量低、结构性差、保水肥性能低、排灌设施不配套、内涝与干旱较频繁等。

Ⅳ级耕地土壤:评价加权指数和为65~55,包括沙壤质潮土等40个土种,面积为218.2万hm^2,占评价耕地土壤面积的28.14%,该级土层厚薄不一,质地较轻,地形起伏不平,田面高低不平,土壤养分含量低且比例失调,排灌条件差,灌溉保证率低,土壤障碍因素较多,抗御自然灾害能力低,粮、棉产量较低而不稳,利用上的主要问题是改善农田基本建设条件,排除障碍因素,增加投入,提高土壤肥力。

Ⅴ级耕地土壤:评价加权指数和<55,包括薄层泥质紫色土等16个土种,面积14.9万hm^2,占评价耕地土壤面积的1.92%,该级土壤土层厚薄不一,土壤质地沙性较大,砾石多,障碍层次突出,如砾石盘层、砂姜盘层等,土壤养分含量低且比例失调,土壤有机质含

量低，阳离子代换量小，保水、保肥性差，土壤 pH 值过高或过低，地表岗洼不平，排水状况不良，无灌排条件，经常有旱涝灾害发生。利用上的主要问题是排除主要障碍因素，加强农田基本建设，提高土壤肥力，趋利避害，合理利用土壤。

3.2.2 耕地地力评价

耕地地力评价的目的在于：①查清我国耕地生产能力现状及其潜在的生产能力，为耕地的质量管理提供科学依据；②查清我国不同区域耕地适宜性特征，为农业结构调整服务；③查清我国耕地土壤养分状况，为科学施肥服务；④查清我国耕地土壤退化及污染问题，为提高农产品品质、发展无公害农产品生产提供依据。其工作目标主要是建立全国耕地地力等级数据指标体系和管理系统、全国耕地土壤养分指标体系和管理系统、全国中低产田类型及改良技术标准体系及投资决策系统、全国典型区域耕地土壤质量数据库及管理系统。常用的耕地地力等级评价指标体系如下。

3.2.2.1 立地条件

1）地貌类型

（1）河流及河谷冲积平原类：分低阶地、中阶地、高阶地，冲积平原低平地、低洼地，倾斜平原、微斜平原等。

（2）黄土地貌类：分塬、梁坡麓、沟坝地、岗坡地等。

（3）洪（冲）积扇与山前平原类：分扇形地顶部、扇形地中部、扇形地下部、扇前扇间低洼地等。

（4）低山丘陵与漫岗类：分丘（岗）顶部、丘（岗）坡面、丘（岗）坡麓、丘（岗）坡腰、丘（岗）间洼地等。

（5）平原河网圩田类：分低平地、中平地、高平地等。

（6）丘陵冲垄稻田类：分冲垄、塝、岗田等。

2）成土母质

（1）残积物母质类。

（2）坡积物母质类。

（3）洪（冲）积物母质类。

（4）黄土母质类。

3.2.2.2 土壤条件

（1）剖面构型。包括地带性土壤中的发生层，非地带性土壤中与土层厚度关联评价，有夹砂、夹黏、夹砾、砂姜层等。

（2）耕层土壤的理化性状。分耕层厚度、耕层质地、容重、有机质、全氮、有效磷、速效钾等主要养分含量，pH 值，阳离子交换量等。

（3）特殊土壤的理化性状。包括盐渍化耕地耕层盐分构成、地下水临界深度、地下水矿化度、碱化耕地的碱化度等。

3.2.2.3 农田基本建设

（1）田间水利工程和水土保持工程。包括灌溉次数、耕层厚度等。

（2）田园化与植被生态建设。包括土地平整、植被建设等。

(3)土壤培肥水平。主要包括耕层厚度、耕层土壤有机质等。

另外,还有障碍程度、土壤侵蚀、耕作制度等。

3.2.2.4 **耕地地力等级划分**

2002 年河南省完成了《河南省耕地类型区、耕地地力评价指标体系级等级划分》,其等级体系是以土种为单元,以常年粮食单产为划分标准,以地力要素为基础条件建立起来的综合体系。根据全国耕地地力划分标准和河南省不同土种粮食单位产量水平(产量幅度在 450 ~14 250 kg/hm^2),将全省耕地地力按产量级差 1 500 kg/hm^2 分为十等,小于等于 1 500 kg/hm^2 为十等地,1 500 ~3 000 kg/hm^2 为九等地,3 000 ~4 500 kg/hm^2 为八等地,4 500 ~6 000 kg/hm^2 为七等地,6 000 ~7 500 kg/hm^2 为六等地,7 500 ~9 000 kg/hm^2 为五等地,9 000 ~10 500 kg/hm^2 为四等地,10 500 ~12 000 kg/hm^2 为三等地,12 000 ~13 500 kg/hm^2 为二等地,13 500 ~15 000 kg/hm^2 为一等地。其中:豫东、豫北平原潮土耕地类型区由于面积较大,所以从一等到九等均存在不同土种;豫南湖积平原砂姜黑土耕地类型区从三等到十等,大部分属于中低产田;豫西、豫北山地丘陵褐土、红黏土耕地类型区从二等到九等均存在不同土种;豫南低山、丘陵黄褐土耕地类型区从三等到九等;豫南稻田耕地类型区从一等到九等均存在不同土种。

1)豫东、豫北平原潮土耕地类型区

以本区最普遍的冬麦、秋粮(玉米)一年两熟制粮食生产模式的单产水平计算,将全部耕地纳入全省耕地地力等级系列,相当于一等到九等共 9 个等级,其中一到三等是本区最高地力的耕地,其面积为 1 638 355.29 hm^2,占本区总耕地面积的 45.28%;四到六等是中等地力的耕地,其面积为 1 801 683.13 hm^2,占本区总耕地面积的 49.80%;七到九等的地力等级为最低,其面积为 177 982.07 hm^2,占本区总耕地面积的 4.92%。

本区最好的耕地分布在宽阔河流中阶地或倾(微)斜平原,中等耕地(6 000 ~9 000 kg/hm^2)主要分布在古河道、冲积平原低平地、平洼地、河流阶地洪积扇中上部,差的耕地(6 000 kg/hm^2 以下)主要分布在黄河故道、平原洼地、背河洼地、河漫滩地及山前洪积扇最上部和最下部。提高排灌能力,开展土地平整、植树种草、土壤培肥,是改造本区中低产田、提高地力水平的主要措施。

2)豫南湖积平原砂姜黑土耕地类型区

本区耕地地力为从三至十等共 8 个等级。三等地面积为 17 799.73 hm^2,占本区总耕地面积的 1.58%;四至六等地面积为 994 805.67 hm^2,占本区总耕地面积的 88.11%;七至十等地面积为 116 440.87 hm^2,占本区总耕地面积的 10.31%。

三等耕地主要分布在河流两岸、湖积平原等,经过长期人为改良,其排灌能力比低等地较好,基本无障碍层。四至六等耕地分布在河流两岸、湖积平原洼地及交接洼地,有一定排灌能力。七至十等(6 000 kg/hm^2 以下)的低等耕地分布在湖积平原洼平地、洼地和交接岗地,耕层下面都有砂姜磐层,基本无排灌设施。

由于旱涝灾害是影响本区耕地地力的主要障碍因素,因此加强排水工程建设、发展灌溉、深耕改土培肥,是改造本区中低产田,使其提高到四等以上的重要改良方法。

3)豫西、豫北山地丘陵褐土、红黏土耕地类型区

本区耕地地力以一年两熟制粮食单产指标确定,大体上在全省耕地基础地力一等至

十等范围内,共 10 个级别。其中,一至三等地面积为 480 761.67 hm^2,占本区总耕地面积的 31.55%;四至六等地面积为 374 590.87 hm^2,占本区总耕地面积的 24.58%;七至十等地面积为 668 643.93 hm^2,占本区总耕地面积的 43.87%。

一至三等地力的耕地主要分布在山前洪积平原、沟谷地、河流阶地等;四等地力的耕地,主要分布在山丘洪积扇中下部及河谷阶地,成土母质为洪积物,年保灌大于 4 次,有完善的坡水工程以及相应的沟道治理和植被生态建设,能有效控制 90% 以上的水土流失;五、六等地力的耕地主要分布在冲、洪积扇中、上部,河流阶地或黄土塬平地、梁、坡式梯田等。这一部分耕地的主要立地条件、土壤理化性状和农田基本建设都开始出现不利方面;每公顷产量在 6 000 kg 以下的七至十等的低等级地力耕地主要分布在坡式梯田、坡麓、坡腰,黄土丘陵沟谷边地、残塬、残梁等,具有干旱、水土流失、贫瘠、土体构型和质地不良等不利条件。本区中低等田占地面积较大,提高抗旱设施效益、坡改梯、培肥改土、植树种草,是改良本区中低产田的主要措施。

4)豫南低山、丘陵黄褐土耕地类型区

本区耕作制度是典型的一年两熟制,按当前的粮食单产水平,其耕地地力等级在全省耕地地力等级中在三至九等幅度内,共 7 个等级。三等地面积为 196 392.07 hm^2,占本区总耕地面积的 15.91%;四至六等地面积为 932 908.73 hm^2,占本区总耕地面积的 75.57%;七至九等地面积为 105 154.93 hm^2,占本区耕地总面积的 8.52%。

高地力等级的耕地主要分布在洪(冲)积扇中、上部及黄土性阶地,一般都成了高水平标准的水平梯田、水平桑田;中等地力的耕地主要分布在山丘河流两岸的阶地,山前洪积扇、黄土丘陵沟谷、坡麓及岗沟洼地,坡度在 3°~5°,地形部位一般较高,土层变薄,物质变粗,没有严重的制约地力因素;低等级地力的耕地,主要分布在岗地、起伏垄岗坡地、黄土丘陵沟谷边地、残塬、残梁等,坡度在 3°~5°或 5°~10°,土壤有黏磐层、砾石、钙积层等障碍层次,中等侵蚀,耕作粗放。这一地区改造中低产田的主要措施为:加快坡地改梯、改土培肥工作,提高灌溉能力,种草植树治理水土流失。

5)豫南稻田耕地类型区

本区按单位面积产量划分地力等级,则处在全省地力等级一等至九等幅度范围内,共 9 个级别。一至三等地面积为 181 941.13 hm^2,占本区总耕地面积的 31.60%;四至六等地面积为 325 046.07 hm^2,占本区总耕地面积的 56.46%;七至九等地面积为 68 749 hm^2,占本区总耕地面积的 11.94%。

产量在 12 000 kg/hm^2 以上的一、二等地分布在丘陵谷地、河流宽谷阶地,成土母质为洪、冲积物,耕层有机质高达 1.76%,保灌排水良好;三至四等耕地分布在丘陵山地坡下部,成土母质为第四纪黄土,无障碍因素;产量 6 000~9 000 kg/hm^2 的五至六等田为中等级地力耕地,主要分布在山区丘陵谷地、丘陵山地坡下部,能满足灌溉,但排水设施不完善;产量 4 500 kg/hm^2 以下的七至九等田为低等级地力耕地,分布在近代河床低阶地、丘陵低谷地,灌溉和排水设施不完善。健全排灌系统、增施有机肥、补施磷钾肥是本地区改良中低产田的主要途径。

3.2.3　农用地分等

农用地等是指在全国范围内,按照标准耕作制度,在自然质量条件、平均土地利用条件、平均土地经济条件下，根据规定的方法和程序进行的农用地质量综合评定，划分出的农用地等别。

根据国土资源部《关于开展农用地分等定级与估价工作的通知》[国土资厅发(2002)84号]精神，河南省国土资源厅组织有关专家成立项目课题组，于2003年3月全面开展河南省农用地分等工作。经过一年多的努力，按要求全面完成了全省农用地分等工作，2004年9月通过了国土资源部组织的成果验收与鉴定。

3.2.3.1　技术方法与技术路线

河南省农用地分等采用因素法。它是根据每个影响因素的影响力，赋予其一定的分值和权重，经过累加获得单元内各种因素综合影响力的数据，依此确定农用地的等别。基本程序为：资料收集整理与外业调查，划分评价单元，划分指标区、确定指标区分等因素并计算农用地自然质量分，查指定作物的光温(气候)生产潜力指数并计算农用地自然质量等指数，计算土地利用系数及农用地利用等指数、计算土地经济系数及农用地等别指数，农用地自然等别、利用等别及农用地等别划分与校验，成果验收整理等。

农用地分等是建立在全国统一标准上，以各标准耕作制度下的指定作物的光温(气候)生产潜力为基础，通过对土地自然质量、土地利用水平、土地经济水平逐级订正，综合评定土地等别。

3.2.3.2　耕作制度和指定作物的确定

1)标准耕作制度

标准耕作制度，是指根据当地正常的气候和土壤条件所确定的当地多年稳定的种植制度。按照国家《农用地分等规程》和河南省温度与降水分布的实际，确定河南省各县的耕作制度。

2)基准作物

基准作物是指小麦、玉米、水稻等三种主要粮食作物中的一种，是规程所称理论标准粮的折算基准。根据统计，河南省冬小麦播种面积多年平均为490万hm^2，占夏收粮食作物播种面积的98%，按照国家《农用地分等规程》和河南省的实际，确定基准作物为冬小麦。

3)指定作物

指定作物是指规程所给定的行政区所属耕作区标准耕作制度中所涉及的作物。按照国家《农用地分等规程》和河南省的实际，淮河以北地区玉米播种面积多年平均为220万hm^2，占全省秋收粮食作物播种面积的55%；淮河以南地区水稻播种面积多年平均为40万hm^2，占淮河以南地区秋收粮食作物播种面积的80%。因此，确定指定作物为冬小麦、夏玉米和水稻。

3.2.3.3　基本参数

1)评价单元光温或气候生产潜力值的确定

作物光温与气候生产潜力的空间分布自南向北、自东向西呈现出规律的递减，反映了地带性因素和季风气候的影响。两个潜力值在一个区域内是连续渐变的，而不是一个固定的常量。根据这一思路，首先把《农用地分等规程》中给出的各个县光温或气候生产潜力值标在该县气象观测站的位置上，然后利用地理信息系统的空间分析功能，在两个生产潜力值之间生成连续的等值区，最后生成两个生产潜力的等值区图。生产潜力的等值区图与评价单元图叠加可自动得到评价单元光温或气候生产潜力值。

2）产量比系数（β_j）的确定

产量比系数是以国家指定的基准作物为基础，按当地基准作物实际产量与各种作物单位面积实际产量之比。计算方法如下：

$$某区内指定作物产量比系数 = \frac{基准作物单产}{指定作物单产}$$

式中：基准作物和指定作物的单产是指区内最大单产。

河南省主要作物的轮作方式，大体以淮河为界，两大自然地理区间存在较大差异，淮河以北是小麦、玉米轮作，淮河以南是小麦、水稻轮作。经过分析调查数据，全省产量比系数以两个作物种植区（不打破县界）进行计算，在淮河以北统一选择小麦、玉米的最大单产，在淮河以南统一选择小麦、水稻的最大单产。全省按指定作物种植区计算的产量比系数在各县之间才是可比的。表3-5为河南省作物产量比系数。

表3-5　河南省作物产量比系数

分区范围	产量比系数		
	小麦	玉米	水稻
淮河以北	1.000 0	0.890 1	
淮河以南	1.000 0		0.856 2

3）土地利用系数

土地利用系数是用来修正土地的自然质量，使达到接近土地的实际产出水平的系数，计算公式为：

$$K_{Lj} = Y_j / Y_{j,\max}$$

式中：K_{Lj}为某样点的第j种指定作物土地利用系数；Y_j为样点的第j种指定作物单产；$Y_{j,\max}$为第j种指定作物的省级二级区内最高单产。

河南省主要作物土地利用系数等值区见表3-6。

表3-6　河南省主要作物土地利用系数等值区

等级	小麦等值区间	玉米等值区间	水稻等值区间
1	[0.5～0.6]	[0.5～0.6]	[0.5～0.6]
2	[0.6～0.7)	[0.6～0.7]	
3	[0.7～0.8)	[0.7～0.8]	[0.7～0.8]
4	[0.8～0.9)	[0.8～0.9]	
5	[0.9～1.0)	[0.9～1.0]	

4）土地经济系数

土地经济系数的计算公式为：

$$K_{cj} = a_j / A_j$$

式中：K_{cj}为样点的第j种指定作物土地经济系数；a_j为样点第j种指定作物“产量－成本”

指数；A_j 为第 j 种指定作物“产量－成本”指数的省级二级区内最大值。

“产量－成本”指数的计算公式为：

$$a_j = Y_j / C_j$$

式中：a_j 为第 j 种指定作物的“产量－成本”指数，kg/元；Y_j 为样点的第 j 种指定作物实际单产，kg/hm^2；C_j 为样点的第 j 种指定作物实际成本，元/hm^2。

河南省主要作物土地经济系数等值区见表 3-7。

表 3-7　河南省主要作物土地经济系数等值区

等级	小麦等值区间	玉米等值区间	水稻等值区间
1	[0.6～0.7)	[0.6～0.7)	[0.6～0.7]
2	[0.7～0.8)	[0.7～0.8)	[0.7～0.8]
3	[0.8～0.9)	[0.8～0.9]	[0.8～0.9]
4	[0.9～1.0)	[0.9～1.0]	

3.2.3.4　划分分等因素指标区

采用因素法计算农用地自然质量分，需要划分分等因素指标区（以下简称指标区）。指标区是指计算农用地自然质量分的分等因素评价指标体系的适用区。

《农用地分等规程》中，河南省隶属于 3 个一级区（黄淮海区、长江中下游区、黄土高原区），5 个二级区（燕山太行山山前平原区、冀鲁豫低洼平原区、黄淮平原区、鄂豫皖丘陵山地区、豫西山地丘陵区）。按照规程提出的指标区划分原则和河南省自然条件的分布格局，在二级分区的基础上，将全省划分为九个三级分等因素指标区，各指标区的分布范围见表 3-8。

表 3-8　河南省农用地分等指标区范围

一级指标区	二级指标区	三级指标区	所辖县、市、区	数量（158）
黄淮海区	燕山太行山山前平原区	太行山山地丘陵区	林州市、辉县市、焦作市（山阳区、解放区）、中站区、马村区、修武县、博爱县、沁阳市、济源市	10
		豫北山前平原区	安阳市（文峰区、北关区、铁西区、郊区）、安阳县、汤阴县、鹤壁市（鹤山区、山城区、郊区）、浚县、淇县、新乡市（红旗区、新华区、北站区、郊区）、新乡县、卫辉市、获嘉县、武陟县、温县、孟州市、洛阳市吉利区	22
	冀鲁豫低洼平原区	豫东北低洼平原区	南乐县、濮阳市华龙区、清丰县、濮阳县、范县、台前县、内黄县、滑县、长垣县、封丘县、原阳县、延津县	12
	黄淮平原区	淮北平原区	平顶山市（新华区、卫东区、石龙区、湛河区）、叶县、舞阳县、漯河市（源汇区、郾城区、召陵区）、西平县、商水县、项城市、沈丘县、上蔡县、遂平县、平舆县、汝南县、新蔡县、正阳县、驻马店市驿城区、确山县、息县、淮滨县	23

续表 3-8

一级指标区	二级指标区	三级指标区	所辖县、市、区	数量(158)
黄淮海区	黄淮平原区	豫东平原区	郑州市(惠济区、管城区、金水区、二七区、中原区、上街区)、荥阳市、新郑市、中牟县、开封市区(龙亭区、顺河区、鼓楼区、南关区、金明区)、开封县、兰考县、杞县、通许县、尉氏县、商丘市(梁园区、睢阳区)、虞城县、民权县、宁陵县、睢县、夏邑县、柘城县、永城市、周口市川汇区、扶沟县、西华县、太康县、鹿邑县、郸城县、淮阳县、许昌市魏都区、长葛市、鄢陵县、许昌县、襄城县、临颍县	41
长江中下游区	鄂豫皖丘陵山地区	淮南山地丘陵区	信阳市(浉河区、平桥区)、固始县、潢川县、罗山县、光山县、商城县、新县、桐柏县	9
		南阳盆地区	泌阳县、舞钢市、唐河县、社旗县、方城县、新野县、南阳市区(卧龙区、宛城区)、邓州市、镇平县、淅川县、西峡县、内乡县、南召县	14
黄土高原区	豫西山地丘陵区	豫西山地区	卢氏县、栾川县、灵宝市、洛宁县、嵩县	5
		豫西黄土丘陵区	三门峡市湖滨区、义马市、陕县、渑池县、洛阳市区(涧西区、西工区、廛河区、老城区、洛龙区)、新安县、孟津县、偃师市、伊川县、汝阳县、宜阳县、巩义市、登封市、新密市、禹州市、郏县、宝丰县、鲁山县、汝州市	23

3.2.3.5 农用地分等因素

采用特尔斐法确定河南省农用地分等因素见表 3-9。

表 3-9　各指标河南省农用地分等因素

指标区名称	分等因素	因素个数
太行山山地丘陵区	有效土层厚度、表层土壤质地、土壤有机质含量、田块坡度、灌溉保证率、土壤砾石含量、土壤酸碱度	7
豫北山前平原区	表层土壤质地、土壤有机质含量、灌溉保证率、有效土层厚度、田块坡度、土壤酸碱度、土壤砾石含量	7
豫东北低洼平原区	表层土壤质地、剖面构型、盐渍化程度、土壤有机质含量、土壤酸碱度、排水条件、灌溉保证率	7
豫东平原区	表层土壤质地、剖面构型、盐渍化程度、土壤有机质含量、土壤酸碱度、障碍层深度、排水条件、灌溉保证率、田块坡度	9
淮北平原区	表层土壤质地、剖面构型、土壤有机质含量、障碍层深度、排水条件、灌溉保证率、土壤酸碱度、田块坡度	8

续表 3-9

指标区名称	分等因素	因素个数
南阳盆地区	有效土层厚度、表层土壤质地、土壤有机质含量、田块坡度、障碍层深度、灌溉保证率、土壤砾石含量、土壤酸碱度	8
淮南山地丘陵区	有效土层厚度、表层土壤质地、土壤有机质含量、土壤酸碱度、田块坡度、灌溉保证率、土壤砾石含量、障碍层深度	8
豫西黄土丘陵区	表层土壤质地、土壤有机质含量、土壤酸碱度、田块坡度、灌溉保证率、排水条件、障碍层深度、土壤剖面构型	8
豫西山地区	有效土层厚度、表层土壤质地、土壤有机质含量、土壤酸碱度、田块坡度、灌溉保证率、土壤砾石含量	7

3.2.3.6 农用地分等的计算过程

农用地分等是建立在全国统一标准上，以各标准耕作制度下的指定作物的光温(气候)生产潜力为基础，通过对土地自然质量、土地利用水平、土地经济水平逐级订正，综合评定土地等别。河南省农用地分等计算流程见图 3-1。

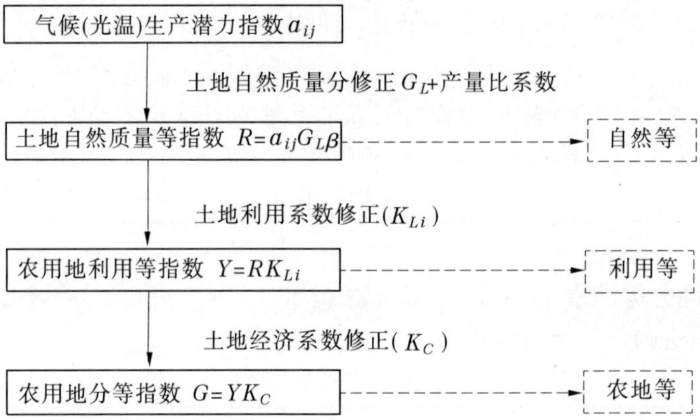

图 3-1 河南省农用地分等计算流程

具有地带性变化特征的光温或气候生产潜力，经过自然质量分(反映现实生产条件)的修正生成具有理论意义的生产潜力——自然等指数(土地的本底生产能力)，依据自然等指数划分自然等，这是农用地分等的基础层次成果；对自然等指数用土地利用系数(评价单元的相对利用水平即各单元的标准粮产量与省级二级区内最大产量之比)进行修正得到利用等指数，依据利用等指数划分利用等，这是农用地分等的中间成果；对利用等指数用经济系数(评价单元的相对效益水平即各单元的产量成本指数与省级二级区内最大产量－成本指数)进行修正得到农地等指数，依据农地等指数，划分农地等，这是农用地的最终成果。

3.2.3.7 农用地自然质量等划分情况

土地质量分等，是对农用土地最直接的，也是最核心的差异——土地作物生产量的差异进行分等。采用这一思路来划分农用土地质量等级的理论依据是作物生产力原理，即投入管理水平最优的状况下（不考虑管理水平的差异）作物的生产量由气候条件和土地质量共同影响所决定的，而土地质量是光照、温度、水分、土壤、地形等因素综合影响的结果。根据这一原理，可以首先假设评价工作区域内各处的土地社会利用投入管理已是最佳状态，然后用影响作物生产量的各因素的优劣和组合状况定量推算地上作物生产量的高低，以作物生产量的高低最终评定土地质量等级。因此，农用地自然质量等在一定程度上反映了土地的“本底”产量水平。

根据河南省农用地自然等指数（600 ~ 3 200）的分布情况，采用 200 分的等间距划分农用地自然质量等，全省共划分 14 个等别，各等别面积及分布情况见表 3-10。

表 3-10　全省农用地自然质量等别划分结果

等别	等指数范围	等别面积	
		面积（hm^2）	占比（%）
四等	601 ~ 800	7 142.89	0.09
五等	801 ~ 1 000	23 859.14	0.30
六等	1 001 ~ 1 200	33 244.14	0.41
七等	1 201 ~ 1 400	71 466.19	0.88
八等	1 401 ~ 1 600	105 996.18	1.31
九等	1 601 ~ 1 800	231 656.61	2.87
十等	1 801 ~ 2 000	406 477.00	5.03
十一等	2 001 ~ 2 200	749 322.55	9.27
十二等	2 201 ~ 2 400	1 697 870.89	21.01
十三等	2 401 ~ 2 600	2 475 105.69	30.63
十四等	2 601 ~ 2 800	1 817 354.35	22.49
十五等	2 801 ~ 3 000	398 342.53	4.93
十六等	3 001 ~ 3 200	49 785.30	0.62
十七等	>3 200	13 631.72	0.17
合计		8 081 255.18	100.00

农用地自然质量等别结果反映了河南省农用地自然属性的空间变化规律：①高等别的农用地主要分布在平原区，低等别的农用地主要分布在山地区，农用地等别的高低与自然条件、生态单元的分布大体一致，说明农用地等别的高低合理地反映了土地质量的宏观差异。②从山地到平原随着海拔和地形条件的变化，农用地等别表现出由低到高逐渐变化的规律，这一变化规律不仅与全省自然条件的变化规律一致，而且与全省土地利用、经济条件的变化规律一致，说明农用地等别的高低不仅科学地反映了土地质量的宏观差异，而且真实地反映了土地利用、经济条件的宏观差异。

3.2.3.8　农用地利用等划分情况

土地质量分等只是反映土地自然质量的高低，并不反映人们对土地质量利用到何种程度。土地利用分等就是揭示土地质量和人们利用土地质量的能力间的关系，从而寻求出最佳的利用途径，其作用是可以分析各地土地利用强度和土地的生产潜力，寻求土地利用的最佳方式,为调整土地利用结构和布局提供依据。

反映人们利用土地能力的指标是相同质量土地的利用水平。而土地利用水平的高低受控于三种因素:一是土地质量,二是利用方式,三是经营水平。土地利用评价是在土地质量评价的基础上进行的。

按土地利用状况对土地质量等级进行修正评价的理论依据是经济学的生产要素理论,即劳动、土地和资本等因素或条件是进行社会物质生产的基本要素,生产产品的数量及其价值量取决于生产要素的相互结合、共同作用。根据这一原理,当土地自然质量一定、经济条件相似时,作物生产量取决于生产条件、农耕知识和技能水平、劳动态度等。按照土地自然质量状况评定出来的潜力等级,只是土地的可能的生产量,并非土地的实际生产量,土地实际生产量还受到当地长时间形成的农耕水平、用地强度、种植技能、劳动态度的限制。因此需要以区域平均实际产量与潜在理论产量的比值确定土地利用系数。运用不同土地上的利用系数,将一定光温水土生产力指数(即作物的理论生产量)修正为作物的实际生产量,体现相同土地质量、相同土地潜力等级上的利用水平不同造成的等级差异。

经计算得到河南省范围内农用地利用等指数在200～3 000。按照全省统一标准,采用200分的等间距划分河南省农用地利用等,全省共划分为11个等别,划分结果及分布情况见表3-11。

表3-11　全省农用地利用等别划分结果

等别	等指数范围	等别面积	
		面积(hm^2)	占比(%)
三等	401～600	37 511.89	0.46
四等	601～800	79 093.93	0.98
五等	801～1 000	195 611.80	2.42
六等	1 001～1 200	388 780.29	4.81
七等	1 201～1 400	713 560.96	8.83
八等	1 401～1 600	1 255 975.09	15.54
九等	1 601～1 800	1 698 426.55	21.02
十等	1 801～2 000	2 156 119.55	26.68
十一等	2 001～2 200	1 299 345.11	16.08
十二等	2 201～2 400	242 626.27	3.00
十三等	>2 400	14 203.71	0.18
合计		8 081 255.15	100.00

河南省农用地利用等主要特征与分布规律表述如下:

(1)农用地利用等别分布与土地自然质量等的分布存在着高度的正相关关系。最高的农用地利用等出现在太行山前平原和伏牛山前向豫东平原过渡区域,这些区域地形平坦、土壤肥沃,耕作条件优越,农田基本建设也较好,农作物单位面积产量较高。而最差的级别则出现在太行山、伏牛山、大别山的深山区,这些区域坡度大,水土流失严重,耕作条件也最差。从土地利用等指数与小麦单位面积产量的分布曲线也可以看出这个特征的存在。

(2)农用地利用等别分布与投入的多少存在着高度的正相关关系。以整体等别较高的温县和等别较低的栾川县为例,温县(小麦、玉米一年两熟)每公顷投入约 8 250 元,平均产量达 12 750 kg/hm^2,最高可达 15 000 kg/hm^2;栾川县(小麦、玉米一年两熟)每公顷投入约 5 250 元,平均产量约 4 950 kg/hm^2,最高不足 7 500 kg/hm^2。从小麦单位播种面积的投入与小麦单位面积产量的分布曲线也可以看出这一点。

(3)从区域整体分析,土地利用水平较高的区域是豫北山前平原、豫东平原和南阳盆地。次高的区域是豫东北低洼平原、淮北平原以及豫西黄土丘陵的东部边缘。利用水平较低的仍然是太行山地、伏牛山地和大别山地,说明了土地利用水平与土地的自然质量、耕作条件有着密切的关系。

3.2.3.9　农用地等划分情况

相同的土地潜力和土地利用水平,使土地体现出同样的质量,然而这只意味着土地上会有相同的作物生产量,并不意味在土地上一定会有相同的经营收益。社会经济条件不同会导致投入产出水平不同,使同样土地上获得的土地收益不同。因为决定土地经济收入高低的因素有四个:一是土地质量,二是利用水平,三是区域位置,四是土地的人口承载力。这四种因素反映了土地的生产能力、人们对土地的利用能力、土地在周围经济环境中的地位和土地的稀缺程度。

经计算得到河南省范围内农用地等指数在 280 ~ 1 700。按照全省统一标准,采用 200 分的等间距划分河南省农用地等,全省共划分为 8 个等别,划分结果及分布见表 3-12。

表 3-12　全省农用地经济等别划分结果

等别	等指数范围	等别面积	
		面积(hm^2)	占比(%)
二等	≤400	16 341. 38	0. 20
三等	401 ~600	95 860. 54	1. 19
四等	601 ~800	278 205. 16	3. 44
五等	801 ~1 000	678 292. 12	8. 39
六等	1 001 ~1 200	1 421 120. 49	17. 59
七等	1 201 ~1 400	1 969 846. 76	24. 38
八等	1 401 ~1 600	2 666 187. 57	32. 99
九等	>1 600	955 401. 12	11. 82
合计		8 081 255. 15	100. 00

河南省农用地等别划分结果反映了农用地利用效益的空间分布,主要特征表现在以下方面:

(1)农用地等别的空间分布仍然有土地质量、利用水平的影响。多数情况下,粮食产量高就能有高效益,所以耕作质量条件好的地区粮食产量高,经济效益也好。从全省整体看,农用地等别的空间分布是平原好于山地。

(2)农用地等别的空间分布不但受土地质量、利用水平的影响,更重要的是受土地利用效益的影响较大。因为利用水平的高低没有考虑投入成本,而利用效益则是单位投入下的产出(粮食产量)。如果高投入下的高产量则利用效益不一定就高,低投入下的低产量则利用效益不一定就低,只有在低投入下的高产量才能有高效益。这就是有些产量高的区域、利用等别较高而经济等别较低,而有些产量较低、利用等别较低而经济等别较高的原因。

(3)粮食生产的投入与产出不成正比。一是投入与产量不成正比,二是投入与收益不成正比。

(4)夏粮生产成本投入比秋粮高,但收益低。全省每50 kg主产品小麦生产成本为36.11元,而玉米生产成本为25.68元,中籼稻生产成本为21.88元,小麦比玉米高出40.62%,比中籼稻高出65.04%。反过来,每50 kg主产品小麦、玉米、中籼稻的纯收益为8.6元、12.74元、16.16元,玉米是小麦的1.48倍,中籼稻是小麦的1.88倍。

3.2.4 土地开发整理耕地建设等级评价方法

3.2.4.1 三种评价成果的区别

从三种评价成果的评价目的、评价思路、指标体系和评价成果构成,可以看出三种评价成果具有如下区别:

土壤质量评价的目的是鉴定土壤生产力的高低,揭示农耕地土壤资源对农作物的适宜性和限制性,为种植业区划和耕地利用服务;它以土壤发生学观点作为评价的理论依据,主要考虑土壤的自然属性;以土种为主要评价单元,对全省135个耕地土壤的土种进行了评价,参评土种占全省428个土种的31.5%,面积为775.52万 hm^2,占全省总耕地面积的86.6%。最终将参评土种划分为五个等级。

耕地地力评价的主要目的在于查清耕地生产能力现状及其潜在的生产能力,为农业结构调整服务;其目标主要是建立耕地地力等级数据指标体系和管理系统、耕地土壤养分指标体系和管理系统、中低产田类型及改良技术标准体系和投资决策系统。等级体系是以土种为单元,以常年粮食单产为划分标准,以地力要素为基础条件建立起来的综合体系。根据全国耕地地力划分标准和河南省不同土种粮食单位产量水平(产量幅度在450~14 250 kg/hm^2),将全省耕地地力按产量级差1 500 kg/hm^2 分为十等。

农用地分等的目的是为我国土地管理由数量管理向数量质量管理并重转变提供基础数据,为政府管理部门决策提供依据。它是在全面考虑农用地自然、社会、经济特征的情况下,对耕地质量的综合判断,它不仅反映了耕地的自然属性,而且也包含了影响耕地开发利用的社会经济因素,其成果具有以下特点:一是成果等级序列全国可比,就是说不同省份的同一个等别具有同样的内涵,所表示的质量是一致的;二是最终成果由三个等别序列组成,可以满足不同的需要。

3.2.4.2 三种评价成果的应用

土壤质量评价成果为相关部门和地方提供了土壤生产力情况,对各种土壤的适宜性与限制性作出了科学合理的判断和描述,是调整种植业区划、确定耕地利用方向的基本依据;由于多种因素的影响,该成果并未作为强制政策规定来应用和执行。同时,由于该成果没有覆盖省内所有土种和全部省域范围,在应用中也存在一定不足。

耕地地力评价成果注重的是耕地的产量、中低产田改良及投资决策,同样是偏重于对耕地自然属性的评价,相对于土地管理工作的需要而言,其适用范围较小。

农用地分等成果是对耕地的综合评价,成果完成以来已在全省土地利用规划、基本农田划定、农用地定级估价、征地区片综合地价测算等工作中得到应用。在农用地分等成果的基础上,又完成了"河南省补充耕地按等级折算研究",按照国土资源部的统一部署,"河南省补充耕地按等级折算研究"成果将作为补充耕地项目设计的强制性规定在全省应用。

3.2.4.3 土地开发整理耕地建设等级目标评价方法选择

综上所述,农用地分等成果已在河南省土地管理工作中得到较为广泛的应用,特别是其成果已延伸到以补充耕地为目的的开发整理项目设计中,为了使本研究成果能更好地与河南省土地管理工作中有关耕地质量的内涵相衔接,特别是与补充耕地开发整理项目设计的有关规定相衔接和协调,本研究拟借鉴农用地分等的技术思路,并以农用地分等成果为基础进行工作。在目前土地管理工作和补充耕地开发整理项目设计的有关规定中,均采用农用地分等成果中的利用等等别序列,故本研究亦以农用地分等成果中的利用等等别序列作为基本参照依据。

3.3 土地开发整理耕地建设等级目标研究

3.3.1 耕地建设等级评定因素体系

参照农用地分等的评价方法和评价指标,根据土地开发整理项目的特点,选择如下因素构成土地开发整理耕地建设等级总指标体系(见表3-13),各类型区的具体评价指标从总指标体系中选取。

表3-13 土地开发整理耕地建设等级评价总指标体系

序号	因素名称	序号	因素名称
1	有效土层厚度	7	障碍层距地表深度
2	土壤有机质含量	8	排水条件
3	剖面构型	9	田块坡度
4	土壤盐渍化程度	10	灌溉保证率
5	表层土壤质地	11	土壤砾石含量
6	土壤酸碱度(土壤pH值)		

3.3.2　耕地建设等级评定指标分级标准

3.3.2.1　有效土层厚度

有效土层厚度是指土壤层和松散的母质层之和，有效土层厚度共分为5个等级，分级界限下含上不含，具体数据从规划设计书中获取。

1级，有效土层厚度≥150 cm；

2级，有效土层厚度100～150 cm；

3级，有效土层厚度60～100 cm；

4级，有效土层厚度30～60 cm；

5级，有效土层厚度＜30 cm。

3.3.2.2　土壤有机质含量

由于在进行土地开发整理中进行机械作业，必然影响土壤耕层或表层的土壤养分状况，特别是土壤有机质含量是一个重要的参考指标，但是由于土地整理后，土壤有机质含量的提高需要一个时间，一般需要3～5年的耕作熟化，土壤有机质才会达到与周边耕作土壤的正常水平，因此要按3～5年后达到的指标值进行评分。也可以借鉴相似区域内同一土壤相同利用水平的土壤有机质含量，作为土壤有机质含量的评价值。也可根据提供的土壤有机质含量分布图确定。

土壤有机质含量分为6个级别，分级界限下含上不含：

1级，土壤有机质含量≥4.0%；

2级，土壤有机质含量4.0%～3.0%；

3级，土壤有机质含量3.0%～2.0%；

4级，土壤有机质含量2.0%～1.0%；

5级，土壤有机质含量1.0%～0.6%；

6级，土壤有机质含量＜0.6%。

3.3.2.3　剖面构型

剖面构型是指从表层到100 cm深度土壤剖面中不同质地土层的排列次序，根据实际分为六级，具体数据根据项目区实际情况确定。

1级，通体壤、壤/黏/壤；

2级，壤/黏/黏、壤/沙/壤、沙/黏/黏；

3级，通体黏、黏/沙/黏；

4级，沙/黏 /沙；

5级，壤/沙/沙、黏/沙/沙；

6级，通体沙、通体砾。

3.3.2.4　土壤盐渍化程度

根据实际，土壤盐渍化程度分为无盐渍化、有盐渍化2级。

开发整理项目区受盐渍化影响的，若设计有健全的灌排设施，可以使土壤盐分降低，按“无盐渍化”评分；若没有设计灌排设施，按“有盐渍化”评分。

3.3.2.5　表层土壤质地

作为影响耕地等级的影响因素之一，土壤质地不是一个易变因素，但是由于机械施工的作用，会影响到土壤表层质地的变化。可以与土壤有机质含量获取方法一样，采取类比方法，获取土壤质地变化情况。

表层土壤质地一般指耕层土壤的质地。质地分为壤土、黏土、沙土和砾质土 4 个级别。

1 级，壤土，土壤团粒结构，保水保肥性能好，土壤空气通透性好，便于耕作，一般为高产土壤。包括苏联卡庆斯基制的沙壤、轻壤和中壤，1978 年全国土壤普查办公室制定的中国土壤质地试行分类中的壤土。

2 级，黏土，保水保肥，但质地较黏重，土壤空气通透性差，不便于耕作，一般为中高产土壤。包括苏联卡庆斯基制的黏土和重壤，1978 年全国土壤普查办公室制定的中国土壤质地试行分类中的黏土。

3 级，沙土，质地松散，虽然土壤空气通透性好，便于耕作，但保水保肥性能差，一般为中低产土壤。包括苏联卡庆斯基制的紧沙土和松沙土，1978 年全国土壤普查办公室制定的中国土壤质地试行分类中的沙土。

4 级，砾质土，土壤颗粒较粗，保水保肥性能特差，一般为低产土壤。包括苏联卡庆斯基制的强石质土，1978 年全国土壤普查办公室制定的多砾质土。

3.3.2.6　土壤酸碱度（土壤 pH 值）

土壤 pH 值按照其对作物生长的影响程度分为 6 个等级，分级界限下含上不含：

1 级，土壤 pH 值 6.0 ~ 7.9；

2 级，土壤 pH 值 5.5 ~ 6.0，7.9 ~ 8.5；

3 级，土壤 pH 值 5.0 ~ 5.5，8.5 ~ 9.0；

4 级，土壤 pH 值 4.5 ~ 5.0；

5 级，土壤 pH 值 <4.5，9.0 ~ 9.5；

6 级，土壤 pH 值 ≥9.5。

根据提供的土壤酸碱度分布图确定。

3.3.2.7　障碍层距地表深度

土壤障碍层指在耕层以下出现 15 cm 以上的白浆层、石灰姜石层、黏土磐和铁磐等阻碍根系伸展或影响水分渗透的层次。根据其距地表的距离分为 3 个级别，分级界限下含上不含，具体数据根据项目区实际情况确定。

1 级，60 ~ 90 cm；

2 级，30 ~ 60 cm；

3 级，<30 cm。

如果这些障碍层次在距地表 ≥90 cm 处出现，则不算做障碍层次。

3.3.2.8　排水条件

排水条件主要受地形和排水设施的影响，根据雨后地表积水情况，分为 4 个级别，分级界限下含上不含，具体数据从规划设计书中获取。

1 级，有健全的干、支、斗、农排水渠道，无洪涝灾害（旱作区田面积水少于 1 d、水稻区涝水 3 d 内排至耐淹水深)；

2 级,排水体系基本健全,丰水年暴雨后有短期洪涝发生(旱作区田面积水 1 ~ 2 d、水稻区涝水 3 ~ 4 d 排至耐淹水深)；

3 级,排水设施一般,丰水年大雨后有洪涝发生(旱作区田面积水 2 ~ 3 d、水稻区涝水 4 ~ 5 d 排至耐淹水深)；

4 级,无排水设施,一般年份在大雨后发生洪涝(旱作区田面积水大于 3 d、水稻区涝水排至耐淹水深时间大于 5 d)。

3.3.2.9　田块坡度

进行土地整理,必然要进行地形平整,而田块坡度变化对耕地等级影响也很大,所以要测量土地开发整理区域内坡度变化,田块坡度可以从规划设计书中获取。

坡度分为 4 个级别,坡度分级界限下含上不含：

1 级,田块坡度 $<2°$；

2 级,田块坡度 2° ~ 6°；

3 级,田块坡度 6° ~ 15°；

4 级,田块坡度 15° ~ 25°。

3.3.2.10　灌溉保证率

土地开发整理重要的一个方面,就是要建立灌溉和排水体系,提高灌溉保证率。在进行土地开发过程中,已经确定了相应的耕地灌溉保证率。可以从规划设计书中获取数据。

灌溉保证率分为 4 个级别：

1 级,充分满足,包括水田、菜地和可随时灌溉的水浇地(80% 以上)；

2 级,基本满足,有良好的灌溉系统,在关键需水生长季节有灌溉保证的水浇地(60% ~ 80%)；

3 级,一般满足,有灌溉系统,但在大旱年不能保证灌溉的水浇地(30% ~ 60%)；

4 级,无灌溉条件,包括旱地与望天田(30% 以下)。

3.3.2.11　土壤砾石含量

土壤砾石含量是指耕作层土壤中砾石所占的比例。根据土壤砾石对耕作的干扰程度可分为 4 个级别,土壤砾石含量值下含上不含,具体数据根据项目区实际情况确定。

1 级, $<2\%$,不影响机械化耕作；

2 级,2% ~ 10% ,砾石间距 35 ~ 50 m,已对机械化耕作产生影响；

3 级,10% ~ 25% ,砾石间距 10 ~ 35 m,不能进行机械化耕作；

4 级, $\geqslant 25\%$,砾石间距 3.5 ~ 10 m,已对人工耕作产生影响。

3.3.3　不同工程类型区耕地建设等级评价指标

根据各工程类型区的自然、社会、经济特点,从土地开发整理耕地建设等级评价总指标体系(表 3-13)中选择对各类型区具有较大影响的指标,构成各工程类型区耕地等级评价因素指标体系(见表 3-14 ~ 表 3-22)。

表 3-14　太行山山地丘陵区耕地等级评价因素指标体系

因素	权重	
	小麦	玉米
表层土壤质地	0. 14	0. 12
田块坡度	0. 24	0. 24
灌溉保证率	0. 17	0. 18
土壤砾石含量	0. 09	0. 08
土壤酸碱度	0. 05	0. 08
土壤有机质含量	0. 11	0. 10
有效土层厚度	0. 20	0. 20
合计	1. 00	1. 00

表 3-15　豫北山前平原区耕地等级评价因素指标体系

因素	权重	
	小麦	玉米
表层土壤质地	0. 18	0. 17
田块坡度	0. 16	0. 16
灌溉保证率	0. 21	0. 23
土壤砾石含量	0. 08	0. 09
土壤酸碱度	0. 06	0. 07
土壤有机质含量	0. 15	0. 13
有效土层厚度	0. 16	0. 15
合计	1. 00	1. 00

表 3-16　豫东北低洼平原区耕地等级评价因素指标体系

因素	权重	
	小麦	玉米
表层土壤质地	0. 17	0. 16
灌溉保证率	0. 19	0. 20
排水条件	0. 18	0. 21
剖面构型	0. 12	0. 11
土壤酸碱度	0. 08	0. 09
土壤有机质含量	0. 12	0. 11
土壤盐渍化程度	0. 14	0. 12
合计	1. 00	1. 00

表 3-17　豫西山地耕地等级评价因素指标体系

因素	权重	
	小麦	玉米
表层土壤质地	0. 13	0. 12
田块坡度	0. 20	0. 18
灌溉保证率	0. 18	0. 20
土壤砾石含量	0. 10	0. 11
土壤酸碱度	0. 06	0. 08
土壤有机质含量	0. 13	0. 11
有效土层厚度	0. 20	0. 20
合计	1. 00	1. 00

表 3-18　豫西黄土丘陵区耕地等级评价因素指标体系

因素	权重	
	小麦	玉米
表层土壤质地	0. 16	0. 14
田块坡度	0. 22	0. 24
灌溉保证率	0. 19	0. 17
排水条件	0. 07	0. 08
剖面构型	0. 09	0. 10
土壤酸碱度	0. 07	0. 08
土壤有机质含量	0. 13	0. 11
障碍层次	0. 07	0. 08
合计	1. 00	1. 00

表 3-19　豫东平原区耕地等级评价因素指标体系

因素	权重	
	小麦	玉米
表层土壤质地	0. 15	0. 14
田块坡度	0. 05	0. 08
灌溉保证率	0. 18	0. 19
排水条件	0. 14	0. 16
剖面构型	0. 11	0. 11
土壤酸碱度	0. 07	0. 06
土壤有机质含量	0. 12	0. 11
土壤盐渍化程度	0. 11	0. 09
障碍层次	0. 07	0. 06
合计	1. 00	1. 00

表 3-20　南阳盆地区耕地等级评价因素指标体系

因素	权重	
	小麦	玉米
表层土壤质地	0. 15	0. 13
田块坡度	0. 16	0. 16
灌溉保证率	0. 16	0. 18
土壤砾石含量	0. 09	0. 09
土壤酸碱度	0. 07	0. 08
土壤有机质含量	0. 12	0. 12
有效土层厚度	0. 15	0. 14
障碍层次	0. 10	0. 10
合计	1. 00	1. 00

表 3-21　淮北平原区耕地等级评价因素指标体系

因素	权重	
	小麦	玉米
表层土壤质地	0. 15	0. 14
田块坡度	0. 06	0. 06
灌溉保证率	0. 20	0. 22
排水条件	0. 17	0. 17
剖面构型	0. 11	0. 10
土壤酸碱度	0. 07	0. 09
土壤有机质含量	0. 14	0. 13
障碍层次	0. 10	0. 09
合计	1. 00	1. 00

表 3-22　淮南山地丘陵区耕地等级评价因素指标体系

因素	权重	
	小麦	水稻
表层土壤质地	0. 16	0. 18
田块坡度	0. 19	0. 18
灌溉保证率	0. 13	0. 11
土壤砾石含量	0. 10	0. 10
土壤酸碱度	0. 06	0. 08
土壤有机质含量	0. 13	0. 11
有效土层厚度	0. 17	0. 18
障碍层次	0. 06	0. 06
合计	1. 00	1. 00

3.3.4　耕地建设等级影响因素标准组合研究

当土地开发整理项目的位置确定后,项目设计首先面临的问题是确定开发整理项目耕地应达到的等别或者说项目实施后可获得什么样的耕地,确定了开发整理项目耕地应达到的等别,才能有针对性地进行开发整理项目设计。对项目设计而言,等别是一个相对的、抽象的概念,项目要达到什么样的等别,在设计中要有具体的、可操作的标准。同一等别中,其构成因素有差别,同一因素的状态也不同。为了从因素构成、因素状态的角度对等别的物理状态进行描述,在研究中分工程类型区对农用地等别的作用分值进行统计,计算其平均作用分值,并依据各个工程类型区"分等因素—质量分"关系表,将平均作用分值转化为对应的因素状态,由此也就形成了一个对应于平均分值的因素组合,由于该因素组合反映了等别内绝大多数分等单元的因素组合状态,它是等别内社会、经济、自然条件长期相互作用的结果,是一种相对稳定的、较为高效的组合,可作为项目设计的参考依据,故称该因素组合为等别因素标准组合。

为了消除单元大小对平均分值的影响,采用面积加权平均的方法计算等别因素平均分值:

$$F_i = \frac{\sum_{j=1}^{n} f_j \times S_j}{\sum_{j=1}^{n} S_j}$$

式中:F_i 为等别 i 因素平均分值;f_j 为 i 因素 j 单元分值;S_j 为 j 单元面积;n 为等别单元数。

对于定性描述的因素,如土壤质地、剖面构型,按该因素不同级别的面积大小排序。各工程类型区因素平均分值见表 3-23 ~ 表 3-31。

表 3-23　太行山山地丘陵类型区因素平均分值

等别	各因素平均分值						
	表层土壤质地	田块坡度	灌溉保证率	土壤砾石含量	土壤酸碱度	土壤有机质含量	有效土层厚度
3	75	37	46	78	75	57	35
4	87	38	49	78	78	60	39
5	88	49	59	81	78	62	42
6	89	55	63	88	80	65	45
7	90	60	68	88	80	70	47
8	92	88	70	92	80	73	79
9	93	96	89	99	80	73	89
10	94	100	91	99	80	74	91
11	94	100	97	100	80	76	97
12	95	100	100	100	80	80	99
13	100	100	100	100	80	83	100

表 3-24　豫北山前平原类型区因素平均分值

等别	各因素平均分值						
	表层土壤质地	田块坡度	灌溉保证率	土壤砾石含量	土壤酸碱度	土壤有机质含量	有效土层厚度
4	88	37	40	88	71	59	38
5	90	58	42	90	71	66	50
6	91	71	54	94	75	68	61
7	92	91	67	98	76	68	76
8	93	97	85	99	77	68	87
9	94	99	96	100	78	68	90
10	94	99	97	100	78	69	94
11	95	100	98	100	78	71	98
12	100	100	100	100	80	74	100
13	100	100	100	100	80	78	100

表 3-25　豫东北低洼平原区因素平均分值

等别	各因素平均分值						
	表层土壤质地	灌溉保证率	排水条件	剖面构型	土壤酸碱度	土壤盐渍化程度	土壤有机质含量
6	86	88	55	68	44	69	59
7	89	89	63	81	47	81	61
8	90	93	75	84	55	85	63
9	91	95	78	88	56	88	65
10	91	97	85	92	58	90	68
11	96	100	91	97	64	95	70

表 3-26　豫西山地区因素平均分值

等别	各因素平均分值						
	表层土壤质地	田块坡度	灌溉保证率	土壤砾石含量	土壤酸碱度	土壤有机质含量	有效土层厚度
3	74	30	40	92	80	65	36
4	75	35	41	93	80	66	39
5	86	42	44	97	80	67	41
6	90	50	46	97	80	67	42
7	90	61	56	97	81	68	45
8	91	75	64	99	84	73	45
9	96	75	76	100	85	76	48
10	96	77	99	100	85	78	51
11	97	88	100	100	95	85	52

表 3-27　豫西黄土丘陵区因素平均分值

等别	各因素平均分值							
	表层土壤质地	田块坡度	灌溉保证率	排水条件	剖面构型	土壤酸碱度	土壤有机质含量	障碍层次
4	90	28	40	25	85	79	62	93
5	91	31	44	56	88	80	63	97
6	92	36	45	63	94	80	65	97
7	92	56	53	69	95	81	69	98
8	93	83	72	73	96	82	71	98
9	93	86	77	75	96	83	72	98
10	94	93	88	76	96	83	75	100
11	94	96	97	98	100	85	75	100
12	100	100	100	100	100	85	77	100

表 3-28　豫东平原区因素平均分值

等别	各因素平均分值								
	表层土壤质地	田块坡度	灌溉保证率	排水条件	剖面构型	土壤酸碱度	土壤盐渍化程度	土壤有机质含量	障碍层次
6	70	94	60	40	49	77	88	58	99
7	80	96	73	63	77	77	90	60	99
8	83	98	74	65	86	78	92	61	100
9	90	100	88	80	87	78	94	65	100
10	90	100	91	86	90	79	98	67	100
11	91	100	97	88	92	80	99	67	100
12	93	100	98	91	95	80	100	68	100
13	95	100	100	93	99	80	100	71	100

表 3-29　南阳盆地区因素平均分值

等别	各因素平均分值							
	表层土壤质地	田块坡度	灌溉保证率	土壤砾石含量	土壤酸碱度	土壤有机质含量	有效土层厚度	障碍层次
3	86	32	40	83	82	68	40	98
4	91	38	40	86	93	68	40	99
5	91	44	41	93	94	68	40	99
6	92	51	42	96	94	68	45	99
7	92	75	51	99	95	69	59	99
8	92	82	61	100	95	70	68	99
9	92	95	69	100	96	70	81	99
10	93	97	81	100	98	72	86	100
11	94	99	81	100	99	73	93	100
12	94	100	91	100	100	87	99	100

表3-30　淮北平原区因素平均分值

等别	各因素平均分值							
	表层土壤质地	田块坡度	灌溉保证率	排水条件	剖面构型	土壤酸碱度	土壤有机质含量	障碍层次
6	92	71	47	57	91	80	61	93
7	92	84	60	59	92	83	62	94
8	92	98	69	67	93	87	65	94
9	92	99	73	80	95	88	67	97
10	92	99	78	80	95	89	69	99
11	93	100	92	81	98	90	72	100
12	99	100	98	82	100	93	73	100

表3-31　淮南山地丘陵区因素平均分值

等别	各因素平均分值							
	表层土壤质地	田块坡度	灌溉保证率	土壤砾石含量	土壤酸碱度	土壤有机质含量	有效土层厚度	障碍层次
3	46	30	74	53	46	68	25	92
4	55	36	76	54	51	68	38	94
5	72	59	77	75	56	70	45	95
6	83	77	78	94	73	73	61	96
7	88	87	78	98	79	75	73	99
8	88	93	79	99	85	76	86	99
9	90	96	80	100	86	79	88	100
10	90	100	80	100	97	81	90	100

各区"作物－分等因素－质量分"见表3-32～表3-40。

表3-32　太行山山地丘陵区"作物－分等因素－质量分"关系

因素	指标	小麦分值	玉米分值
有效土层厚度(cm)	>150	100	100
	100～150	90	90
	60～100	70	70
	30～60	40	40
	<30	10	10

续表 3-32

因素	指标	小麦分值	玉米分值
表层土壤质地	壤土	100	100
	黏土	90	70
	沙土	70	80
	砾质土	40	40
土壤有机质含量（%）	>4.0	100	100
	3.0～4.0	90	90
	2.0～3.0	80	80
	1.0～2.0	70	70
	0.6～1.0	60	60
	<0.6	50	50
田块坡度(°)	<2	100	100
	2～6	90	85
	6～15	70	65
	15～25	30	30
土壤砾石含量	<2%，不影响机械化耕作	100	100
	2%～10%，砾石间距 35～100 m，已影响机械化耕作	90	90
	10%～25%，间距 10～35 m，不能机械化耕作	70	70
	>25%，间距 3～10 m，对人工耕作产生影响	40	40
土壤酸碱度（土壤 pH 值）	6.0～7.9	100	100
	5.5～6.0 / 7.9～8.5	90	90
	5.0～5.5 / 8.5～9.0	80	80
	4.5～5.5	60	60
	<4.5 / 9.0～9.5	30	30
	>9.5	10	10
灌溉保证率	充分满足（保证率 80%以上）	100	100
	基本满足（60%～80%）	80	80
	一般满足（30%～80%）	60	60
	无灌溉条件（30%以下）	40	40

表 3-33　豫北山前平原区“作物 - 分等因素 - 质量分”关系

因素	指标	小麦分值	玉米分值
表层土壤质地	壤土	100	100
	黏土	90	70
	沙土	70	80
	砾质土	40	40
土壤有机质含量(°)	>4.0	100	100
	3.0 ~ 4.0	90	90
	2.0 ~ 3.0	80	80
	1.0 ~ 2.0	70	70
	0.6 ~ 1.0	60	60
	<0.6	50	50
灌溉保证率	充分满足(80%以上)	100	100
	基本满足(60% ~ 80%)	80	80
	一般满足(30% ~ 60%)	60	60
	无灌溉条件(30%以下)	40	40
田块坡度(°)	<2	100	100
	2 ~ 6	90	85
	6 ~ 15	70	65
	15 ~ 25	30	30
有效土层厚度(cm)	>150	100	100
	100 ~ 150	90	90
	60 ~ 100	70	70
	30 ~ 60	40	40
	<30	10	10
土壤酸碱度(土壤 pH 值)	6.0 ~ 7.9	100	100
	5.5 ~ 6.0 / 7.9 ~ 8.5	90	90
	5.0 ~ 5.5 / 8.5 ~ 9.0	80	80
	4.5 ~ 5.5	60	60
	<4.5 / 9.0 ~ 9.5	30	30
	>9.5	10	10
土壤砾石含量	<2%,不影响机械化耕作	100	100
	2% ~ 10%,砾石间距 35 ~ 100 m,已影响机械化耕作	90	90
	10% ~ 25%,间距 10 ~ 35 m,不能机械化耕作	70	70
	>25%,间距 3 ~ 10 m,对人工耕作产生影响	40	40

表3-34　豫东北低洼平原区"作物－分等因素－质量分"关系

因素	指标	小麦分值	玉米分值
表层土壤质地	壤土	100	100
	黏土	90	70
	沙土	70	80
	砾质土	40	40
剖面构型	通体壤、壤/黏/壤	100	100
	通体黏	80	80
	黏/沙或沙/黏	70	70
	通体沙、通体砾	40	40
土壤盐渍化程度	无	100	100
	轻度	50	60
	中度	30	40
	重度	0	10
土壤有机质含量（%）	>4.0	100	100
	3.0～4.0	90	90
	2.0～3.0	80	80
	1.0～2.0	70	70
	0.6～1.0	60	60
	<0.6	50	50
土壤酸碱度（土壤pH值）	6.0～7.9	100	100
	5.5～6.0／7.9～8.5	90	90
	5.0～5.5／8.5～9.0	80	80
	4.5～5.5	60	60
	<4.5／9.0～9.5	30	30
	>9.5	10	10
排水条件	有健全的干、支、斗、农排水渠道，无洪涝灾害	100	100
	排水体系基本健全，丰水年暴雨后有短期洪涝发生	80	90
	排水体系一般，丰水年大雨后发生洪涝	40	50
	无排水体系，一般年份大雨后发生洪涝	10	20
灌溉保证率	充分满足	100	100
	基本满足	80	80
	一般满足	60	60
	无灌溉条件	40	40

表 3-35　豫西山地区"作物－分等因素－质量分"关系

因素	指标	小麦分值	玉米分值
有效土层厚度(cm)	≥150	100	100
	100～150	90	90
	60～100	70	70
	30～60	40	40
	<30	10	10
表层土壤质地	壤土	100	100
	黏土	90	70
	沙土	70	80
	砾质土	40	40
土壤有机质含量(%)	>4.0	100	100
	3.0～4.0	90	90
	2.0～3.0	80	80
	1.0～2.0	70	70
	0.6～1.0	60	60
	<0.6	50	50
土壤酸碱度(土壤 pH 值)	6.0～7.9	100	100
	5.5～6.0／7.9～8.5	90	90
	5.0～5.5／8.5～9.0	80	80
	4.5～5.5	60	60
	<4.5/9.0～9.5	30	30
	>9.5	10	10
田块坡度(°)	<2	100	100
	2～6	90	85
	6～15	70	65
	15～25	30	30
灌溉保证率	充分满足(80%以上)	100	100
	基本满足(60%～80%)	80	80
	一般满足(30%～60%)	60	60
	无灌溉条件(30%以下)	40	40
土壤砾石含量	<2%,不影响机械化耕作	100	100
	2%～10%,砾石间距 35～100 m,已影响机械化耕作	90	90
	10%～25%,间距 10～35 m,不能机械化耕作	70	70
	>25%,间距 3～10 m,对人工耕作产生影响	40	40

表 3-36　豫西黄土丘陵区"作物－分等因素－质量分"关系

因素	指标	小麦分值	玉米分值
表层土壤质地	壤土	100	100
	黏土	90	70
	沙土	70	80
	砾质土	40	40
土壤有机质含量（%）	>4.0	100	100
	3.0～4.0	90	90
	2.0～3.0	80	80
	1.0～2.0	70	70
	0.6～1.0	60	60
	<0.6	50	50
土壤酸碱度（土壤 pH 值）	6.0～7.9	100	100
	5.5～6.0 / 7.9～8.5	90	90
	5.0～5.5 / 8.5～9.0	80	80
	4.5～5.5	60	60
	<4.5/9.0～9.5	30	30
	>9.5	10	10
田块坡度（°）	<2	100	100
	2～6	90	85
	6～15	70	65
	15～25	30	30
灌溉保证率	充分满足（80%以上）	100	100
	基本满足（60%～80%）	80	80
	一般满足（30%～60%）	60	60
	无灌溉条件（30%以下）	40	40
剖面构型	通体壤、壤/黏/壤	100	100
	通体黏	80	80
	黏/沙或沙/黏	70	70
	通体沙、通体砾	40	40
排水条件	有健全的干、支、斗、农排水渠道，无洪涝灾害	100	100
	排水体系基本健全，丰水年暴雨后有短期洪涝发生	80	90
	排水体系一般，丰水年大雨后发生洪涝	40	50
	无排水体系，一般年份大雨后发生洪涝	10	20
障碍层次（cm）	60～90	100	100
	30～60	80	80
	<30	60	60

表 3-37　豫东平原区"作物 - 分等因素 - 质量分"关系

因素	指标	小麦分值	玉米分值
表层土壤质地	壤土	100	100
	黏土	90	70
	沙土	70	80
	砾质土	40	40
剖面构型	通体壤、壤/黏/壤	100	100
	通体黏	80	80
	黏/沙或沙/黏	70	70
	通体沙、通体砾	40	40
土壤盐渍化程度	无	100	100
	轻度	50	60
	中度	30	40
	重度	0	10
土壤有机质含量(%)	>4.0	100	100
	3.0～4.0	90	90
	2.0～3.0	80	80
	1.0～2.0	70	70
	0.6～1.0	60	60
	<0.6	50	50
土壤酸碱度(土壤 pH 值)	6.0～7.9	100	100
	5.5～6.0 / 7.9～8.5	90	90
	5.0～5.5 / 8.5～9.0	80	80
	4.5～5.5	60	60
	<4.5 / 9.0～9.5	30	30
	>9.5	10	10
障碍层次(cm)	60～90	100	100
	30～60	80	80
	<30	60	60
排水条件	有健全的排水渠道,无洪涝灾害	100	100
	排水体系基本健全，暴雨后有短期洪涝发生	80	90
	排水体系一般,丰水年大雨后发生洪涝	40	50
	无排水体系,一般年份大雨后发生洪涝	10	20
灌溉保证率	充分满足(80%以上)	100	100
	基本满足(60%～80%)	80	80
	一般满足(30%～60%)	60	60
	无灌溉条件(小于30%)	40	40
田块坡度(°)	<2	100	100
	2～6	90	85
	6～15	70	65
	15～25	30	30

表 3-38　南阳盆地区"作物－分等因素－质量分"关系

因素	指标	小麦分值	玉米分值
有效土层厚度（cm）	≥150	100	100
	100～150	90	90
	60～100	70	70
	30～60	40	40
	<30	10	10
表层土壤质地	壤土	100	100
	黏土	90	70
	沙土	70	90
	砾质土	40	40
土壤有机质含量（%）	>4.0	100	100
	3.0～4.0	90	90
	2.0～3.0	80	80
	1.0～2.0	70	70
	0.6～1.0	60	60
	<0.6	50	50
田块坡度（°）	<2	100	100
	2～6	90	85
	6～15	70	65
	15～25	30	30
障碍层次（cm）	60～90	100	100
	30～60	80	80
	<30	60	60
灌溉保证率	充分满足(80%以上)	100	100
	基本满足(60%～80%)	80	80
	一般满足(30%～60%)	60	60
	无灌溉条件(30%以下)	40	40
土壤砾石含量	<2%，不影响机械化耕作	100	100
	2%～10%，砾石间距 35～100 m，已影响机械化耕作	90	90
	10%～25%，间距 10～35 m，不能机械化耕作	70	70
	>25%，间距 3～10 m，对人工耕作产生影响	40	40
土壤酸碱度（土壤 pH 值）	6.0～7.9	100	100
	5.5～6.0 / 7.9～8.5	90	90
	5.0～5.5 / 8.5～9.0	80	80
	4.5～5.5	60	60
	<4.5/9.0～9.5	30	30
	>9.5	10	10

表3-39　淮北平原区"作物–分等因素–质量分"关系

因素	指标	小麦分值	玉米分值
表层土壤质地	壤土	100	100
	黏土	90	70
	沙土	70	80
	砾质土	40	40
剖面构型	通体壤、壤/黏/壤	100	100
	壤/黏/黏、壤/沙/壤、沙/黏/黏	90	90
	通体黏、黏/沙/黏	80	80
	沙/黏 /沙	70	70
	壤/沙/沙、黏/沙/沙	60	60
	通体沙、通体砾	40	40
土壤有机质含量（%）	>4.0	100	100
	3.0～4.0	90	90
	2.0～3.0	80	80
	1.0～2.0	70	70
	0.6～1.0	60	60
	<0.6	50	50
障碍层次（cm）	60～90	100	100
	30～60	80	80
	<30	60	60
排水条件	有健全的干、支、斗、农排水渠道，无洪涝灾害	100	100
	排水体系基本健全，丰水年暴雨后有短期洪涝发生	80	90
	排水体系一般，丰水年大雨后发生洪涝	40	50
	无排水体系，一般年份大雨后发生洪涝	10	20
灌溉保证率	充分满足（80%以上）	100	100
	基本满足（60%～80%）	80	80
	一般满足（30%～60%）	60	60
	无灌溉条件（30%以下）	40	40
土壤酸碱度（土壤pH值）	6.0～7.9	100	100
	5.5～6.0 / 7.9～8.5	90	90
	5.0～5.5 / 8.5～9.0	80	80
	4.5～5.5	60	60
	<4.5 / 9.0～9.5	30	30
	>9.5	10	10
田块坡度（°）	<2	100	100
	2～6	90	85
	6～15	70	65
	15～25	30	30

表 3-40　淮南山地丘陵区"作物 - 分等因素 - 质量分"关系

因素	指标	小麦分值	水稻分值
有效土层厚度（cm）	≥150	100	100
	100 ~ 150	90	90
	60 ~ 100	70	70
	30 ~ 60	40	40
	<30	10	10
表层土壤质地	壤土	100	90
	黏土	90	100
	沙土	70	50
	砾质土	40	20
土壤有机质含量（%）	>4.0	100	100
	3.0 ~ 4.0	90	90
	2.0 ~ 3.0	80	80
	1.0 ~ 2.0	70	70
	0.6 ~ 1.0	60	60
	<0.6	50	50
土壤酸碱度（土壤 pH 值）	6.0 ~ 7.9	100	100
	5.5 ~ 6.0 / 7.9 ~ 8.5	90	90
	5.0 ~ 5.5 / 8.5 ~ 9.0	80	80
	4.5 ~ 5.5	60	60
	<4.5/9.0 ~ 9.5	30	30
	>9.5	10	10
田块坡度（°）	<2	100	100
	2 ~ 6	90	85
	6 ~ 15	70	65
	15 ~ 25	30	30
灌溉保证率	充分满足(80% 以上)	100	100
	基本满足(60% ~ 80%)	80	80
	一般满足(30% ~ 60%)	60	60
	无灌溉条件(30% 以下)	40	40
土壤砾石含量	<2%，不影响机械化耕作	100	100
	2% ~ 10%，砾石间距 35 ~ 100 m，已影响机械化耕作	90	90
	10% ~ 25%，间距 10 ~ 35 m，不能机械化耕作	70	70
	>25%，间距 3 ~ 10 m，对人工耕作产生影响	40	40
障碍层次（cm）	60 ~ 90	100	100
	30 ~ 60	80	80
	<30	60	55

对比表 3-23 ~ 表 3-31 和表 3-32 ~ 表 3-40，将表 3-23 ~ 表 3-31 的分值转化为表 3-32 ~ 表 3-40 中对应的因素状态，考虑开发整理项目的基本要求，对部分因素状态作适当调整，

形成各工程类型区因素标准组合（见表3-41～表3-49）。

表3-41　太行山山地丘陵区分等因素标准组合

等别	因素						
	表层土壤质地	田块坡度（°）	灌溉保证率	土壤砾石含量	土壤酸碱度	土壤有机质含量（%）	有效土层厚度（cm）
3	沙土	<2	无灌溉条件	不影响耕作	8.5～9.0	0.6～1.0	30～60
4	沙土	<2	无灌溉条件	不影响耕作	8.5～9.0	0.6～1.0	30～60
5	沙土	<2	基本满足	不影响耕作	8.5～9.0	1.0～2.0	30～60
6	黏土	<2	基本满足	不影响耕作	8.5～9.0	1.0～2.0	30～60
7	黏土	<2	基本满足	不影响耕作	7.9～8.5	1.0～2.0	30～60
8	黏土	<2	基本满足	不影响耕作	7.9～8.5	1.0～2.0	60～100
9	黏土	<2	基本满足	不影响耕作	7.9～8.5	2.0～3.0	100～150
10	黏土	<2	基本满足	不影响耕作	7.9～8.5	2.0～3.0	100～150
11	壤土	<2	充分满足	不影响耕作	7.9～8.5	2.0～3.0	>150
12	壤土	<2	充分满足	不影响耕作	6.0～7.9	3.0～4.0	>150
13	壤土	<2	充分满足	不影响耕作	6.0～7.9	3.0～4.0	>150

表3-42　豫北山前平原区分等因素标准组合

等别	因素						
	表层土壤质地	田块坡度（°）	灌溉保证率	土壤砾石含量	土壤酸碱度	土壤有机质含量（%）	有效土层厚度（cm）
4	沙土	<2	无灌溉条件	不影响耕作	8.5～9.0	0.6～1.0	30～60
5	沙土	<2	无灌溉条件	不影响耕作	8.5～9.0	1.0～2.0	30～60
6	黏土	<2	基本满足	不影响耕作	7.9～8.5	1.0～2.0	60～100
7	黏土	<2	基本满足	不影响耕作	7.9～8.5	1.0～2.0	60～100
8	黏土	<2	基本满足	不影响耕作	7.9～8.5	1.0～2.0	100～150
9	黏土	<2	基本满足	不影响耕作	7.9～8.5	2.0～3.0	100～150
10	壤土	<2	充分满足	不影响耕作	7.9～8.5	2.0～3.0	100～150
11	壤土	<2	充分满足	不影响耕作	7.9～8.5	2.0～3.0	>150
12	壤土	<2	充分满足	不影响耕作	6.0～7.9	3.0～4.0	>150
13	壤土	<2	充分满足	不影响耕作	6.0～7.9	3.0～4.0	>150

表3-43　豫东北低洼平原区分等因素标准组合

等别	因素						
	表层土壤质地	灌溉保证率	排水条件	剖面构型	土壤酸碱度	土壤盐渍化程度	土壤有机质含量（%）
6	沙土	基本满足	基本健全	沙/黏/沙	大于9.0	无	1.0～2.0
7	沙土	基本满足	基本健全	沙/黏/黏	8.5～9.0	无	1.0～2.0
8	黏土	充分满足	基本健全	黏/沙/沙	8.5～9.0	无	1.0～2.0
9	黏土	充分满足	基本健全	通体黏	7.9～8.5	无	2.0～3.0
10	壤土	充分满足	基本健全	壤/黏/黏、壤/沙/壤	7.9～8.5	无	2.0～3.0
11	壤土	充分满足	健全	通体壤、壤/黏/壤	6.0～7.9	无	2.0～3.0

表 3-44　豫西山地区分等因素标准组合

等别	因素						
	表层土壤质地	田块坡度(°)	灌溉保证率	土壤砾石含量	土壤酸碱度	土壤有机质含量(%)	有效土层厚度(cm)
3	沙土	<2	无灌溉条件	不影响耕作	7.9~8.5	0.6~1.0	30~60
4	沙土	<2	无灌溉条件	不影响耕作	7.9~8.5	1.0~2.0	30~60
5	黏土	<2	无灌溉条件	不影响耕作	7.9~8.5	1.0~2.0	30~60
6	黏土	<2	一般满足	不影响耕作	7.9~8.5	1.0~2.0	60~100
7	黏土	<2	一般满足	不影响耕作	7.9~8.5	1.0~2.0	60~100
8	黏土	<2	基本满足	不影响耕作	6.0~7.9	2.0~3.0	60~100
9	壤土	<2	基本满足	不影响耕作	6.0~7.9	2.0~3.0	100~150
10	壤土	<2	基本满足	不影响耕作	6.0~7.9	2.0~3.0	100~150
11	壤土	<2	充分满足	不影响耕作	6.0~7.9	2.0~3.0	>150

表 3-45　豫西黄土丘陵区分等因素标准组合

等别	因素						
	表层土壤质地	田块坡度(°)	灌溉保证率	排水条件	剖面构型	土壤酸碱度	土壤有机质含量(%)
4	砾质土	<2	无灌溉条件	基本健全	通体砾	8.9~9.0	1.0~2.0
5	沙土	<2	无灌溉条件	基本健全	通体沙	7.9~8.5	1.0~2.0
6	沙土	<2	无灌溉条件	基本健全	沙/黏/黏	7.9~8.5	1.0~2.0
7	沙土	<2	基本满足	基本健全	沙/黏/沙	7.9~8.5	1.0~2.0
8	黏土	<2	基本满足	基本健全	黏/沙/沙	6.0~7.9	1.0~2.0
9	黏土	<2	基本满足	基本健全	黏/沙/黏	6.0~7.9	1.0~2.0
10	黏土	<2	基本满足	基本健全	通体黏	6.0~7.9	2.0~2.0
11	壤土	<2	充分满足	健全	壤/黏/壤	6.0~7.9	2.0~3.0
12	壤土	<2	充分满足	健全	通体壤	6.0~7.9	3.0~4.0

表 3-46　豫东平原区分等因素标准组合

等别	因素								
	表层土壤质地	田块坡度(°)	灌溉保证率	排水条件	剖面构型	土壤酸碱度	土壤盐渍化程度	土壤有机质含量(%)	障碍层深度(cm)
6	沙土	<2	基本满足	基本健全	通体沙	>9.0	无	0.6~1.0	无
7	沙土	<2	基本满足	基本健全	沙/黏/黏	8.5~9.0	无	0.6~1.0	无
8	黏土	<2	基本满足	基本健全	黏/沙/沙	8.5~9.0	无	1.0~2.0	60~90
9	黏土	<2	基本满足	基本健全	黏/沙/黏	7.9~8.5	无	1.0~2.0	60~90
10	黏土	<2	充分满足	基本健全	黏/沙/黏	7.9~8.5	无	1.0~2.0	60~90
11	黏土	<2	充分满足	基本健全	通体黏	7.9~8.5	无	2.0~3.0	>90
12	壤土	<2	充分满足	健全	壤/黏/壤	6.0~7.9	无	2.0~3.0	>90
13	壤土	<2	充分满足	健全	通体壤	6.0~7.9	无	3.0~4.0	>90

表3-47　南阳盆地区分等因素标准组合

等别	因素							
	表层土壤质地	田块坡度(°)	灌溉保证率	土壤砾石含量	土壤酸碱度	土壤有机质含量(%)	有效土层厚度(cm)	障碍层深度(cm)
3	砾土	<2	无灌溉条件	不影响耕作	7.9~8.5	0.6~1.0	30~60	无
4	沙土	<2	无灌溉条件	不影响耕作	7.9~8.5	0.6~1.0	30~60	无
5	沙土	<2	无灌溉条件	不影响耕作	6.0~7.9	1.0~2.0	30~60	无
6	黏土	<2	基本满足	不影响耕作	6.0~7.9	1.0~2.0	30~60	无
7	黏土	<2	基本满足	不影响耕作	6.0~7.9	1.0~2.0	60~100	60~90
8	黏土	<2	基本满足	不影响耕作	6.0~7.9	1.0~2.0	60~100	60~90
9	黏土	<2	基本满足	不影响耕作	6.0~7.9	2.0~3.0	100~150	60~90
10	壤土	<2	基本满足	不影响耕作	6.0~7.9	2.0~3.0	100~150	60~90
11	壤土	<2	基本满足	不影响耕作	6.0~7.9	2.0~3.0	100~150	>90
12	壤土	<2	充分满足	不影响耕作	6.0~7.9	3.0~4.0	>150	>90

表3-48　淮北平原区分等因素标准组合

等别	因素							
	表层土壤质地	田块坡度(°)	灌溉保证率	排水条件	剖面构型	土壤酸碱度	土壤有机质含量(%)	障碍层深度(cm)
6	沙土	<2	基本满足	无排水体系	沙/黏/黏、沙/黏/沙、	7.5~8.0	1.0~2.0	无
7	黏土	<2	基本满足	基本健全	黏/沙/沙/、黏/沙/黏	6.0~7.9	1.0~2.0	60~90
8	黏土	<2	基本满足	基本健全	通体黏	6.0~7.9	1.0~2.0	60~90
9	黏土	<2	基本满足	基本健全	通体黏	6.0~7.9	1.0~2.0	60~90
10	壤土	<2	基本满足	基本健全	壤/黏/黏、壤/沙/壤	6.0~7.9	1.0~2.0	60~90
11	壤土	<2	充分满足	基本健全	通体壤、壤/黏/壤	6.0~7.9	2.0~3.0	>90
12	壤土	<2	充分满足	健全	通体壤、壤/黏/壤	6.0~7.9	2.0~3.0	>90

表3-49　淮南山地丘陵区分等因素标准组合

等别	因素							
	表层土壤质地	田块坡度(°)	灌溉保证率	土壤砾石含量	土壤酸碱度	土壤有机质含量(%)	有效土层厚度(cm)	障碍层深度(cm)
3	砾质土	<2	无灌溉	不影响耕作	4.5~5.5	1.0~2.0	30~60	30~60
4	砾质土	<2	无灌溉	不影响耕作	4.5~5.5	1.0~2.0	30~60	30~60
5	沙土	<2	基本满足	不影响耕作	4.5~5.5	1.0~2.0	60~100	30~60
6	黏土	<2	基本满足	不影响耕作	5.0~5.5	1.0~2.0	60~100	60~90
7	黏土	<2	基本满足	不影响耕作	5.0~5.5	1.0~2.0	60~100	60~90
8	黏土	<2	基本满足	不影响耕作	5.5~6.0	2.0~3.0	100~150	60~90
9	壤土	<2	基本满足	不影响耕作	6.0~7.9	2.0~3.0	100~150	>90
10	壤土	<2	充分满足	不影响耕作	6.0~7.9	2.0~3.0	100~150	>90

3.3.5　不同类型区土地开发整理耕地建设等级目标

利用农用地分等成果，采用对比的方法，对不同类型区土地开发、整理、复垦耕地建设的质量进行评价。

通过对评价因素和土地开发、整理、复垦工程的关系进行分析，发现将土地进行开发、整理、复垦后评价因素状态会发生不同的变化，有的因素不会因工程措施而改变其性状，例如土壤质地、pH 值等；有的则是局部变化或有较小的变化，例如田块坡度等；有的则有显著改变，例如灌溉、排水条件等（见表 3-50）。

表 3-50　土地开发整理复垦项目工程类型与分等因素关系

<table>
<tr><th>工程类型</th><th>土地开发整理工程
难以改变的因素</th><th>土地开发整理工程可以
局部或小幅度改变的因素</th><th>土地开发整理工程可以
较大幅度改变的因素</th></tr>
<tr><td>土地平整工程</td><td rowspan="5">表层土壤质地、
土壤酸碱度、
剖面构型、
土壤障碍层深度</td><td rowspan="5">田块坡度、
有效土层厚度、
土壤砾石含量</td><td rowspan="5">灌溉保证率、
排水条件、
土壤盐渍化程度、
土壤有机质含量</td></tr>
<tr><td>灌溉工程</td></tr>
<tr><td>排水工程</td></tr>
<tr><td>道路工程</td></tr>
<tr><td>防护林工程</td></tr>
</table>

土地开发整理复垦耕地建设等级目标的技术思路，就是根据工程类型区的自然条件，分析土地开发整理复垦工程完成后因素可达到的状态，该状态为施工后因素必须达到的最低状态，即通过施工评价因素最低也应达到的状态，低于该状态，土地资源的潜力将无法得至充分发挥，土地开发整理项目的投资效果将受到限制，然后对比表 3-23 ~ 表 3-31“作物 - 分等因素 - 质量分”关系表，确定其质量分值，采用农用地分等技术思路和参数计算分等参数，根据分等指数所在的区间（见表 3-11），确定其等别。

3.3.5.1　土地开发耕地建设等级目标

考虑到土地开发的后备资源条件一般较差，根据后备资源的总体情况，以周围耕地为参照，将评价单元因素分值作适当下调（见表 3-51 ~ 表 3-59）作为项目区土地开发后耕地的自然质量分，其他分等参数采用项目区分等单元已有的数值，依据分等指数计算方法，计算耕地进行土地开发后的分等指数，根据分等指数所在的区间（见表 3-11）确定其等别，得到耕地进行土地开发后的建设等级目标，并编制土地开发耕地建设等级目标图。

表 3-51　太行山山地丘陵区土地开发耕地分等因素状态

<table>
<tr><th colspan="3">1 工程措施难以改变的因素</th><th colspan="3">2 工程措施可以改变的因素</th></tr>
<tr><td rowspan="2">因素</td><td colspan="2">状态值</td><td rowspan="2">因素</td><td colspan="2">状态值</td></tr>
<tr><td>小麦</td><td>玉米</td><td>小麦</td><td>玉米</td></tr>
<tr><td>表层土壤质地</td><td colspan="2" rowspan="2">项目区或项目区周围平均状态</td><td>田块坡度</td><td colspan="2" rowspan="2">低于项目区周围平均状态一级</td></tr>
<tr><td>土壤酸碱度</td><td>土壤砾石含量</td></tr>
<tr><td></td><td></td><td></td><td>有效土层厚度</td><td colspan="2" rowspan="2">低于项目区周围平均状态二级</td></tr>
<tr><td></td><td></td><td></td><td>土壤有机质含量</td></tr>
<tr><td></td><td></td><td></td><td>灌溉保证率</td><td colspan="2">无灌溉条件</td></tr>
</table>

表 3-52　豫北山前平原区土地开发耕地分等因素状态

1 工程措施难以改变的因素			2 工程措施可以改变的因素		
因素	状态值		因素	状态值	
	小麦	玉米		小麦	玉米
表层土壤质地	项目区或项目区周围平均状态		田块坡度	项目区平均状态	
土壤酸碱度			有效土层厚度		
			土壤砾石含量		
			土壤有机质含量	低于项目区周围平均状态一级	
			灌溉保证率		

表 3-53　豫东北低洼平原区土地开发耕地分等因素状态

1 工程措施难以改变的因素			2 工程措施可以改变的因素		
因素	状态值		因素	状态值	
	小麦	玉米		小麦	玉米
表层土壤质地	项目区或项目区周围平均状态		剖面构型	项目区平均状态	
土壤酸碱度			土壤盐渍化程度	低于项目区周围平均状态一级	
			土壤有机质含量		
			灌溉保证率		
			排水条件		

表 3-54　豫东平原区土地开发耕地分等因素状态

1 工程措施难以改变的因素			2 工程措施可以改变的因素		
因素	状态值		因素	状态值	
	小麦	玉米		小麦	玉米
表层土壤质地	项目区或项目区周围平均状态		田块坡度	项目区平均状态	
土壤酸碱度			障碍层次		
			剖面构型		
			土壤盐渍化程度	低于项目区周围平均状态一级	
			土壤有机质含量		
			灌溉保证率		
			排水条件		

表 3-55　淮北平原区土地开发耕地分等因素状态

1 工程措施难以改变的因素			2 工程措施可以改变的因素		
因素	状态值		因素	状态值	
	小麦	玉米		小麦	玉米
表层土壤质地	项目区或项目区周围平均状态		障碍层次	项目区平均状态	
土壤酸碱度			剖面构型		
			土壤有机质含量	低于项目区周围平均状态一级	
			灌溉保证率		
			排水条件		

表 3-56　淮南山地丘陵区土地开发耕地分等因素状态

1 工程措施难以改变的因素			2 工程措施可以改变的因素		
因素	状态值		因素	状态值	
	小麦	玉米		小麦	玉米
表层土壤质地	项目区或项目区周围平均状态		障碍层次	项目区平均状态	
土壤酸碱度			田块坡度	低于项目区周围平均状态一级	
			有效土层厚度		
			土壤砾石含量		
			土壤有机质含量		
			灌溉保证率		

表 3-57　南阳盆地区土地开发耕地分等因素状态

1 工程措施难以改变的因素			2 工程措施可以改变的因素		
因素	状态值		因素	状态值	
	小麦	玉米		小麦	玉米
表层土壤质地	项目区或项目区周围平均状态		障碍层次	项目区平均状态	
土壤酸碱度			田块坡度	低于项目区周围平均状态一级	
			土壤砾石含量		
			有效土层厚度		
			土壤有机质含量		
			灌溉保证率		

表 3-58　豫西黄土丘陵区土地开发耕地分等因素状态

<table>
<tr><th colspan="3">1 工程措施难以改变的因素</th><th colspan="3">2 工程措施可以改变的因素</th></tr>
<tr><th rowspan="2">因素</th><th colspan="2">状态值</th><th rowspan="2">因素</th><th colspan="2">状态值</th></tr>
<tr><th>小麦</th><th>玉米</th><th>小麦</th><th>玉米</th></tr>
<tr><td>表层土壤质地</td><td colspan="2" rowspan="2">项目区或项目区周围平均状态</td><td>障碍层次</td><td colspan="2" rowspan="3">项目区平均状态</td></tr>
<tr><td>土壤酸碱度</td><td>剖面构型</td></tr>
<tr><td></td><td></td><td></td><td>排水条件</td></tr>
<tr><td></td><td></td><td></td><td>田块坡度</td><td colspan="2" rowspan="3">低于项目区周围平均状态一级</td></tr>
<tr><td></td><td></td><td></td><td>土壤有机质含量</td></tr>
<tr><td></td><td></td><td></td><td>灌溉保证率</td></tr>
</table>

表 3-59　豫西山地区土地开发耕地分等因素状态

<table>
<tr><th colspan="3">1 工程措施难以改变的因素</th><th colspan="3">2 工程措施可以改变的因素</th></tr>
<tr><th rowspan="2">因素</th><th colspan="2">状态值</th><th rowspan="2">因素</th><th colspan="2">状态值</th></tr>
<tr><th>小麦</th><th>玉米</th><th>小麦</th><th>玉米</th></tr>
<tr><td>表层土壤质地</td><td colspan="2" rowspan="2">项目区或项目区周围平均状态</td><td>田块坡度</td><td colspan="2" rowspan="2">低于项目区周围平均状态一级</td></tr>
<tr><td>土壤酸碱度</td><td>土壤砾石含量</td></tr>
<tr><td></td><td></td><td></td><td>有效土层厚度</td><td colspan="2" rowspan="2">低于项目区周围平均状态二级</td></tr>
<tr><td></td><td></td><td></td><td>土壤有机质含量</td></tr>
<tr><td></td><td></td><td></td><td>灌溉保证率</td><td colspan="2">无灌溉条件</td></tr>
</table>

通过计算，获得各类型区土地开发后耕地目标等别，该目标为土地开发后最低应达到的等别。从地域分布上看，丘陵山区目标等别较低，平原地区较高，最低的为太行山山地丘陵区、豫西山地区，目标等别为 5 ~ 6 等；最高的为豫北山前平原区、豫东北低洼平原区、豫东平原区，目标等别为 8 ~ 10、9 ~ 10 等（见表 3-60）。由于开发对象对耕地建设具有较大影响，依据全省可开发后备资源条件，建立了沙地、草地、盐碱地开发后的耕地等级目标。

3.3.5.2　土地整理耕地建设等级目标

土地整理工程的主要对象是已有耕地，通过整理，其质量必然要高于原有耕地质量，参照表 3-50，根据类型区的自然条件，确定通过施工因素可达到的状态（见表 3-61 ~ 表 3-69）。参照表 3-61 ~ 表 3-69，将项目区内分等单元因素分值相应上调（最高不大于该因素状态最优状态的分值），计算项目区内分等单元进行土地整理后耕地的自然质量分，其他分等参数采用各分等单元已有的数值，依据分等指数计算方法，计算耕地进行土地整理后的分等指数，根据分等指数所在的区间（见表 3-11）确定其等别，得到耕地进行土地整理后的建设等级目标。

表 3-60　不同类型区土地开发耕地建设目标

农用地分等指标区	目标等别	其中		
		沙地	草地	盐碱地
太行山山地丘陵区	5		6	
豫西黄土丘陵区	6		7	
豫西山地区	5		6	
南阳盆地区	7	9	8	
豫北山前平原区	9	10	9	
豫东北低洼平原区	9	10	9	9
豫东平原区	8	10	9	8
淮北平原区	8	9	8	8
淮南山地丘陵区	7	8	8	

表 3-61　太行山山地丘陵区土地整理耕地分等因素状态

1 工程措施难以改变的因素			2 工程措施可以改变的因素		
因素	状态值		因素	状态值	
	小麦	玉米		小麦	玉米
表层土壤质地	项目区或项目区周围平均状态		田块坡度	高于项目区周围平均值一级	
土壤酸碱度			土壤砾石含量		
			有效土层厚度	高于项目区周围平均值二级	
			土壤有机质含量		
			灌溉保证率		

表 3-62　豫北山前平原区土地整理耕地分等因素状态

1 工程措施难以改变的因素			2 工程措施可以改变的因素		
因素	状态值		因素	状态值	
	小麦	玉米		小麦	玉米
表层土壤质地	项目区或项目区周围平均状态		田块坡度	高于项目区周围平均值一级	
土壤酸碱度			有效土层厚度		
			土壤砾石含量		
			土壤有机质含量	高于项目区周围平均值二级	
			灌溉保证率		

表 3-63 豫东北低洼平原区土地整理耕地分等因素状态

<table>
<tr><td colspan="3">1 工程措施难以改变的因素</td><td colspan="3">2 工程措施可以改变的因素</td></tr>
<tr><td rowspan="2">因素</td><td colspan="2">状态值</td><td rowspan="2">因素</td><td colspan="2">状态值</td></tr>
<tr><td>小麦</td><td>玉米</td><td>小麦</td><td>玉米</td></tr>
<tr><td>表层土壤质地</td><td colspan="2" rowspan="2">项目区或项目区周围平均状态</td><td>剖面构型</td><td colspan="2">项目区平均值</td></tr>
<tr><td>土壤酸碱度</td><td>土壤盐渍化程度</td><td colspan="2">高于项目区周围平均值一级</td></tr>
<tr><td></td><td></td><td></td><td>土壤有机质含量</td><td colspan="2" rowspan="3">高于项目区周围平均值二级</td></tr>
<tr><td></td><td></td><td></td><td>灌溉保证率</td></tr>
<tr><td></td><td></td><td></td><td>排水条件</td></tr>
</table>

表 3-64 豫东平原区土地整理耕地分等因素状态

<table>
<tr><td colspan="3">1 工程措施难以改变的因素</td><td colspan="3">2 工程措施可以改变的因素</td></tr>
<tr><td rowspan="2">因素</td><td colspan="2">状态值</td><td rowspan="2">因素</td><td colspan="2">状态值</td></tr>
<tr><td>小麦</td><td>玉米</td><td>小麦</td><td>玉米</td></tr>
<tr><td>表层土壤质地</td><td colspan="2" rowspan="2">项目区或项目区周围平均状态</td><td>障碍层次</td><td colspan="2" rowspan="2">项目区平均值</td></tr>
<tr><td>土壤酸碱度</td><td>剖面构型</td></tr>
<tr><td></td><td></td><td></td><td>田块坡度</td><td colspan="2">高于项目区周围平均值二级</td></tr>
<tr><td></td><td></td><td></td><td>土壤盐渍化程度</td><td colspan="2">高于项目区周围平均值一级</td></tr>
<tr><td></td><td></td><td></td><td>土壤有机质含量</td><td colspan="2" rowspan="3">高于项目区周围平均值二级</td></tr>
<tr><td></td><td></td><td></td><td>灌溉保证率</td></tr>
<tr><td></td><td></td><td></td><td>排水条件</td></tr>
</table>

表 3-65 淮北平原区土地整理耕地分等因素状态

<table>
<tr><td colspan="3">1 工程措施难以改变的因素</td><td colspan="3">2 工程措施可以改变的因素</td></tr>
<tr><td rowspan="2">因素</td><td colspan="2">状态值</td><td rowspan="2">因素</td><td colspan="2">状态值</td></tr>
<tr><td>小麦</td><td>玉米</td><td>小麦</td><td>玉米</td></tr>
<tr><td>表层土壤质地</td><td colspan="2" rowspan="2">项目区或项目区周围平均状态</td><td>障碍层次</td><td colspan="2" rowspan="2">项目区平均值</td></tr>
<tr><td>土壤酸碱度</td><td>剖面构型</td></tr>
<tr><td></td><td></td><td></td><td>土壤有机质含量</td><td colspan="2" rowspan="3">高于项目区周围平均值二级</td></tr>
<tr><td></td><td></td><td></td><td>灌溉保证率</td></tr>
<tr><td></td><td></td><td></td><td>排水条件</td></tr>
</table>

表 3-66　淮南山地丘陵区土地整理耕地分等因素状态

<table>
<tr><th colspan="3">1 工程措施难以改变的因素</th><th colspan="3">2 工程措施可以改变的因素</th></tr>
<tr><th rowspan="2">因素</th><th colspan="2">状态值</th><th rowspan="2">因素</th><th colspan="2">状态值</th></tr>
<tr><th>小麦</th><th>玉米</th><th>小麦</th><th>玉米</th></tr>
<tr><td>表层土壤质地</td><td colspan="2" rowspan="2">项目区或项目区周围平均状态</td><td>障碍层次</td><td colspan="2">项目区平均值</td></tr>
<tr><td>土壤酸碱度</td><td>田块坡度</td><td colspan="2" rowspan="3">高于项目区周围平均值一级</td></tr>
<tr><td></td><td></td><td></td><td>有效土层厚度</td></tr>
<tr><td></td><td></td><td></td><td>土壤砾石含量</td></tr>
<tr><td></td><td></td><td></td><td>土壤有机质含量</td><td colspan="2" rowspan="2">高于项目区周围平均值二级</td></tr>
<tr><td></td><td></td><td></td><td>灌溉保证率</td></tr>
</table>

表 3-67　南阳盆地区土地整理耕地分等因素状态

<table>
<tr><th colspan="3">1 工程措施难以改变的因素</th><th colspan="3">2 工程措施可以改变的因素</th></tr>
<tr><th rowspan="2">因素</th><th colspan="2">状态值</th><th rowspan="2">因素</th><th colspan="2">状态值</th></tr>
<tr><th>小麦</th><th>玉米</th><th>小麦</th><th>玉米</th></tr>
<tr><td>表层土壤质地</td><td colspan="2" rowspan="2">项目区或项目区周围平均状态</td><td>障碍层次</td><td colspan="2">项目区平均值</td></tr>
<tr><td>土壤酸碱度</td><td>田块坡度</td><td colspan="2" rowspan="2">高于项目区周围平均值一级</td></tr>
<tr><td></td><td></td><td></td><td>土壤砾石含量</td></tr>
<tr><td></td><td></td><td></td><td>有效土层厚度</td><td colspan="2" rowspan="3">高于项目区周围平均值二级</td></tr>
<tr><td></td><td></td><td></td><td>土壤有机质含量</td></tr>
<tr><td></td><td></td><td></td><td>灌溉保证率</td></tr>
</table>

表 3-68　豫西黄土丘陵区土地整理耕地分等因素状态

<table>
<tr><th colspan="3">1 工程措施难以改变的因素</th><th colspan="3">2 工程措施可以改变的因素</th></tr>
<tr><th rowspan="2">因素</th><th colspan="2">状态值</th><th rowspan="2">因素</th><th colspan="2">状态值</th></tr>
<tr><th>小麦</th><th>玉米</th><th>小麦</th><th>玉米</th></tr>
<tr><td>表层土壤质地</td><td colspan="2" rowspan="2">项目区或项目区周围平均状态</td><td>障碍层次</td><td colspan="2" rowspan="2">项目区平均值</td></tr>
<tr><td>土壤酸碱度</td><td>剖面构型</td></tr>
<tr><td></td><td></td><td></td><td>田块坡度</td><td colspan="2">高于项目区周围平均值一级</td></tr>
<tr><td></td><td></td><td></td><td>土壤有机质含量</td><td colspan="2" rowspan="3">高于项目区周围平均值二级</td></tr>
<tr><td></td><td></td><td></td><td>排水条件</td></tr>
<tr><td></td><td></td><td></td><td>灌溉保证率</td></tr>
</table>

表 3-69　豫西山地区土地整理耕地分等因素状态

<table>
<tr><th colspan="3">1 工程措施难以改变的因素</th><th colspan="3">2 工程措施可以改变的因素</th></tr>
<tr><th rowspan="2">因素</th><th colspan="2">状态值</th><th rowspan="2">因素</th><th colspan="2">状态值</th></tr>
<tr><th>小麦</th><th>玉米</th><th>小麦</th><th>玉米</th></tr>
<tr><td>表层土壤质地</td><td colspan="2" rowspan="2">项目区或项目区周围平均状态</td><td>田块坡度</td><td colspan="2" rowspan="3">高于项目区周围平均值一级</td></tr>
<tr><td>土壤酸碱度</td><td>土壤砾石含量</td></tr>
<tr><td></td><td></td><td></td><td>有效土层厚度</td></tr>
<tr><td></td><td></td><td></td><td>土壤有机质含量</td><td colspan="2" rowspan="2">高于项目区周围平均值二级</td></tr>
<tr><td></td><td></td><td></td><td>灌溉保证率</td></tr>
</table>

通过计算,获得各类型区耕地整理后的目标等别,该目标为耕地整理后最低应达到的等别。通过整理耕地质量可提高 1 ~ 3 个等别(见表 3-70)。

表 3-70　不同类型区土地整理耕地建设目标

整理前等别	整理后等别	等别提高	占耕地面积(%)
3	5	2	0. 46
4	6	2	3. 40
5	7	2	
6	8 ~ 9	2 ~ 3	92. 96
7	9 ~ 10	2 ~ 3	
8	10	2	
9	11	2	
10	11 ~ 12	1 ~ 2	
11	12 ~ 13	1 ~ 2	
12	13	1	3. 18
13	14	1	

3. 3. 5. 3　土地复垦耕地建设等级目标

考虑到复垦土地的总体状况,土地复垦后耕地的等级应不低于其周围耕地等级,故土地复垦耕地建设目标等级以其周围耕地利用等为依据建立。

通过计算,获得各类型区土地复垦后耕地目标等别,该目标为土地复垦后最低应达到的等别。从地域分布上看,丘陵山区目标等别较低,平原地区较高,最低的为太行山地丘陵区、豫西山地丘陵区,目标等别为 6 ~ 7 等,最高的为豫北山前平原区、豫东北低洼平原区、豫东平原区、淮北平原区,目标等别为 9 ~ 10 等(见表 3-71、附图 3)。由于复垦对象对耕地建设具有一定影响,依据全省主要复垦对象的自然条件,建立了工矿废弃地、煤矿塌陷地复垦后的耕地等级目标。

表 3-71 不同类型区土地复垦耕地建设目标

农用地分等指标区	目标等别	其中	
		工矿废弃地	煤矿塌陷地
太行山山地丘陵区	6	7	6
豫西黄土丘陵区	7	8	7
豫西山地区	6	7	
南阳盆地区	8	9	
豫北山前平原区	9	10	9
豫东北低洼平原区	9	10	
豫东平原区	9	10	9
淮北平原区	9	10	9
淮南山地丘陵区	8	9	

3.3.6 类型区质量因素设计标准

综合考虑土地开发、整理、复垦后耕地等别的变化和各个类型区的基本情况,对类型区分等因素标准组合进行适当调整,形成类型区质量因素设计标准(见表 3-72 ~ 表 3-80)。

表 3-72 太行山山地丘陵区质量因素设计标准

等别	因素						
	表层土壤质地	田块坡度(°)	灌溉保证率	土壤砾石含量	土壤酸碱度	土壤有机质含量(%)	有效土层厚度(cm)
5	沙土	<2	基本满足	不影响耕作	8.5 ~ 9.0	1.0 ~ 2.0	30 ~ 60
6	黏土	<2	基本满足	不影响耕作	8.5 ~ 9.0	1.0 ~ 2.0	30 ~ 60
7	黏土	<2	基本满足	不影响耕作	7.9 ~ 8.5	1.0 ~ 2.0	30 ~ 60
8	黏土	<2	基本满足	不影响耕作	7.9 ~ 8.5	1.0 ~ 2.0	60 ~ 100
9	黏土	<2	基本满足	不影响耕作	7.9 ~ 8.5	2.0 ~ 3.0	100 ~ 150
10	黏土	<2	基本满足	不影响耕作	7.9 ~ 8.5	2.0 ~ 3.0	100 ~ 150
11	壤土	<2	充分满足	不影响耕作	7.9 ~ 8.5	2.0 ~ 3.0	>150
12	壤土	<2	充分满足	不影响耕作	6.0 ~ 7.9	3.0 ~ 4.0	>150
13	壤土	<2	充分满足	不影响耕作	6.0 ~ 7.9	3.0 ~ 4.0	>150
14	壤土	<2	充分满足	不影响耕作	6.0 ~ 7.9	>4.0	>150

表 3-73　豫北山前平原区质量因素设计标准

等别	因素						
	表层土壤质地	田块坡度(°)	灌溉保证率	土壤砾石含量	土壤酸碱度	土壤有机质含量(%)	有效土层厚度(cm)
7	黏土	<2	基本满足	不影响耕作	7.9~8.5	1.0~2.0	60~100
8	黏土	<2	基本满足	不影响耕作	7.9~8.5	1.0~2.0	100~150
9	黏土	<2	基本满足	不影响耕作	7.9~8.5	2.0~3.0	100~150
10	壤土	<2	充分满足	不影响耕作	7.9~8.5	2.0~3.0	100~150
11	壤土	<2	充分满足	不影响耕作	7.9~8.5	2.0~3.0	>150
12	壤土	<2	充分满足	不影响耕作	6.0~7.9	3.0~4.0	>150
13	壤土	<2	充分满足	不影响耕作	6.0~7.9	3.0~4.0	>150
14	壤土	<2	充分满足	不影响耕作	6.0~7.9	>4.0	>150

表 3-74　豫东北低洼平原区质量因素设计标准

等别	因素						
	表层土壤质地	灌溉保证率	排水条件	剖面构型	土壤酸碱度	土壤盐渍化程度	土壤有机质含量(%)
7	沙土	基本满足	基本健全	沙/黏/黏	8.5~9.0	无	1.0~2.0
8	黏土	充分满足	基本健全	黏/沙/沙	8.5~9.0	无	1.0~2.0
9	黏土	充分满足	基本健全	通体黏	7.9~8.5	无	2.0~3.0
10	壤土	充分满足	基本健全	壤/黏/黏、壤/沙/壤	7.9~8.5	无	2.0~3.0
11	壤土	充分满足	健全	通体壤、壤/黏/壤	6.0~7.9	无	2.0~3.0
12	壤土	充分满足	健全	通体壤、壤/黏/壤	6.0~7.9	无	3.0~4.0
13	壤土	充分满足	健全	通体壤、壤/黏/壤	6.0~7.9	无	>4.0

表 3-75　豫西山地区质量因素设计标准

等别	因素						
	表层土壤质地	田块坡度(°)	灌溉保证率	土壤砾石含量	土壤酸碱度	土壤有机质含量(%)	有效土层厚度(cm)
5	黏土	<2	无灌溉条件	不影响耕作	7.9~8.5	1.0~2.0	30~60
6	黏土	<2	一般满足	不影响耕作	7.9~8.5	1.0~2.0	60~100
7	黏土	<2	一般满足	不影响耕作	7.9~8.5	1.0~2.0	60~100
8	黏土	<2	基本满足	不影响耕作	6.0~7.9	2.0~3.0	60~100
9	壤土	<2	基本满足	不影响耕作	6.0~7.9	2.0~3.0	100~150
10	壤土	<2	基本满足	不影响耕作	6.0~7.9	2.0~3.0	100~150
11	壤土	<2	充分满足	不影响耕作	6.0~7.9	2.0~3.0	>150
12	壤土	<2	充分满足	不影响耕作	6.0~7.9	3.0~4.0	>150
13	壤土	<2	充分满足	不影响耕作	6.0~7.9	>4.0	>150

表 3-76　豫西黄土丘陵区质量因素设计标准

等别	因素						
	表层土壤质地	田块坡度(°)	灌溉保证率	排水条件	剖面构型	土壤酸碱度	土壤有机质含量(%)
6	沙土	<2	无灌溉条件	基本健全	沙/黏/黏	7.9~8.5	1.0~2.0
7	沙土	<2	基本满足	基本健全	沙/黏/沙	7.9~8.5	1.0~2.0
8	黏土	<2	基本满足	基本健全	黏/沙/沙	6.0~7.9	1.0~2.0
9	黏土	<2	基本满足	基本健全	黏/沙/黏	6.0~7.9	1.0~2.0
10	黏土	<2	基本满足	基本健全	通体黏	6.0~7.9	2.0~2.0
11	壤土	<2	充分满足	健全	壤/黏/壤	6.0~7.9	2.0~3.0
12	壤土	<2	充分满足	健全	通体壤	6.0~7.9	3.0~4.0
13	壤土	<2	充分满足	健全	通体壤	6.0~7.9	>4.0

表 3-77　豫东平原区质量因素设计标准

等别	因素								
	表层土壤质地	田块坡度(°)	灌溉保证率	排水条件	剖面构型	土壤酸碱度	土壤盐渍化程度	土壤有机质含量(%)	障碍层深度(cm)
7	沙土	<2	基本满足	基本健全	沙/黏/黏	8.5~9.0	无	0.6~1.0	无
8	黏土	<2	基本满足	基本健全	黏/沙/沙	8.5~9.0	无	1.0~2.0	60~90
9	黏土	<2	基本满足	基本健全	黏/沙/黏	7.9~8.5	无	1.0~2.0	60~90
10	黏土	<2	充分满足	基本健全	黏/沙/黏	7.9~8.5	无	1.0~2.0	60~90
11	黏土	<2	充分满足	基本健全	通体黏	7.9~8.5	无	2.0~3.0	>90
12	壤土	<2	充分满足	健全	壤/黏/壤	6.0~7.9	无	2.0~3.0	>90
13	壤土	<2	充分满足	健全	通体壤	6.0~7.9	无	3.0~4.0	>90
14	壤土	<2	充分满足	健全	通体壤	6.0~7.9	无	>4.0	>90

表 3-78　南阳盆地区质量因素设计标准

等别	因素							
	表层土壤质地	田块坡度(°)	灌溉保证率	土壤砾石含量	土壤酸碱度	土壤有机质含量(%)	有效土层厚度(cm)	障碍层深度(cm)
7	黏土	<2	基本满足	不影响耕作	6.0~7.9	1.0~2.0	60~100	60~90
8	黏土	<2	基本满足	不影响耕作	6.0~7.9	1.0~2.0	60~100	60~90
9	黏土	<2	基本满足	不影响耕作	6.0~7.9	2.0~3.0	100~150	60~90
10	壤土	<2	基本满足	不影响耕作	6.0~7.9	2.0~3.0	100~150	60~90
11	壤土	<2	基本满足	不影响耕作	6.0~7.9	2.0~3.0	100~150	>90
12	壤土	<2	充分满足	不影响耕作	6.0~7.9	3.0~4.0	>150	>90
13	壤土	<2	充分满足	不影响耕作	6.0~7.9	>4.0	>150	>90

表 3-79　淮北平原区质量因素设计标准

等别	因素							
	表层土壤质地	田块坡度(°)	灌溉保证率	排水条件	剖面构型	土壤酸碱度	土壤有机质含量(%)	障碍层深度(cm)
7	黏土	<2	基本满足	基本健全	黏/沙/沙/、黏/沙/黏	6.0~7.9	1.0~2.0	60~90
8	黏土	<2	基本满足	基本健全	通体黏	6.0~7.9	1.0~2.0	60~90
9	黏土	<2	基本满足	基本健全	通体黏	6.0~7.9	1.0~2.0	60~90
10	壤土	<2	基本满足	基本健全	壤/黏/黏、壤/沙/壤	6.0~7.9	1.0~2.0	60~90
11	壤土	<2	充分满足	基本健全	通体壤、壤/黏/壤	6.0~7.9	2.0~3.0	>90
12	壤土	<2	充分满足	健全	通体壤、壤/黏/壤	6.0~7.9	2.0~3.0	>90
13	壤土	<2	充分满足	健全	通体壤、壤/黏/壤	6.0~7.9	3.0~4.0	>90
14	壤土	<2	充分满足	健全	通体壤、壤/黏/壤	6.0~7.9	>4.0	>90

表 3-80　淮南山地丘陵区质量因素设计标准

等别	因素							
	表层土壤质地	田块坡度(°)	灌溉保证率	土壤砾石含量	土壤酸碱度	土壤有机质含量(%)	有效土层厚度(cm)	障碍层深度(cm)
7	黏土	<2	基本满足	不影响耕作	5.0~5.5	1.0~2.0	60~100	60~90
8	黏土	<2	基本满足	不影响耕作	5.5~6.0	2.0~3.0	100~150	60~90
9	壤土	<2	基本满足	不影响耕作	6.0~7.9	2.0~3.0	100~150	>90
10	壤土	<2	充分满足	不影响耕作	6.0~7.9	2.0~3.0	100~150	>90
11	壤土	<2	基本满足	不影响耕作	6.0~7.9	2.0~3.0	>150	>90
12	壤土	<2	充分满足	不影响耕作	6.0~7.9	3.0~4.0	>150	>90

3.3.7　目标等别验证

耕地建设等级目标初步制定后，选择有代表性的样点对初步制定的建设等级目标进行验证。验证样点的选择遵循以下原则：

(1)耕地供求矛盾突出的原则。

(2)自然条件差异较大的原则。

(3)增加耕地潜力较大的原则。

最终在 9 个农用地分等指标区中选择了 12 个样点，其中开发样点 6 个，复垦样点 4 个，耕地整理样点 2 个。

从表 3-81 可以看出，样点耕地的等别高于或等于耕地建设等级目标，说明耕地建设等级目标是科学合理的,具有可操作性。

表 3-81 耕地建设等级目标验证

序号	农用地分等指标区	类型	目标等别	样点位置	样点等别
1	太行山山地丘陵区	开发	5	林州市	5
2	豫西黄土丘陵区	复垦	7	陕县	8
3	豫西山地区	开发	5	嵩县	5
4	南阳盆地区	开发	7	南召县	7
5		整理	9	邓州市	9(整理前7等)
6	豫北山前平原区	开发	9	安阳县	10
7	豫东北低洼平原区	开发	9	滑县	10
8		整理	9	南乐县	10(整理前7等)
9	豫东平原区	开发	8	开封县	9
10	淮北平原区	复垦	9	平顶山市(新华区)	10
11	淮南山地丘陵区	复垦	8	罗山县	8
12		复垦	8	潢川县	9

3.4 不同类型区建设等级目标限制性影响因素分析

3.4.1 太行山山地丘陵类型区

3.4.1.1 主要限制性因素分析

(1)土质较差,肥力较低。太行山区岩石多由沉积相的石灰岩和砂页岩组成,土壤肥力较低,土层较薄,耕作以旱作为主。

(2)气候干旱,水土流失。该区年降水量平均600～700 mm,且季节分配不均,多山洪;岩石节理发育,河流多石床,潜水容易流失。

3.4.1.2 土地开发整理项目设计的主要措施

本区在土地开发利用上,应大力发展水土保持林和水源涵养林,实施太行山绿化工程,建立林木保护区。土地开发整理要结合小流域治理,合理确定灌溉用水方案,"引水、蓄水、截水、提水"相结合,采取节水措施,降低灌溉成本,提高土地利用的综合效益。同时采取有力措施保护现有耕地,整治丘陵坡耕地,适度开发耕地后备资源,积极复垦工矿废弃地。该区土地开发整理的重点首先是开发宜农后备资源,发展林业;其次是农地整理增加耕地。

3.4.2 豫北山前平原区

3.4.2.1 主要限制性因素分析

该区虽然是河南省工农业生产水平较高的区域,但也是人地关系较为紧张的区域,且耕地后备资源少,土地污染和破坏突出;灌溉排水系统还不够完善,基本农田标准化建设水平还不高。

3.4.2.2 土地开发整理项目设计的主要措施

该区既有平原,又有丘陵岗地,土地整理、复垦、开发应同时展开。对于丘陵岗地来说,其土地开发整理的方向应本着宜林则林、宜牧则牧、宜农则农的原则,开发荒山、荒坡,建立以林业为主的生产体系,发展林果业,改善生态环境是其重点。对于平原地区来说,通过农地整理和开发宜耕地增加耕地面积,建设高标准基本农田。土地开发整理项目设计应着重提高农田基本建设标准,如灌溉、排水、土地平整、农田防护、培肥地力、土壤改良等技术措施。

3.4.3 豫东北低洼平原区

3.4.3.1 主要限制性因素分析

该区主要限制性因素是沙荒地面积大,天然降水少,年平均降水量600 mm,地下水位较深,水资源紧张。地形平坦且蝶形洼地多,不利于排水。南部沿黄背河洼地有时有次生盐碱化现象发生。

3.4.3.2 土地开发整理项目设计的主要措施

本区的土地开发整理规划设计应把完善水利条件、扩大水浇地面积、优化农业结构、增加土地效益作为重点。进一步建立和完善农田水利排灌系统和农田林网体系,改善农业生产条件,建立旱涝保收田。

沿黄河背河洼地地下水和地表水都很丰富,但应充分利用地下水,降低地下水位,防止土壤次生盐碱化,适当利用引黄地表水;北部黄河故道及其两侧地下水位深,地下漏斗明显,因此要充分利用地表水(引黄河水),适度开采地下水。

增施有机肥料,改造风沙、盐碱地,挖掘土地生产潜力。积极调整农业生产用地结构,在沙荒、盐碱地区适当扩大林果面积。同时在不影响黄河行洪的前提下,适度开发利用黄河滩地,增加耕地面积。

保障石化基地建设,积极复垦废弃油井、废场地,防止污染,保护耕地,保护环境。

3.4.4 豫西山地丘陵区

3.4.4.1 主要限制性因素分析

该区海拔较高,气温较低,如栾川县年平均气温12.2 ℃,中山区尤低,对农业生产不利,是河南省耕作制度中唯一的"两年三熟"地区。由于交通不便等,区内各县、市经济社会发展水平较低。浅山丘陵区水土流失比较严重。气温低、交通不便、水土流失是主要限制性因素。

3.4.4.2　土地开发整理项目设计的主要措施

本区土地开发整理项目设计应实行土地综合开发,充分利用丰富的动植物资源,大力调整农业结构,提高农业综合效益。南部区域要搞好防护林工程建设;北部区域要适度开发用材林,重点建设水土保持林和水源涵养林。要加强浅山丘陵区的综合开发治理,重点进行林地和牧草地开发。同时要搞好农田基本建设,提高耕地生产能力。对水土流失区要实行封山育林,严禁乱砍滥伐森林。

3.4.5　豫西黄土丘陵区

3.4.5.1　主要限制性因素分析

本区是河南省黄土集中分布区,地面沟壑纵横,土壤肥力低下,干旱现象严重,植被稀少,生态环境脆弱,是典型的旱作农业区,农业生产水平低而不稳。

3.4.5.2　土地开发整理项目设计的主要措施

本区土地开发整理项目设计要加强对黄土丘陵地的综合治理,大力发展水土保持林和水源涵养林,采取生物措施和工程措施,逐步治理水土流失,在伊洛河沿岸地带建设防护林工程,改善生态环境。加强农田基本建设,增强农业抗御自然灾害的能力。要综合开发未利用土地,积极发展林果业生产;逐步开展以坡地改梯田为中心的土地整理,提高耕地的有效利用率;复垦工矿废弃地和废弃的地坑院,增加耕地面积;保护有限的耕地,不断提高耕地等级。

3.4.6　南阳盆地区

3.4.6.1　主要限制性因素分析

本区旱涝灾害兼有,论出现频率,旱灾多于涝灾;论对农业的危害程度,涝灾重于旱灾。

盆地四周丘陵岗地区,植被稀少,水土流失严重;盆地中央地势低缓,排水不畅通,造成土壤"上浸",夏秋季节容易发生洪涝灾害。

黄褐土质地黏重,通透性差,结构不良,耕作不便。砂姜褐土具有"干裂湿黏",排水不畅,耕作性能不好。

3.4.6.2　土地开发整理项目设计的主要措施

本区土地开发整理项目设计要全面加强基本农田保护,充分利用引丹灌区灌溉优势,扩大旱涝保收田面积。在盆地边缘大力营造薪炭林和水源涵养林,滞缓地表径流。搞好坡耕地的基本建设和综合治理,进一步提高耕地的利用率和产出率。适度开发和合理利用未利用地,保持生态平衡。

土地开发整理项目工程设计要把水利建设放在首位,提高抗旱御涝能力,抗旱防涝同时抓,改造低洼易涝地和"上浸地",大力发展林果业,搞好水土保持。

3.4.7　豫东平原区

3.4.7.1　主要限制性因素分析

区内各地均存在较严重的风、沙、旱、涝、碱等自然灾害,粮食产量低而不稳。

3.4.7.2 土地开发整理项目设计的主要措施

本区在土地开发利用上应以保护基本农田为重点,积极改造沙荒地、盐碱地,着力开发中低产田。有计划地建造大规模农田防护林工程,继续推广农林间作和农果间作,改善农田生态环境。

针对本区地势低洼、排涝不畅的特点,在土地开发整理项目设计中,要把排涝系统作为水利工程的重点。

在黄泛区和黄河故道区要增施有机肥料,进一步改良土壤,培肥地力。加强对农地的整理,不断提高土地的利用率与产出率。

针对人均居民点用地过多的问题,加强农村居民点整理,以增加耕地面积。

3.4.8 淮北平原区

3.4.8.1 主要限制性因素分析

该区京广铁路以东的平原与洼地,排水不够通畅,由于降雨集中、汇水面积大、水流缓慢,夏秋季节常常有洪涝灾害发生,是河南省涝灾多发地区。除旱涝灾害外,还有冰雹和干热风等气候灾害。

3.4.8.2 土地开发整理项目设计的主要措施

本区在土地开发利用上应加强对农用地的综合整治,按照辅助农业设施用地标准设置基本农田,同时该区农地内零星地类面积较大,要加强对其整理,以增加耕地有效利用率。另外,要大力整治淮河、洪汝河等河道,完善农田排灌体系,提高防洪除涝标准,改善农业生产条件。严格控制农村居民点占地规模,做好村庄的整理工作。复垦工矿废弃地,增加可耕地面积。适度开发未利用地,积极发展水产养殖业,提高水面的综合利用效益。

3.4.9 淮南山地丘陵区

3.4.9.1 主要限制性因素分析

山区坡度较陡,容易引起水土流失;山地切割强烈,地形破碎,对水利和交通不利,同时给农业机械化作业带来困难;沿淮(河)地带地势低洼,多受洪涝灾害;垄岗地区岗洼相间,旱涝都容易受灾。

同时还存在一些气候灾害,降水总量和季节分配方面都有较大的年际变率,有些年份常常形成暴雨,是河南省最大的暴雨中心,常带来严重的涝灾。

3.4.9.2 土地开发整理项目设计的主要措施

本区在土地开发整理设计上,应把土壤改良、土地平整、农田标准化建设等工程措施作为重点。坚持因地制宜的原则,农、林、牧、副、渔全面发展,开发整理土地,提高土地有效利用率。加快建设用材林基地和茶叶、板栗生产基地,加强对荒山、荒坡和现有耕地的综合治理与改造。加强生态林业和自然保护区建设。大力发展水土保持林和水源涵养林,减轻山区洪水对平原区的危害。充分发挥现有水库的综合效益,加强对冷浸田和烂泥田等低产田的改造,努力提高粮食产量。

3.5　耕地建设等级目标条文说明

3.5.1　建设目标

3.5.1.1　总体建设目标

土地开发整理工程建设的总体目标是增加有效耕地面积,完善农田基本设施,提高耕地质量和农业综合生产能力,优化土地利用结构,提高农用地集约利用水平,改善农村生产、生活条件和生态环境,促进社会主义新农村建设。以上内容充分体现了土地开发整理的实质内涵和基本要求,只有紧紧抓住这一主题,才能科学合理地确定土地开发整理工程建设总目标。

3.5.1.2　具体建设目标

1)净增耕地面积比例

土地开发净增耕地面积不低于项目规划设计面积的60%,土地复垦净增耕地面积不低于项目规划设计面积的40%,土地整理净增耕地面积不低于项目规划设计面积的10%,基本农田整理项目新增耕地率不低于3%。

2)建设等级目标

建设等级目标为工程实施后耕地最低应达到的等级。

(1)土地整理质量目标。土地整理工程的主要对象是已有耕地,通过整理质量应高于原有耕地质量(见表3-82)。

表3-82　土地整理耕地建设目标等别

整理前等别	目标等别	整理前等别	目标等别
3	5	9	11
4	6	10	11
5	7	11	12
6	8	12	13
7	9	13	14
8	10		

(2)土地开发质量目标。土地开发质量目标等别为土地开发工程的总体控制目标,其中开发对象为沙地、草地、盐碱地的土地开发工程按表3-83中相应标准执行。

(3)土地复垦质量目标。土地复垦质量目标等别为土地复垦工程的总体控制目标,其中复垦对象为工矿废弃地、煤矿塌陷地的土地复垦工程按表3-84中相应标准执行。

表 3-83　不同类型区土地开发耕地建设目标等别

农用地分等指标区	目标等别	其中		
		沙地	草地	盐碱地
太行山山地丘陵区	5		6	
豫西黄土丘陵区	6		7	
豫西山地区	5		6	
南阳盆地区	7	9	8	
豫北山前平原区	9	10	9	
豫东北低洼平原区	9	10	9	9
豫东平原区	8	10	9	8
淮北平原区	8	9	8	8
淮南山地丘陵区	7	8	8	

表 3-84　不同类型区土地复垦耕地建设目标等别

农用地分等指标区	目标等别	其中	
		工矿废弃地	煤矿塌陷地
太行山山地丘陵区	6	7	6
豫西黄土丘陵区	7	8	7
豫西山地区	6	7	
南阳盆地区	8	9	
豫北山前平原区	9	10	9
豫东北低洼平原区	9	10	
豫东平原区	9	10	9
淮北平原区	9	10	9
淮南山地丘陵区	8	9	

第 4 章　河南省煤矿塌陷地土地复垦与生态重建标准研究

4.1　引　言

4.1.1　研究的目的与意义

河南省地处中原,是我国重要的粮食主产区,同时又是重要的能源基地,是国家规划的 13 个大型煤炭基地之一,煤炭产量连续 27 年保持在全国前三位。煤炭产业在为国家经济发展和社会繁荣作出了重要贡献的同时,也给当地土地资源和生态环境造成了严重的负面影响。河南省人多地少,可供利用的后备土地资源数量有限,采煤塌陷进一步加剧了人地矛盾。2007 年河南省的煤炭产量是 1.8 亿 t,按目前的产量,每年对土地的破坏面积达 5 000 多 hm^2,其中 60% 以上是耕地。为了保证区域的粮食安全,对煤矿塌陷地复垦显得尤为重要。但是目前我国土地复垦理论和方法还处于研究阶段,相关标准很不完善,难以满足当前土地复垦工作开展的需要。本专题研究的目的在于总结河南省和其他地区土地复垦的成功经验,为下一步河南省制定科学合理的土地复垦方案提供依据。

4.1.2　研究任务

本研究将系统分析国内外土地复垦发展现状,总结成功的复垦经验,结合河南省的采煤塌陷地的实际情况,提出一些具有指导性的建议。为下一步制定河南省土地复垦工程标准和土地复垦工作的开展提供依据。

4.1.3　本专题研究的主要内容

基于本专题的研究任务,拟从以下几方面进行研究:

(1)国内外土地复垦与生态重建现状分析。搜集相关文献资料,整理和分析国内外在土地复垦与生态重建方面所取得的主要成果,尤其是针对采煤塌陷地土地复垦与生态重建的成功经验,从中汲取有用成分,为指导河南省采煤塌陷地治理提供基础。

(2)河南省煤矿塌陷地土地复垦与生态重建现状分析。分析河南省煤矿塌陷地的土地破坏特点,搜集整理近年来土地复垦与生态重建的典型案例,总结经验,分析问题。在此基础上,结合国内其他类似地区的技术要求,提出河南省煤矿塌陷地土地复垦与生态重建的标准。

(3)土地复垦技术研究。针对河南省破坏土地的特点,根据上面所提出的标准,整理出相适应的土地复垦技术措施,为土地复垦工作的开展提供参考。

4.1.4 研究的技术路线与方法

4.1.4.1 研究方法

(1)借鉴与比较分析法。通过对河南省目前已经开展的典型土地复垦项目以及我国其他地方在类似条件下所开展的成功案例进行分析,总结经验,找到适合河南实际条件的土地复垦模式和相关技术。

(2)定性分析与定量研究相结合。定性分析与定量研究是现代科学最基本的方法,二者各有优缺点。定性分析主要是对研究问题的宏观分析和把握,定量研究是对问题的具体深入和量化在实际应用中需要将二者有机结合。在土地复垦条件分析中,应在对影响土地利用的各种因素宏观分析和把握的基础上,对各因素因子的影响予以深入和量化,以便准确地确定土地复垦条件的相关标准和条件。

4.1.4.2 技术路线

本研究拟采用以下技术路线:在对河南省和全国其他地区煤矿塌陷区土地复垦案例分析的基础上,针对河南特点,基于不同复垦方向,提出相应的建设标准,然后,构建为实现该标准所要采取的措施和技术方法。技术路线流程见图4-1。

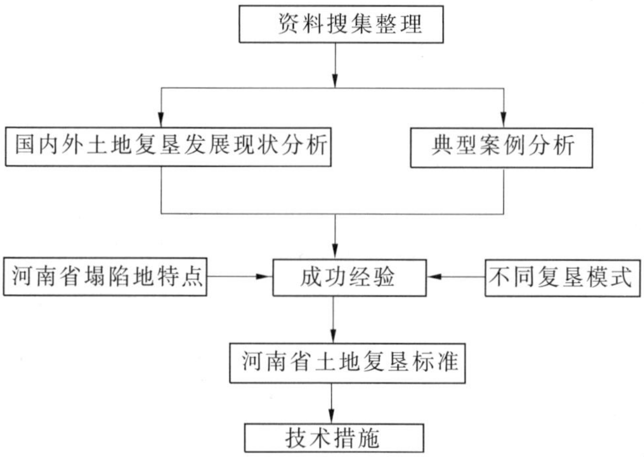

图4-1 研究的技术流程

4.1.5 专业术语

参照国内外相关研究成果,从中摘录部分本研究用到的相关术语:

(1)土地复垦(land reclamation):是指对在生产建设过程中,因挖损、塌陷、压占等造成破坏的土地,采取整治措施,使其恢复到可供利用状态的活动。

(2)土地破坏(land damage):由于人类的生产建设活动导致土地的挖损、塌陷、压占等称之为土地破坏。

(3)土地复垦率(reclamation rate):已复垦的土地面积与被破坏的土地面积之比。

(4)生态重建(ecological reconstruction):是根据生态学原理,通过一定的生物、生态以及工程的技术与方法,人为地改变和消除生态系统退化的主导因子或过程,调整、配置和优化系统内部及其与外界的物质、能量和信息流动过程及其时空秩序，使生态系统的结构、功能和生态学潜力尽快地恢复到正常的、原有的乃至更高的水平。

(5)土壤重构(soil reconstruction):是以工矿区破坏土地的土壤恢复或重建为目的，采取适当的采矿和重构技术工艺，应用工程措施及物理、化学、生物、生态措施，重新构造一个适宜的土壤剖面与土壤肥力条件以及稳定的地貌景观，在较短的时间内恢复和提高重构土壤的生产力，并改善重构土壤的环境质量。

(6)开采沉陷(mining subsidence):地下矿物被采出后，开采区域周围的岩体的原始应力平衡状态受到破坏，应力重新分布，达到新的平衡。在此过程中，使岩层和地表产生连续的移动、变形和非连续性的破坏(开裂、冒落等)，这种现象称为“开采沉陷”。本研究中采煤沉陷与采煤塌陷的含义相同。

(7)生态工程复垦(ecoengineering reclamation):是依据生态工程原理把煤矿塌陷地建设成为一个人工生态系统的土地复垦活动。

4.2 国内外土地复垦与生态重建研究现状

4.2.1 国外土地复垦与生态重建发展概况

西方国家大规模开展土地复垦的工作较早，在某些方面取得了较好的成就。根据相关研究文献，国外的土地复垦与生态重建成果主要表现在以下几个方面。

4.2.1.1 完善的土地复垦制度

美国、澳大利亚、加拿大等国通过立法建立了较为完善的土地复垦制度，土地复垦率达到了50%以上，历史遗留废弃地的复垦率有的达到75%以上，新破坏土地复垦率达到90%以上，取得了为世人所瞩目的成就。美国的《露天采矿与复垦法》在1977年实施后，又在1990、1996年经过了两次较大规模的修改和完善。其他国家的复垦制度，如巴西的“退化土地复垦计划”、西班牙的“采矿破坏区复垦计划”、加拿大安大略省的“闭坑计划”等。制定这些法律的目的在于：保护地表土地所有者及其在该土地上的合法权益，确保在开发的同时进行复垦工作，利于国民经济和社会的稳定、环境保护等。

4.2.1.2 科学的复垦工艺措施

为了加快复垦进程，使复垦效果最佳，澳大利亚矿业公司实行先进的复垦工艺，采取了种子采集、表土剥离、分层堆放、分层回填、地貌重塑、土地平整、恢复植被等一系列复垦措施。为了达到更好的复垦效果，尽快恢复当地的生态环境，矿业公司在剥离表土时，往往把适合植物生长的腐殖土单独堆放，便于尽快恢复地力；尽量保存地表植物，用于土地复垦后动物栖息。对于露天采矿，在开采过程中一般按照土壤发生层次进行分层剥离、分层堆放、分层回填。据Tarong coal矿业公司工作人员介绍，表土剥离和存放对土地复垦尤为重要，表土保存时间越短，所包含种子和植物的存活率越高，不仅大大缩短地力培肥的时间，而且能使植被恢复得最好最快。地形重塑是其主要复垦措施，工程量非常大，但能保证复垦后景观与周边地形的一致性和地层的稳定性，确保复垦后土地利用的风险降到最低，土地使用的长期安全性和可靠性。

4.2.1.3 有效的复垦动态监测

在矿产开发过程中，澳大利亚矿业公司非常重视土地复垦监测工作，它是矿业公司自行对土地复垦效果实施动态监测的重要手段。根据监测结果不断修正土地复垦方案中提出的复垦的具体目标、标准、指数及相关技术参数等。矿业公司在向环境保护局提交的年度土地复垦进展报告和闭矿土地复垦报告中，都必须提供明确的监测数据和结果，说明土地复垦是否达到了确定的指标和技术参数标准，土地复垦是在朝好的方向发展还是朝不良方向发展。政府根据监测结果确定是否授权矿业公司开展下一步土地复垦工作，企业根据监测结果调整复垦措施。

4.2.1.4 全程的公众参与

为了确保土地复垦目标的实现，政府要求土地权益的相关方全程参与矿山土地的复垦工作。为保障前期的公众参与和决策，政府将矿业公司与土地所有者的谈判环节也作为颁发采矿权证的一个必要条件。矿业公司要保证对土地权利人生活造成的破坏最小，赔偿生产经营损失，购买或租用该土地，并对破坏的土地进行复垦，必须提出土地复垦的用途和计划措施。土地权益的相关方和矿业公司共同决策复垦后土地的利用方向、复垦土地质量的检测指标和评价标准等。矿业公司通常提交几个方案，在进行环境评估和社会经济评估以后，经与土地权利人谈判后确定复垦后土地用途。如果政府或土地权利人没有对开采后土地的用途作出具体规定，复垦后的用途才可由矿业公司确定。在采矿和复垦过程中，政府要根据公众意见和评价调整矿业公司缴纳保证金的比例。政府收回环境使用权，也应考虑公众意愿。

4.2.2 我国土地复垦与生态重建现状

为全面贯彻十分珍惜和合理利用土地资源，切实保护耕地的基本国策，1988 年国务院颁布了《土地复垦规定》，土地复垦工作逐渐得到各级政府、有关部门的广泛重视。自《土地复垦规定》实施以来，原国家土地局在重点工矿区建立了一批全国土地复垦示范区，坚持“因地制宜、综合治理”的原则，积极探索、创新土地复垦机制，创造了多种复垦土地利用模式，土地复垦取得了一定成效。国土资源部成立以后，政府加大了投资力度，生产建设单位复垦土地的意识也逐步提高，土地复垦率提高到 12% 左右。全国累计复垦利用各类废弃土地约 100 万 hm^2，占废弃土地总量的 8% 左右，其中复垦利用工矿废弃土地 40 万 hm^2，约占工矿废弃土地总量的 10%；复垦利用其他废弃土地 60 万 hm^2 左右，约占该类废弃土地总量的 6%。复垦后的土地 70% 为耕地，其余的多数为其他农用地。通过土地复垦，增加了耕地面积，缓解了人地矛盾，改善了生态环境，实现了土地资源的可持续利用，促进了国民经济和社会的协调发展。根据相关研究文献，我国土地复垦与生态重建取得的主要成果如下：

(1) 土地复垦法律法规不断健全和完善。1988 年国务院颁布实施了《土地复垦规定》，标志着土地复垦工作正式纳入法制管理轨道。继《土地复垦规定》的颁布实施，在修订的《土地管理法》、《矿产资源法》、《环境保护法》和制定的《煤炭法》、《铁路法》等法律中都有土地复垦方面的相关规定。全国 25 个省级人民政府相继制定了《土地复垦规定实施办法》，许多市、县结合本地实际情况也制定了《土地复垦管理办法》。

(2)土地复垦相关政策逐步配套完善。一是制定了“谁复垦,谁受益”和减免有关农业税等鼓励土地复垦的政策。二是初步建立了土地复垦资金渠道。1997 年国家作出明确规定,生产或建设过程中破坏的土地,其复垦所需资金列入生产成本或建设项目总投资。有些地方借鉴国外的做法,建立并施行了土地复垦保证金制度。

(3)在全国建立了一批土地复垦试点和示范区。从 1989 年起,先后在全国建立了包括煤炭、冶金、化工、石油、有色金属、黄金等矿山开采;燃煤发电、烧制砖瓦;兴修水利、修建公路、铁路;农村旧宅基地、废弃坑、塘等 20 多个不同类型的土地复垦试点。上述项目均取得了良好的效果,得到了项目区广大群众的欢迎和支持。不仅复垦利用了大量土地,恢复改善了当地的生态环境,更重要的是为全国土地复垦工作,在政策法规、技术规范、资金筹措、规范化管理、复垦后土地利用等方面进行了探索并提供了经验。

(4)提高土地复垦科技水平。在长期实践中,进一步明确了土地复垦的定位和发展方向,逐步摸索研究出了一套比较成熟的土地复垦技术,确立了不同类型废弃土地复垦利用模式。煤矿塌陷土地复垦综合治理规划设计、复垦技术、复垦利用模式,黄金行业砂金开采、有色金属铝土矿开采及煤炭、冶金、建材等露天矿的剥离—采矿—复垦一体化工艺设计等一批科研、技术成果达到了国内先进水平,并在实际中得到推广应用。

(5)积极开展土地复垦国际合作。近年来,我国建立了全球合作网络和多边、双边的合作交流机制,积极开展国际土地复垦学术交流和技术合作。目前已与美国、澳大利亚、加拿大、巴西、俄罗斯、英国、波兰、芬兰等国家建立了联系,开展了技术合作、考察培训等交流活动。

4.2.3　我国煤矿塌陷地土地复垦与生态重建现状

中国矿业大学、煤炭科学研究院唐山分院等科研院所是我国较早开展煤矿区土地复垦与生态重建的研究单位。从 20 世纪 80 年代初开始煤矿塌陷区造地复田综合治理研究,提出了矸石充填复垦、粉煤灰充填复垦和挖深垫浅三种复垦技术,80 年代至 90 年代初我国井工矿山复垦以这三种复垦形式为主。但由于充填复垦受充填料数量的限制,预计最大充填复垦率小于 20%,目前使用充填复垦方法较好的淮北矿区也仅在 11% 左右;另外,复垦后土地利用方向也有较大的局限性,主要用于建设用地或娱乐场所,利用废弃物充填复垦成高产农田往往需要较高的投入,甚至由于二次污染等问题而不可行。90 年代初,徐州矿区、大屯矿区、平顶山矿区、永夏矿区、峰峰矿区等先后开展疏排积水、土地平整、塌陷土地阶地化、梯田化等非充填复垦技术试验,这些技术很快得到了推广应用,并使这些矿区土地复垦率得到显著提高,如徐州矿区铜山县土地复垦率 80 年代末不到 10%,1996 年已达 50%。在复垦土地利用方向上,我国的复垦土地利用形式有建设用地、水产养殖用地、农田(粮、菜、经济作物)林业用地、娱乐场所用地、种养(加)结合的生态工程利用等多种形式。

经过 20 多年的实践,我国在煤矿塌陷地复垦方面取得了一些技术上的创新,主要包括:

(1)在沉陷盆地上设计农业定位试验点,并进行了不同的沉陷时间、不同沉陷部位连续 3 年的土壤和产量监测,揭示了开采沉陷对土壤物理、化学、生物特性的影响规律和时空变化规律，初步探明了采煤沉陷耕地生产力的下降机理，为沉陷耕地的农业生产和复垦再利用奠定了理论基础。

（2）揭示了开采沉陷对耕地景观的破坏特征和规律性及其与地表沉陷和变形的相关关系，界定了沉陷耕地土壤侵蚀较严重的位置。运用模糊数学方法，建立了以主导因子评价与模糊综合评价相结合的沉陷耕地破坏程度评价和分类模型，提出了耕地破坏边界和耕地影响角，并给出了其界定方法。

（3）从开采沉陷引起的地表裂缝的室内模拟试验系统，发现了地表裂缝发育和分布规律，特别是地表裂缝分布规律的动态计算模型和地表裂缝发育的极限深度及宽度的预计模型，分析了地表裂缝对土壤生产力的影响。

（4）提出了从沉陷土地资源合理利用和复垦管理到复垦工程技术诸多方面的对策。提出了采煤沉陷地的土地资源合理配置模式和复垦管理模式、“分层剥离，交错回填”的土壤重构原理和方法，并用公式描述。对于我国常用的泥浆泵挖深垫浅的复垦方法，提示了其复垦土壤的特征及存在的问题，并依据土壤学理论和土壤重构原理提出了新的泥浆泵复田的工艺流程与技术模式，提出了泥浆泵复垦工程的成本、效益的计算公式和经济评价方法。

4.3　河南省煤矿塌陷土地复垦与生态重建研究

4.3.1　概述

河南省是中国主要产煤省份之一，煤炭资源总量中等丰富，品种齐全。含煤地层分布广，成煤地质时代多，煤层赋存条件好，煤类齐全。具有二叠系、三叠系、侏罗系、古近系等六个成煤期。其中石炭二叠系为主成煤期，其煤炭资源量占全省总量的 94%。石炭二叠系含煤区以二$_1$、二$_2$ 煤为主。主要煤类为无烟煤、贫煤、贫瘦煤、瘦煤、焦煤、肥煤、1/3 焦煤和少量气煤及弱黏煤。煤炭的煤质分布呈现有规律的变化，平面上表现为自中部无烟煤带向南、西、北方向煤质逐渐降低的环带状分布，垂向上表现为由下而上煤质依次降低的变化趋势。现在已形成焦作、平顶山、永城、郑州、鹤壁、义马六大煤炭开采基地，年产原煤 1.8 亿 t，居全国第 3 位。

河南省煤炭资源分布如图 4-2 所示。

煤炭产业在为国家经济发展和社会繁荣作出重要贡献的同时，也对当地土地资源和生态环境造成了严重的负面影响。目前，全省由于煤炭资源的过度开采，造成破坏和影响的土地约 4 万 hm^2，其中已损毁的耕地超过了 3 万 hm^2。按目前的年产量 1.8 亿 t 估算，每年新增破坏土地面积达 5 000 多 hm^2，其中 60% 以上是耕地。由于河南省大规模开展土地复垦工作较晚，历史欠账较多，土地复垦率任务艰巨。

河南省自 20 世纪 50 年代起就开始了小规模的土地复垦工作，当时的土地复垦主要是由各矿区农民自发开展的。70 年代，平顶山、焦作、鹤壁等一些矿区零星地开展了塌陷地复垦工作，但由于当时技术水平和科技含量低，“一平二挖三改造”是当时对土地复垦的普遍认识。河南省政府于 1993 年颁布了《河南省〈土地复垦规定〉实施办法》。此后，

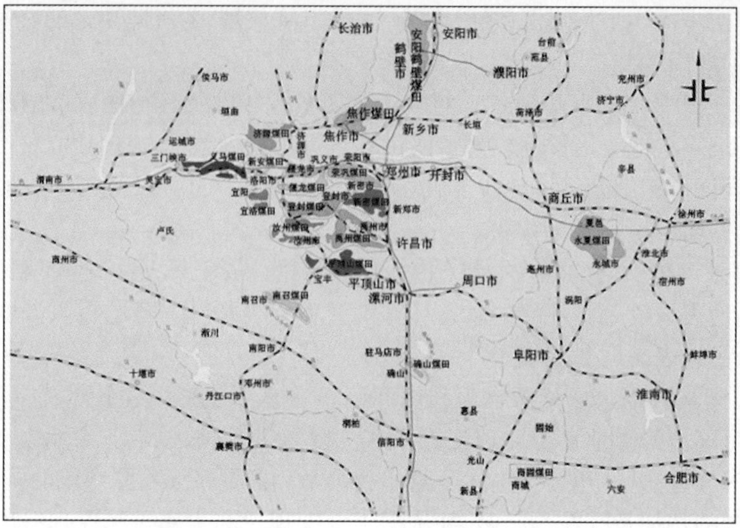

图 4-2　河南省煤炭资源分布范围及交通位置图(注:此图来源于百度空间)

河南省各矿区进行了大规模的土地复垦工作,平顶山、焦作、鹤壁等煤矿区同河南理工大学及中国工业大学等科研单位合作,开展了多项土地复垦研究,推动了河南省煤矿区土地复垦和生态重建向更高层次发展。

河南省煤矿区 98% 以上为井工矿区,只有河南省西部的义马北矿是露天矿区,因此煤矿区土地复垦和生态重建的研究重点在井工矿区。因为各煤矿区开采方法、煤层赋存条件及水文地质条件不尽相同,矿区采煤对土地破坏的程度、途径和形式也各不相同,所以矿区土地复垦和生态重建的方法也有所不同。

河南省东部矿区由于地下潜水位比较高,开采沉陷后,地表大部分常年积水,积水区周围沉陷斜坡地大部分存在季节性积水,使原地面农田水利设施遭受严重破坏,开采沉陷对土地影响严重。目前,主要采用挖深垫浅复垦、矸石充填复垦、粉煤灰充填复垦、疏排降水充填复垦技术等对塌陷地进行综合性治理。

河南省中西部矿区属于低潜水位矿区,位于干旱半干旱地区,地下水位较深,开采沉陷后地面大部分不积水,只有小部分季节性积水,水土流失和盐浸化严重。目前的做法主要是:对塌陷深度不大的区域,主要采取削高垫低的土地平整措施,平整后即可耕种;对塌陷深度较大的区域,将坡地平整成水平梯田,或采用矸石山、粉煤灰等废弃物充填等复垦措施复田。

总体来说,河南省煤矿区的土地复垦和生态重建技术的研究科技含量较低,主要存在以下两个问题:①当前的研究大多是工程复垦技术的研究,生物复垦技术研究进行的较少。在工程复垦过程中,由于机械的扰动,土壤原有的结构遭到破坏,复垦后的土壤与原有土壤的耕作层相比,复垦土壤的农业孔性、结构性、可耕性、保水保肥性等理化特性发生了较大的变化。复垦土壤中可供作物吸收的营养物质含量较少,土壤的肥力大大降低,土壤肥力的恢复较慢,复垦后土地往往达不到预期的目的。②已完成的土地复垦工程多是单一用途的复垦,尚未按照区域、矿区煤炭开发规划、土地破坏情况、当地自然环境和复垦条件,以生态学、生态经济学原理为指导,开展多业、综合、协调并能控制水土流失的生态复垦技术研究，致使复垦区域生态环境改善和恢复不明显，复垦后的整体经济和环境效益较差。

为了更好地掌握未来的土地复垦方向，选择合理的复垦方法，有必要对河南省重点产煤基地的生态环境、开采方法以及破坏程度进行分析，从而确定相应的土地复垦与生态重建复垦模式。

4.3.2 河南省重点煤矿区土地塌陷及复垦分析

4.3.2.1 焦作矿区采煤塌陷及复垦分析

1）矿区概况

焦作矿区位于河南省北部，地跨焦作、修武、辉县等县（市）。北起薄壁，南至大高村，东起辉县，西到焦作柏山，东西长 60 km，南北宽 20～25 km，含煤面积 1 660 km^2。主要生产低中灰、特低硫、高发热量的优质无烟煤，是我国六大无烟煤生产基地之一，也是河南省大型煤炭基地中的六大矿区之一。目前区内已有 86.5 亿 t 被开发占用，生产矿可采储量为2.8 亿 t。在石炭二叠系煤系中，上石炭统太原组含煤 9 层，全区可采者 2 层；下二叠统山西组含煤 6 层，其中二$_1$ 号煤层全区稳定可采。可采煤层厚度 7.5 m，开采深度由 －75 m 至 －1 000 m。全矿区年产煤约 1 000 万 t。

2）自然条件

矿区位于太行山东南麓，地势西北高、东南低，地面标高一般介于 250 m 至 85 m。区内有沙河、王村河、峪河等季节性河流，分别汇入卫河。由于地貌类型的多样性，造就了潮土、褐土、石质土、骨质土、棕壤土等繁多的土壤类型。

本区属南温带亚湿润气候。极端最低气温 －16.9 ℃，极端最高气温 43.2 ℃，年平均气温为 14.8 ℃。年平均降水量 624 mm。全年无霜期 238 d。最大冻土层深度 0.19 m，最大风力 11 级，夏季多东南风，冬季多西北风。

矿区水资源丰富，主要有第三系、第四系砂砾层水，水位 1.63～21.18 m，水质为重碳酸钙镁型，矿化度 308～316 mg/L。资源开采后，一般不会出现积水。

3）塌陷地概况

焦作矿区有 15 个国有和地方大中型煤矿以及遍布矿区的乡镇小煤矿。其中王封、李封等 5 对矿井在 20 世纪 90 年代中期以后封井停产。经过近百年的地下开采，造成地表大面积塌陷。2007 年焦作矿区塌陷土地面积已达 2 471.47 hm^2。采煤塌陷区内，地面高低不平，裂缝遍布，造成耕地完全丧失灌溉能力，耕作条件严重破坏，部分耕地甚至因无法耕种而荒芜。随着地下开采的继续进行，地表塌陷范围还将不断扩大。如果不采取任何防控措施，预计到2010 年和2020 年矿区将分别新增采煤沉陷面积 890 hm^2 和 4 200 hm^2。采煤塌陷对矿区土地资源和生态破坏将日益加剧，使本来人均耕地已低于全国和河南省平均水平的焦作矿区更难承受，人地矛盾突出。

焦作矿区采煤塌陷的深度平均在 3 m 左右，最深达到 7 m，采空区面积与地表影响面积的比例为 1∶1.3 左右。塌陷地多位于丘陵地，对地表的形态特征影响较小，但是开采后出现裂缝，增加了水土流失，塌陷区内土质较差，肥力较低。

4）复垦模式及措施

复垦时应根据塌陷区的区位、地貌及破坏程度等选择相应的复垦模式。

平坦地区塌陷地复垦。在焦作矿区南部，地表地势较为平坦，地下大面积正规作业开采，形成的塌陷盆地相对平缓，地表破坏程度较轻，塌陷区土地高差一般在 3 m 以内。可采用推土机推高填低平整塌陷土地，完善田、林、路、渠及其他农田配套设施，恢复被破坏土地的种植功能，恢复生态平衡，建立高效生态农业示范区。这种方法投资少，见效快，易于实施。

丘陵塌陷地复垦。焦作矿区北部，为太行山山前坡地，地表地势起伏较大，地下开采后引起地表下沉、塌陷、移动，塌陷区内裂缝遍布，高差变化较大。可采用在塌陷盆地深处继续挖深，回填浅部塌陷区，以减少土地损失，浅部塌陷地填平后，用于农业种植，深部塌陷区用于立体养殖。也可以填平断缝，开垦水平条带梯田，种植耐旱作物或开发园林。另外，还可以利用煤矸石或电厂的粉煤灰充填塌陷区，造地复田。

对于位于城市周边的已稳定塌陷地，也可以复垦为建设用地。由于距工作地点和市区都较近，既可降低居民的通勤成本和提高社会总效用，又可缓解城市扩张中带来的建设用地紧张的困难。也可以考虑作为城市的生态用地，提高城市环境质量。

4.3.2.2　平顶山矿区采煤塌陷及复垦分析

1）矿区概况

平顶山矿区位于河南省中部，京广和焦枝铁路干线之间。焦枝线穿过西部矿区，交通便利。矿区煤炭资源丰富，初步勘探表明，在东西长达 120 km、南北宽达 20 km 的范围内，煤田面积达 3 000 km^2，煤炭储量 150 亿 t，煤种齐全，焦煤、电煤、瘦煤、无烟煤资源充足，特别是中国稀缺的焦煤资源充足，是中国具有重要影响的焦煤基地。1952 年平顶山矿区被列为国家"一五"计划的重大建设项目，1953 年被列为全国十个矿区建设项目之一，是新中国开发建设的第一个大型矿区。由于临近中南、华东缺煤省份，运距短，运费低，地理位置优越，交通运输便利，是国家规划建设的十三家大型煤炭基地之一。

2）自然条件

矿区地势西高东低，为低山区，矿区含煤地段以丘陵为主，往东逐渐过渡到平原地带，地面标高 75 ~ 700 m，主要水系为汝河、颍河，流经矿区中心，其分支皆为季节性河流。矿区为南温带亚湿润气候，年平均降水量为 723 mm，年平均气温为 14.3 ℃，最高气温可达 42.4 ℃，最低气温为 −13.9 ℃，最大风速为 21.0 m/s。矿区水源以白龟山水库为主，部分为第四系砂、砾石层水和寒武系灰岩水。

3）塌陷地概况

随着煤炭工业的发展，该矿区在为国家提供了大量优质能源和原材料的同时，也形成了大面积的采煤塌陷地，导致了土地生态系统的恶化。根据相关资料，平顶山市区因煤炭的开采造成的塌陷区东西绵延约 30 km，南北宽约 8 km，采煤塌陷土地的地貌多呈碟形洼地或槽形洼地，塌陷深度从边缘向中心部逐渐加深，最深处一般为采出煤层厚度的60% ~ 70%。目前，采煤塌陷土地总面积约 67.877 km^2，其中稳定塌陷土地 12 km^2，平均塌陷深度 2 ~ 4 m，积水面积约 4.28 km^2，其中积水深度 1 ~ 3 m 占积水面积的 80%。随着煤矿的开采，还会不断出现新的被破坏土地。据平顶山生产原煤量和现有塌陷区面积计算，每生产 1 万 t 原煤产生塌陷地 0.24 hm^2。以今后 10 年预计总产 1.8 亿 t 计算，仅塌陷面积还将增加 4 270 hm^2。因此，应继续加强矿区土地复垦的研究和复垦工作。

4）复垦模式及措施

为了对塌陷区土地进行科学的复垦管理，在治理时应根据塌陷地地理位置、自然条件属性、地区社会经济发展总体规划及城市建设土地利用的总体规划等方面综合分析，统筹兼顾，采取合理的措施。复垦土地的利用方向包括粮、果、林、菜、花卉等经济作物种植，水产与畜禽综合养殖，建筑利用（工业广场和村庄搬迁），休闲娱乐场所建设等，应尽可能多地复垦为耕地，复垦中应充分考虑改善矿区居民生产和生活环境，体现社会、经济与生态环境效益的统一。

4.3.2.3　永城矿区采煤塌陷及复垦分析

1）矿区概况

永城矿区位于河南省东部，在永城、夏邑两县境内。南、北、东三面抵安徽省省界，西至济阳断层；东西长 60 余 km，南北宽 50 余 km，含煤面积约 1 000 km^2。北距陇海铁路、东至津浦铁路均不足 50 km，京九铁路从矿区西部通过，公路四通八达，交通方便。

永城煤田处于华北地台鲁西台隆之次级构造单元的永城断陷褶皱带，永城隐伏复背斜为永城煤田的一级褶皱构造，煤层分布于褶皱两翼及其北转折端，其产状变化及埋深受褶皱形态和所处部位控制。东翼煤层总体向东倾斜，向东煤层埋深逐渐增加；西翼地层向西倾，向西煤层埋深逐渐加大；次级背斜核部煤层埋深较小，煤层常围绕次级背斜核部呈穹状或环带状分布。褶皱期后形成两组断层，一组为北北东向，一组为北北西向，对含煤地层的埋深和井田划分起重要作用。

永城矿区属华北晚古生代聚煤区，含煤地层为石炭二叠系，属华北地台型含煤沉积。矿区范围以永城复式背斜为中心，西起徐庄断层（F203），东到安徽省界，南起豫、皖省界，北至八里庄断层，勘探区面积 1 150 km^2，含煤面积 716 km^2。区内煤系地层总厚1 205 m，自下而上分为六个煤组。目前探明煤层 25 层，其中可采、局部可采煤层为 7 层，主要可采煤层为二叠系山西组的$二_2$ 煤层和下石盒子组的$三_2$、$三_3$ 煤层，平均厚度为 1.36 ~ 2.84 m。矿区煤层埋深 225 ~ 1 000 m。

2）自然条件

区内气候属于南温带亚湿润气候，年平均气温 14.4 ℃，最高气温 41.5 ℃，最低气温 −23.4 ℃；多年平均降水量 871.3 mm，最大年降水量 1 581.6 mm，最小年降水量 556.2 mm，最高洪水位 34.79 m（沱河）；夏季多东南风，冬季多西北风，年平均风速 3.4 m/s，最大风速 20 m/s；降霜和冰冻期为 11 月至翌年 3 月，最大冻土层厚度 0.21 m。

3）塌陷地概况

永城矿区煤炭资源的开发，对华东工业区和豫东地区的经济繁荣及地方工业和服务业的发展起到巨大的促进作用，但同时对永城环境造成一定的负面影响，其中尤其突出的是对土地的破坏。主要体现在以下几方面：

（1）地表塌陷。煤炭开采导致地面出现不同程度的塌陷和地面不均匀沉降，永城矿区煤田几乎全部分布在平原地区的高产稳产田以及农村居民点的下方，地势平坦，地表潜位高，煤层开采工作面回采 1 ~2 个月后就波及地面，沉陷速度快，沉陷幅度大且不均匀，下沉区域集中，沉陷深度平均为 3 m。根据相关研究资料，永城矿区万吨沉陷率最大为 1.2 hm^2/万 t，平均为 0.46 hm^2/万 t。矿区在均衡生产期每年塌陷土地 459 hm^2。

（2）地面积水。因永城矿区属于高潜水位的平原矿区，通常地面沉陷后潜水出露地表，下沉盆地内常年大面积积水，使塌陷区成为湖泊、湿地。根据相关研究资料，永城矿区万吨积水率最大为 0.49 hm^2/万 t，平均为 0.24 hm^2/万 t。

（3）景观破坏。由于采煤扰动采煤地层内部形成了不同的落带、断裂带和弯曲下沉带，致使地表出现大面积的塌陷坑和纹裂带，道路、水利设施和地下水系均遭到破坏。沉陷改变了地表耕地原有平坦的形态，在塌陷区范围内形成坡度大于 8% 的坡地；在地表下沉的外边缘区，由于受水平拉伸作用的影响，出现台阶状裂缝，裂缝深度较大，造成地表凸凹不平；下沉区域潜水位高造成塌陷区常年积水，积水面积占下沉面积的 62%；由于采煤扰动造成塌陷、地裂缝及采空区的发生，位于采空区上部的房屋地及墙壁也出现严重的裂缝、倾斜和变形，无法继续居住，进行村庄搬迁还需占用大量土地，而且占用的土地主要是耕地。

（4）土壤退化。土壤是植物生长的介质，良好的土体结构为植物生长提供了适宜的生长环境。由于表土被清除或挖走，采矿后留下的通常是心土或矿渣，加上大型采矿设备的重压，往往使土壤坚硬、板结，土壤容重加大，有机质、养分与水分缺乏。采煤扰动沉陷改变了地表耕地原有平坦的形态，从而加剧了水土流失，同时地表裂缝形成地表耕地水肥下移的通道；塌陷区内积水难以排出，造成常年积水，当地表潜水位上升到地表以后，随着蒸发量的增大，加快了地下水盐分的输送量，使田地内盐分逐渐累积，最终造成土壤的次生盐渍化。采煤扰动使耕层变薄，养分循环失衡，耕作难度加大，土壤盐分增多，改变了土壤自身的理化性质和外界环境条件，造成土壤退化。

4）土地复垦模式及措施

永城矿区属高潜水位平原矿区，对土地质量影响的最主要因素是塌陷区积水。塌陷地景观中有深积水区、浅积水区、过渡带、无积水区等类型，因此应针对不同类型，采取不同的工程措施。

在永城矿区东南部，地势较为平坦，地下大面积正规作业开采，形成的塌陷盆地相对平缓，地表破坏程度较轻，塌陷区土地高差一般在 3 m 以内，可采用推土机推高填低平整塌陷土地，并通过开挖沟渠疏通水道的方式，形成新的地表水网络，完善田、林、路及其他农田或开发园林地。对于塌陷较深、常年积水的区域，应当按照生态农业复垦模式进行复垦。充分利用塌陷区形成积水的特点，根据鱼类等各种水生生物的生活规律和食性以及在水中所处的生态位，按照生态学的食物链原理进行合理组合，实现农－渔－禽－畜综合经营的生态农业类型。另外，小面积的深积水区可采用固体废弃物充填，如利用煤矸石或电厂的粉煤灰充填塌陷区，造地复田，或种有观赏价值的树木、花草，或用于开发经济林地。大面积深积水区可直接规划成休闲用地，建小桥、湖泊，发展旅游业。

4.3.2.4　郑州矿区采煤塌陷及复垦分析

1）矿区概况

郑州矿区位于郑州市西南部，为 13 个国家大型煤炭基地之一，是河南省规划的六大矿区之一，也是国家发展和改革委员会、国土资源部 2006 年第 1 号文公告设立的第二批煤炭国家规划矿区。

郑州矿区地处郑州、洛阳两市内的新密、登封、巩义、荥阳、二七区、新郑、偃师、伊川等 8 个县市(区)的行政区划内，大部分位于郑州市境内，由新密煤田、登封煤田、荥巩煤田、偃龙煤田等 4 个煤田组成，含煤总面积约 2 560 km^2，共有地质储量 14 503 Mt。

郑州矿区主产贫瘦煤，郑煤集团现有生产矿井大多分布在新密煤田。主采煤层为二叠系山西组二$_1$ 煤层，是豫西典型的"三软"不稳定煤层。郑州矿区二$_1$ 煤层底板主要有 5 个含水层。

矿区 2007 年煤炭产量达到了 5. 07 Mt/a，为我国的煤炭工业和河南省及华东、中南地区的国民经济发展作出了重要贡献。

2）自然条件

郑州矿区位于河南省中部偏北，北临黄河，西依嵩山，东南为广阔的黄淮平原。郑州地区属暖温带大陆性气候，四季分明，年平均气温 14. 4 ℃。7 月最热，平均气温 27. 3 ℃；1 月最冷，平均气温 0. 2 ℃；年平均降水量 640. 9 mm，无霜期 220 d，全年日照时间约 2 400 h。境内大小河流 35 条，分属于黄河和淮河两大水系，其中流经郑州段的黄河 150. 4 km。

3）塌陷地概况

根据现场踏勘和现状资料收集情况来看，郑煤集团所属的新密煤田大部分以及登封煤田部分地区地表沉陷情况较为严重，偃龙煤田和登封煤田由于目前开发程度不高，还未表现出明显的地表沉陷。

新密煤田和登封煤田东部地区地处平原丘陵地区，由于长期大规模的开采，加之当地星罗棋布的小煤窑的私采滥挖，形成了大面积的地下采空区，导致大面积的地表沉陷，造成大批地面建(构)筑物、工矿企业、交通、耕地等发生严重破坏和全区生态环境的恶化，给当地人民生活和各类生产活动带来极大的困难，对人民生命财产安全构成严重威胁，严重影响了本地区的经济可持续发展和社会稳定。根据郑煤集团提供的资料，目前，郑州矿区沉陷总面积 39. 44 km^2，其所采煤层垂直投影面积为 28. 41 km^2，主要分布在新密煤田和登封煤田东部，形成大小不一的彼此相互独立的沉陷区，沉陷区最大下沉值为 1. 5 ~ 9 m。

4）土地复垦模式及措施

（1）低山丘陵塌陷地复垦区。该区多为坡耕地、草地、林地、未利用土地等。土壤自然肥力差，耕作层浅，多砾石，水土流失严重；开采后地表普遍下沉 5 ~ 10 m，但地形、地貌未发生明显的变化，多裂隙、裂缝，地下水位在 10 m 以下，干旱无积水。该区生态环境相对来说比较脆弱，所以这类用地的主要复垦目标是在生态保护的前提下，复垦为园地、林地以及耕地。采取的主要措施包括修复受破坏的农灌渠道，并修建适应变形的农田水利系统；将受影响稍大的耕地平整成水平梯田；对受影响的树木采取扶栽措施。

（2）平地沉陷区复垦。积水区土地复垦措施。对这一类型的塌陷地应根据积水的情况，按照因地制宜的原则，遵循生态工程的基本原理，建立高效生态农业。生态农业典型的复垦模式是基塘复垦模式。其强调复垦后土地利用方式，其主要特征包括：①旱田，即"基"与鱼塘按一定的比例配置；②根据基和塘的不同生态位条件配置生物种群，使可被利用的生态位尽量被不同的生物种群占据；③合理选择基塘系统中生物种群的组成，充分发挥种间互补的特性，并利用食物链原理减小系统废弃物的排放量；④考虑生物种群搭配的时间序列，使环境节律和生物机能节律有机配合，实现最大限度利用自然资源的目的。

非积水区土地复垦措施。塌陷区内没有积水，而且土层并未发生较大改变，土壤养分变化不大，只要采取工程措施对地表进行适当的修复整平，同时改善田间配套设施，即可恢复土地原有的实用价值。复垦时应采取集约化农业生态模式进行复垦，充分利用景观的空间镶嵌性与多熟种植原理合理组合作物的空间结构，科学安排轮作顺序，逐步扩大间种套种面积，提高复种指数，引进推广先进耕作经营管理技术，提高农田集约化利用程度，改善复垦区内农田水利道路和农田防护林体系，合理布置田间灌排系统，复垦后的土地主要执行种植业生产功能，以高产优质高效农业发展为目标，建成以当地优势农作物为主，兼顾土特产种植和加工一体化的商品粮生产基地。

4.3.2.5　鹤壁矿区采煤塌陷及复垦分析

1）矿区概况

鹤壁矿区位于河南省北部，地跨安阳、汤阴、鹤壁等县（市）。西起煤层露头，东临京广铁路，北抵漳河，南至青羊口断层，南北长约 50 km，东西宽 5 ~ 20 km，含煤面积约 966 km^2。京广铁路纵贯矿区东部，在安阳、汤阴有支线，区内公路纵横成网，交通便利。

在石炭二叠纪煤系中，中石炭统本溪组仅含不可采薄煤层；上石炭统太原组含煤 9 层，主采 3 层；下二叠统山西组含煤 5 层，有 1 层（$二_1$）主采。可采煤层厚度 11 m。煤种牌号有肥、焦、瘦、贫、无烟煤及天然焦等，在平面上由南而北变质程度降低，剖面上由上向下变质程度增高，在岩浆体附近，变质程度急剧变化，接触带有天然焦形成。山西组煤一般为中灰特低硫，太原组煤为中灰高—富硫，发热量在 30 ~ 35 MJ/kg。2007 年，鹤壁矿区的煤炭产量为 840 万 t。

2）自然条件

矿区位居太行山东麓，西部为低山丘陵，东部为平原，地势西高东低，区内标高一般在 80 ~ 125 m。自北而南主要河流为漳河、安阳河、淇河等，由西向东汇入卫河。

本区属南温带亚湿润气候，年降水量 700 mm。最高风速 24 m/s。最低温度 1 月平均 -1.7 ℃，极端最低气温 -21.7 ℃；最高温度 7 月平均 27.6 ℃，极端最高气温 42.3 ℃。全年无霜期 219 d，最大冻土层深度 0.21 m。

3）塌陷地概况

鹤壁由于受长期采煤的影响，导致采区地表大面积变形和塌陷，大量房屋建筑、公共基础设施、耕地植被等遭到严重破坏，给沉陷区经济发展和人民生命财产造成很大损失。

采煤沉陷区主要分布在西北部山前丘陵地带煤矿分布区，北起九矿王家岭，南到黑山头，塌陷区下沉深度一般 2 ~ 5 m，最大下沉 5.71 m，占地总面积 52.4 hm^2。地面塌陷规模最小 0.002 8 km^2，最大 0.123 km^2，均为巨型规模。地面裂缝长 100 ~ 1 500 m，影响宽度 0.1 ~ 2 m，均为小型规模。虽然近年来对采煤沉陷区进行了多方治理，但远远未能从根本上解决采煤沉陷区的问题，受损情况仍十分严重。

4）复垦模式及措施

通过对区域内的待复垦土地采取工程、生物等措施进行平整土地和改良土壤，提高耕地质量；对于坡地，可以沿等高线修建梯田，并略向内倾以拦水保墒，同时采取种植绿肥、施加有机肥和化肥快速熟化耕作层土壤，提高土壤的肥力。土地利用以粮食作物为主，耕作时采用沿等高线耕作，对坡度较大的区域可采取农林（果）相间方法，以利于水土保持。

4.3.2.6　义马矿区采煤塌陷及复垦分析

1）矿区概况

义马矿区位于陕县、渑池、义马、宜阳、新安、济源等县（市）境内，并跨伊川、孟津、洛阳等县（市）。总含煤面积约 1 660 km^2。义马矿区煤炭资源十分丰富，煤田地质呈现为不对称、不完整的近东西向斜构造，煤田大部分处于向斜的北翼。东西向断裂带和向斜，从太古界至新生界地层一起卷入线状褶皱，部分同向斜倒转，形成规模大，挤压强烈，构成背向斜构造。向斜南翼断裂切割，断裂由东向西逐渐增多，东西向构造体系控制了新安、渑池、陕县地区的古生代到中生代的煤系地层，具有陆源屑沉积和滨海陆相交的建造煤源。义马煤田的含煤地层属下侏罗系，由碎屑岩、泥质岩和煤组成的陆相含煤系，按其岩系组合自上而下可分为 4 段：①底砾石岩段，厚度变化大，0 ~ 46.4 m，位于该组底部普遍发育为 2^{-3}煤的直接底板。②下煤段，厚度为 0 ~ 64.44 m，为一套河流、湖滨三角洲相间的泥质沉积物，本段含有 2^{-1}煤、2^{-2}煤、2^{-3}煤 3 个煤层。2^{-1}煤层全区普遍发育，层位稳定，为义马组主要可采煤层。2^{-3}煤厚 0 ~ 25.6 m，一般 10 m 左右，2^{-2}煤仅在该煤田西部发现基本可采，深部三层煤合并为一层。③泥岩段，一般厚 19.13 m，灰黑色泥岩，为煤田主要标志。上段煤遭受剥蚀，保留不全，一般厚 15.17 m，主要由细沙岩、粉沙岩组成，含煤两层，仅在煤田西部发育，1^{-1}煤厚 0.84 ~ 2.4 m，一般厚 1.8 m 左右，1^{-2}煤厚 0.8 ~ 2.6 m，一般厚 2 m 左右。义马煤田属中生代煤田，含煤地层为距今 1.8 亿年左右的侏罗纪早中期的义马组。义马煤田为褐煤向长焰煤过渡煤种，因偏长焰煤确定为长焰煤。

2）自然条件

矿区地形主要为丘陵，局部属山区。海拔标高一般 200 ~ 400 m，陕渑、济源矿区部分地区可达 600 ~ 700 m。矿区水系主要有黄河、洛河、石逢河、畛河、涧河等。

各矿区均属南温带亚湿润气候，1 月气温最低达 −18 ℃，7 月气温最高达 43.7 ℃，平均年降水量 600 ~ 723 mm，年蒸发量平均 1 870 ~ 2 093 mm。最大风速 20 m/s。年平均霜天 33.8 d，最大冻土深度 0.18 ~ 0.20 m。

3）塌陷地概况

根据相关资料，义马矿区目前塌陷土地面积约 60 km^2，由于地处山地丘陵区，山体滑坡、地裂缝发育，水土流失严重，最大塌陷深度 15 m，采空区与塌陷地的面积比为 1∶1.5。该矿区煤矿塌陷地复垦区大部分位于丘陵地区，开采塌陷对生态环境的影响既有有利的一面，又有不利的一面。当地下开采使地表上凸部分下沉时，将减小地面凸凹不平的程度，使地面变得较平坦，对植物生长有利；当地下开采使地表下凹部分下沉时，将增大地面凸凹不平的程度，同时使地面坡度变陡，对植物生长不利。另外，在干旱的丘陵矿区，如果地下开采引起地表裂缝发育，将使地表水易于流失，土壤变得更为干燥，也影响植物生长。但总的看来，丘陵矿区的开采塌陷对地形、地貌的影响不大，并且地表塌陷后不积水或积水很少，对植物的影响很小。

4）复垦模式及措施

由于该类型区复垦后的土壤肥力较差，土地生产能力较弱，可以选择栽种对土壤条件要求不高、生长力强的林木,进行林果园区规划,复垦也可采用果草林生态利用模式,同时选择栽植适生草种(如苜蓿),改善土壤理化性状,通过绿草翻耕提高土壤肥力和提高土地生产力,为后期种植农作物提供良好的用地条件。

4.4 河南省煤矿塌陷地土地复垦工程建设标准

4.4.1 概述

通过4.3节的分析可知,目前河南省土地复垦已进行了大量的工作,但是缺乏分类指导的标准,为加强河南省煤矿塌陷地复垦工程项目管理,统一工程等级标准,提高工程项目质量,确保工程安全运行,本节将对河南省塌陷地的建设标准进行分析。

4.4.2 耕地复垦标准

参考国土资源部土地开发整理标准、河南省和其他省份相关研究成果,确定土地复垦中耕地建设的相关要求。

4.4.2.1 一般规定

(1)复垦田块设计要确定田块方向、长度、宽度、高程和田块高差。田块设计应有利于作物的生长发育,有利于田间机械作业,有利于水土保持,满足项目区防洪排涝、田间灌溉排水要求和防风要求,便于经营管理。

(2)复垦土壤的质量,主要取决于土壤结构、土壤质地、土壤理化性质等。复垦土壤质量可参照河南省农用地分等成果来确定。

4.4.2.2 耕作田块设计

耕作田块是指由田间灌排渠系、交通道路、林带等固定工程设施和一定面积、一定质量等级的耕作土地有机组合而成,是农业的基本生产平台,是农业用地布局和结构优化的基本单位。

耕作田块是最基本的耕作、管理单位。它的规模、长度、宽度、方向、形状等要素规划的合理与否直接影响到灌排系统、护田林带、田间道路等作用的发挥以及机耕的效率和田间管理,所以正确规划耕作田块是耕地内部规划的一个十分重要的问题。

田块规划设计的内容主要是指田块的长度、宽度、方向、形状及规模等要素的设计。其中每一个要素均是田块规划设计中所不可缺少的,每一个因素在规划设计中所起的作用均不同,不能相互替代。

对于煤矿塌陷地,复垦田块的设计标准应综合考虑原地貌特点,塌陷深度、位置等因素来确定相应的标准。位于山地丘陵区的塌陷地,土地破坏后,基本不影响原来的地貌特征,像义马矿区、焦作矿区等。复垦时,以梯田为主要形式。在平原地区,如果塌陷较深、塌陷盆地的边缘地区坡度较大,这些塌陷坡地也应当以建设梯田为主。平原区下沉盆地的中央部分,当采空区宽度远大于开采深度的1.2~1.4倍,达到超充分采动时,在地表出现较平缓的下沉盆地。如果不积水或积水较浅,可复垦为优质农田。这些土地应当按条田进行建设。

1）耕作田块长度

田块的长度不仅影响到机械作业效率的发挥、田块平整工程量的大小，还影响到灌排渠系的布设。因水流流量的大小影响到流程的长短及灌溉面积的大小，从而影响到灌溉均匀程度以及田块灌排水的畅通度。

田块的长度应根据耕地机械工作效率、田块平整度、灌溉均匀程度及排水畅通度等因素确定。平原地区，地面平坦，以旱作为主，机械化作业容易，耕作田块的长度很大。在其他条件基本类似的情况下，排水通畅性要求是确定条田长度的主要控制性因素，盐化平原区和水网圩田平原区对排盐和降渍的要求较高，条田长度宜在300～600 m，其他平原区条田长度一般为400～800 m或更长一些。在平原地区田块可长些，而丘陵地区要短些，在旱作地区可长些。

2）耕作田块的宽度

耕作田块宽度取决于末级固定沟道的间距、机械作业要求、防护林的有效防护距离、田块面积的大小，同时还应考虑地形、地貌的限制。田块宽度的合理确定关系到田间生产作业的方便与否、机械作业效率的发挥、平整工程量的大小及田间地下水位的降低。不同地区、不同情况下所需考虑的主要因素不尽相同，如盐碱化地区以降低地下水位为主，风害地区则侧重于考虑防护林的有效防护距离。根据河南省的具体情况，田块宽度在100～300 m。

3）耕作田块方向

耕地田块方向，一般系指田块的长边方向。它与末级固定沟渠、田间道路和护田林网中的主林带方向相一致。耕作田块方向选择的合理与否，将长期影响田块的日照、灌排、田间作业、防风以及下地距离远近。耕作田块方向的布置应保证耕作田块长边方向受光照时间最长，受光热量最大，宜选用南北向。在丘陵、山区，耕作田块应平行等高线布置；在需要设防风林的地方，防风林应与当地主害风向垂直或与主害风向垂直线交角小于45°方向布置。

4）耕作田块的形状

在条件许可的前提下，田块的外形要力求规整，长边与短边交角以直角或接近直角为好。形状选择依次为长方形、正方形、梯形、其他形状，避免不规则的三角形和多边形，长宽比以不小于4∶1为宜。耕作地块的边界还应结合现有沟、渠、路、林及其他自然界线，不能机械划分，做到既不影响机械作业，又不浪费土地。在不规则形状的地段上划分耕作田块时，也要力求外形规整，在自然边界（河流、沟谷、山等）较多的地区，最好将自然边界规划成地块的短边，采用自然边界的实际曲线，这样既不影响机械作业又不浪费土地。

5）高差

相邻田块高差及田土坎的设计，对于丘陵山区，田块设计要求有利于水土保持和表层耕植土的利用，相邻田块的高差应小于2.5 m。田土坎在地质条件稳固性较好的区域一般采用土质，地质不稳固地区或田土坎较高的，尽量采用石质或土石混合，田土埂坎外侧设一定的坡度，坡度一般为 70° ~ 76°，田土埂宽以 40 ~ 60 cm 为宜。

6）田块平整度

田块平整度，是指田块的水平程度，用田块的平均坡度和局部凸凹高差表示。水浇地要求田块平均坡度小于 2°，凸凹高差小于 50 mm；旱地平均坡度要求应限在 3°以内，凸凹高差小于 80 mm。

7）田块设计高程

耕作田块设计高程应满足农作物排渍的要求，即田块高程 $\geqslant E_0 + d$（E_0 为所在地块最高地下水位，d 为设计排渍深度）。水浇地设计排渍深度可取 $d = 0.6$ m，旱地设计排渍深度可取 $d = 0.8$ m。

对于煤矿塌陷地，复垦田块的设计标准应综合考虑原地貌特点、塌陷深度、位置等因素来确定相应的标准。

4.4.2.3　梯田设计

位于山地丘陵区的塌陷地，土地破坏后，基本不影响原来的地貌特征，像义马矿区、焦作矿区等。复垦时，以梯田为主要形式；在平原地区，如果塌陷较深，塌陷盆地的边缘地区坡度较大，这些塌陷坡地也应当以建设梯田为主。

梯田断面形式一般宜采用水平梯田形式，梯田田坎材质以土质田坎为主，局部地区如确实因田坎稳定性要求且可就地取材，可以考虑修建石质田坎。如局部有风化基岩石质的低山丘陵区可以视情况修建石坎梯田。

梯田田块沿等高线布局，即长边方向顺等高线布置；梯田田面长度主要根据地形地貌条件而定，大弯就势，小弯取直，田块长度尽可能在 100 ~ 200 m，以便利耕作；梯田田面宽度、田坎高度主要根据地形坡度、降雨量和强度、土质条件和土层厚度确定；田坎坡度主要根据田坎高度、土质条件和田坎稳定要求确定。为尽量减小挖填方量，地形坡度大、土层较薄时，田面宽度宜小，地形坡度小、土层较厚时，田面宽度可大一点，同时也要考虑施工和机耕的要求。为保持梯田的稳定性，田坎需修成一定的侧坡，田坎愈高侧坡应愈缓，具体可参考表 4-1。设计和施工过程中，要重视表土的利用，保证耕地表层有 15 ~ 25 cm 的耕作层或熟土层，要求熟土利用率达 100%。平整程度应使田面高差在 ±5 cm 以内。

表 4-1　不同地形坡度水平梯田断面适宜参数

适应地区	地面坡度 θ(°)	田面净宽 B(m)	田坎高度 H(m)	田坎坡度 α(°)
山地丘陵塌陷区塌陷深度较大的塌陷坡地	2 ~ 5	10 ~ 15	0.5 ~ 1.2	80 ~ 85
	5 ~ 10	8 ~ 10	0.7 ~ 1.8	75 ~ 80
	10 ~ 15	7 ~ 8	1.2 ~ 2.2	70 ~ 75
	15 ~ 20	6 ~ 7	1.6 ~ 2.6	65 ~ 70
	20 ~ 25	5 ~ 6	1.8 ~ 2.8	60 ~ 65

4.4.2.4　重构土壤质量要求

土壤重构(soil reconstruction,soil restoration)即重构土壤,是以工矿区破坏土地的土壤恢复或重建为目的,采取适当的采矿和重构技术工艺,应用工程措施及物理、化学、生物、生态措施,重新构造一个适宜的土壤剖面和土壤肥力因素,在较短的时间内恢复和提高重构土壤的生产力,并改善重构土壤的环境质量。影响重构土壤的质量因素主要有以下几个。

(1)有效土层厚度。有效土层厚度是指植物根系能自由伸展的土层,它直接影响着植物根系对土壤养分与水分的吸收,从而影响植物地上部分的生长和发育。

(2)土壤质地。土壤质地是影响土壤结构性、通透性及一系列水分物理性质、土壤耕性及土壤养分状况的重要条件。

(3)土壤有机质。有机质是作物养分的重要来源,同时也是改善土壤一系列物理、化学性质的物质。它具有较强的吸附性能,是土壤无机胶体的 4 ~ 5 倍,吸水能力是无机胶体的 5 ~ 10 倍,同时土壤有机质可改善土壤结构,形成有机、无机复合体,形成团粒结构。因此,土壤有机质能调节土壤水、肥、气、热等肥力因素,对土壤肥力影响极大。

(4)土壤的酸碱性。酸碱性是反映土壤溶液中存在着 H^+ 和 OH^- 的多少,其数量的多少决定土壤溶液的酸碱程度。它是土壤的一个重要特性,也是影响土壤肥力和植物生长的一个重要因素。一般作物在中性、弱酸性、弱碱性土壤中生长适宜,过酸、过碱都会影响作物生长。

(5)土体构型。土体构型影响土壤水、肥运行及植物根系伸展范围,并对土壤保水、保肥都有重要作用。

(6)障碍因素。障碍因素是指阻碍植物正常生长发育、限制土壤肥力发挥、破坏土壤良好性能的各种因素,如充填煤矸石层、砂姜盘层、砾石层、过砂层、过黏层、土壤含盐层与碱化层、土壤潜育层、漂白层等均属障碍因素。

(7)土壤盐碱化。土壤盐碱化程度的高低,同样是影响土壤肥力的重要条件,因为盐碱化程度高,土壤溶液浓度大,往往造成植物根部吸水困难,出现生理干旱,植物因缺水而萎蔫枯死。另外,土壤盐碱化程度高,土壤中含有较多的碱性物质,如 Na_2CO_3、$NaHCO_3$ 等,能够腐蚀植物机体,破坏植物组织,对植物有毒害作用。

(8)土壤砾石含量。土壤砾石含量是指耕作层土壤中砾石所占的比例。

以河南省农用地分等成果为主要依据,同时参考相关的研究成果,基于以下两个原则:①已经破坏的土地,按照复垦后的土壤质量等级不低于其周围土壤等级建立相应标准;②未来要破坏的土地,其复垦后的土壤质量等级不低于破坏前的质量等级建立相应标准。

参考河南省土地整理标准的相关研究成果,结合各矿区的实际地理环境,建立相应重构土壤质量标准,具体见表 4-2 ~ 表 4-7。

表 4-2 焦作矿区重构土壤质量标准

等别	因素				
	表层土壤质地	砾石含量(%)	土壤酸碱度	有机质含量(%)	有效土层厚度(cm)
5	沙土	<2	8.5~9.0	1.0~2.0	30~60
6	黏土	<2	8.5~9.0	1.0~2.0	30~60
7	黏土	<2	7.9~8.5	1.0~2.0	30~60
8	黏土	<2	7.9~8.5	1.0~2.0	60~100
9	黏土	<2	7.9~8.5	2.0~3.0	100~150
10	黏土	<2	7.9~8.5	2.0~3.0	100~150
11	壤土	<2	7.9~8.5	2.0~3.0	>150
12	壤土	<2	6.0~7.9	3.0~4.0	>150
13	壤土	<2	6.0~7.9	3.0~4.0	>150
14	壤土	<2	6.0~7.9	>4.0	>150

表 4-3 平顶山矿区重构土壤质量标准

等别	因素				
	表层土壤质地	剖面构型	土壤酸碱度	有机质含量(%)	障碍层深度(cm)
7	黏土	黏/沙/沙、黏/沙/黏	6.0~7.9	1.0~2.0	60~90
8	黏土	通体黏	6.0~7.9	1.0~2.0	60~90
9	黏土	通体黏	6.0~7.9	1.0~2.0	60~90
10	壤土	壤/黏/黏、壤/沙/壤	6.0~7.9	1.0~2.0	60~90
11	壤土	通体壤、壤/黏/壤	6.0~7.9	2.0~3.0	>90
12	壤土	通体壤、壤/黏/壤	6.0~7.9	2.0~3.0	>90
13	壤土	通体壤、壤/黏/壤	6.0~7.9	3.0~4.0	>90
14	壤土	通体壤、壤/黏/壤	6.0~7.9	>4.0	>90

表 4-4 永城矿区重构土壤质量标准

等别	因素					
	表层土壤质地	剖面构型	土壤酸碱度	盐渍化程度	有机质含量(%)	障碍层深度(cm)
7	沙土	沙/黏/黏	8.5~9.0	无	0.6~1.0	无
8	黏土	黏/沙/沙	8.5~9.0	无	1.0~2.0	60~90
9	黏土	黏/沙/黏	7.9~8.5	无	1.0~2.0	60~90
10	黏土	黏/沙/黏	7.9~8.5	无	1.0~2.0	60~90
11	黏土	通体黏	7.9~8.5	无	2.0~3.0	>90
12	壤土	壤/黏/壤	6.0~7.9	无	2.0~3.0	>90
13	壤土	通体壤	6.0~7.9	无	3.0~4.0	>90
14	壤土	通体壤	6.0~7.9	无	>4.0	>90

表 4-5　郑州矿区重构土壤质量标准

等别	因素					
	表层土壤质地	剖面构型	土壤酸碱度	盐渍化程度	有机质含量(%)	障碍层深度(cm)
7	沙土	沙/黏/黏	8.5~9.0	无	0.6~1.0	无
8	黏土	黏/沙/沙	8.5~9.0	无	1.0~2.0	60~90
9	黏土	黏/沙/黏	7.9~8.5	无	1.0~2.0	60~90
10	黏土	黏/沙/黏	7.9~8.5	无	1.0~2.0	60~90
11	黏土	通体黏	7.9~8.5	无	2.0~3.0	>90
12	壤土	壤/黏/壤	6.0~7.9	无	2.0~3.0	>90
13	壤土	通体壤	6.0~7.9	无	3.0~4.0	>90
14	壤土	通体壤	6.0~7.9	无	>4.0	>90

表 4-6　鹤壁矿区重构土壤质量标准

等别	因素				
	表层土壤质地	砾石含量(%)	土壤酸碱度	有机质含量(%)	设计有效土层厚度(cm)
7	黏土	<2	7.9~8.5	1.0~2.0	60~100
8	黏土	<2	7.9~8.5	1.0~2.0	100~150
9	黏土	<2	7.9~8.5	2.0~3.0	100~150
10	壤土	<2	7.9~8.5	2.0~3.0	100~150
11	壤土	<2	7.9~8.5	2.0~3.0	>150
12	壤土	<2	6.0~7.9	3.0~4.0	>150
13	壤土	<2	6.0~7.9	3.0~4.0	>150
14	壤土	<2	6.0~7.9	>4.0	>150

表 4-7　义马矿区重构土壤质量标准

等别	因素				
	表层土壤质地	设计排水条件	剖面构型	土壤酸碱度	有机质含量(%)
6	沙土	基本健全	沙/黏/黏	7.9~8.5	1.0~2.0
7	沙土	基本健全	沙/黏/沙	7.9~8.5	1.0~2.0
8	黏土	基本健全	黏/沙/沙	6.0~7.9	1.0~2.0
9	黏土	基本健全	黏/沙/黏	6.0~7.9	1.0~2.0
10	黏土	基本健全	通体黏	6.0~7.9	2.0~2.0
11	壤土	健全	壤/黏/壤	6.0~7.9	2.0~3.0
12	壤土	健全	通体壤	6.0~7.9	3.0~4.0
13	壤土	健全	通体壤	6.0~7.9	>4.0

4.4.3　复垦区农田水利工程建设标准

参考国土资源部土地开发整理标准、河南省和其他省份相关研究成果，确定复垦区农田水利工程建设的相关要求。

4.4.3.1　防洪标准

按照《防洪标准》(GB 50201—94)执行。防护区防洪标准按规定为 20 年一遇洪水标准。

4.4.3.2　堤防工程等级标准

堤防工程设计应按照《堤防工程设计规范》(GB 50286—98)执行。防护区堤防洪水标准按 20 年一遇洪水标准,相应堤防工程的级别一般为第 5 级。

堤防工程上的闸、涵、泵站等建筑物及其他构筑物设计防洪标准不应低于堤防工程的防洪标准,并应留有适当的安全度。

4.4.3.3　排水工程

1)排水标准

排水条件主要受地形和排水设施的影响,根据雨后地表积水情况,分为 4 个级别,分级界限下含上不含。

1 级,有健全的干、支、斗、农排水渠道,无洪涝灾害(旱作区田面积水少于 1 d、水稻区涝水 3 d 内排至耐淹水深);

2 级,排水体系基本健全,丰水年暴雨后有短期洪涝发生(旱作区田面积水 1 ~2 d、水稻区涝水 3 ~4 d 排至耐淹水深);

3 级,排水设施一般,丰水年大雨后有洪涝发生(旱作区田面积水 2 ~3 d、水稻区涝水 4 ~5 d 排至耐淹水深);

4 级,无排水设施,一般年份在大雨后发生洪涝(旱作区田面积水大于 3 d、水稻区涝水排至耐淹水深时间大于 5 d)。

结合各矿区实际地理环境,以及复垦后土地的质量等级,建立相应复垦土地排水标准,见表 4-8。

表 4-8　矿区土地复垦排水标准

等别	矿区					
	焦作	平顶山	永城	郑州	鹤壁	义马
5	基本健全					
6	基本健全					基本健全
7	基本健全	基本健全	基本健全	基本健全	基本健全	基本健全
8	基本健全	基本健全	基本健全	基本健全	基本健全	基本健全
9	基本健全	基本健全	基本健全	基本健全	基本健全	基本健全
10	基本健全	基本健全	基本健全	基本健全	基本健全	基本健全
11	健全	基本健全	基本健全	基本健全	健全	健全
12	健全	健全	健全	健全	健全	健全
13	健全	健全	健全	健全	健全	健全
14	健全	健全	健全	健全	健全	

2)排水沟设计

排水沟设计应考虑作物对排渍深度、耐渍深度、耐渍时间的要求,还应考虑对地下水位的控制。按照《灌溉与排水工程设计规程》(GB 50288—99)执行。

(1)明沟排水系统的设置应与灌溉渠系相对应,可依干沟、支沟、斗沟、农沟顺序设置固定沟道。根据排水区的形状和面积大小以及负担的任务,沟道的级数也可适当增减。

(2)明沟排水系统的布置应符合下列规定:

①排水沟宜布置在低洼地带,并尽量利用天然河沟。

②排水沟线路宜避免高填、深挖和通过淤泥、流沙及其他地质条件不良地段。

③排水线路宜短而直。排水沟布设弯道段时,拐弯半径大于水面宽度的5倍。

④排水沟出口宜采用自排方式。受承泄区或下一级排水沟水位顶托时,应设涵闸相机抢排或设泵站提排。

(3)排水沟纵、横断面设计应符合下列要求:

①应保证设计排水能力。排水沟设计水位宜低于地面(或堤顶)不少于0.2 m。干、支、斗沟应按分段流量设计断面。

②排水沟分段处以及重要建筑物上、下游水面应平顺衔接。下一级沟道的设计水位宜低于上一级沟道0.1~0.2 m。

③正常运行时不应发生冲刷、淤积和边坡坍塌等情况。

④占地少,工程量小。

⑤施工、管理方便。

(4)排水沟沟底比降应根据沿线地形、地址条件,上、下级沟道的水位衔接条件,不冲、不淤等要求确定,并宜与沟道沿线地面坡度接近。

3)排涝泵站设计

(1)泵站设计应符合《泵站设计规范》(GB/T 50265—97)要求。

(2)站址应根据流域治理或城镇建设的总体规划、综合利用、便于管理等要求选择排水区地势低洼、能汇集排水区内涝水的地点。

(3)泵站布置应根据站址地地质条件,机电设备选型,进、出流道(或管路),电源进线方向,对外交通以及有利于泵房施工、机组安装与检修和工程管理等,经技术经济比较确定。

(4)泵站的供电系统设计应以防洪等级、泵站所在地区电力系统现状及发展规划为依据,经技术经济比较论证,合理确定供电点、供电系统接线方案、供电容量、供电电压、供电回路数及无功补偿方式等。

4.4.3.4　灌溉工程

1)灌溉制度

农作物灌溉制度是指播种前及全生育期内的灌水次数、灌水时间、灌水定额和灌溉定额,是确定灌溉用水量的依据。具体按《灌溉与排水工程设计规范》执行。

2)灌溉标准

土地复垦重要的一个方面,就是要建立灌溉和排水体系,提高灌溉保障率。土地复垦工程按其灌溉水资源供需状况和灌溉面积确定灌溉设计保证率,根据河南省的具体情况,灌溉保证率分为4个级别:

1级,充分满足,包括水田、菜地和可随时灌溉的水浇地(80%以上);

2 级，基本满足，有良好的灌溉系统，在关键需水生长季节有灌溉保证的水浇地（60% ~80%）；

3 级，一般满足，有灌溉系统，但在大旱年不能保证灌溉的水浇地（30% ~60%）；

4 级，无灌溉条件，包括旱地与望天田（30% 以下）。

各矿区结合实际地理环境，以及复垦后土地的质量等级，建立相应复垦地灌溉标准（见表 4-9）。

表 4-9 矿区土地复垦灌溉标准

等别	矿区					
	焦作	平顶山	永城	郑州	鹤壁	义马
5	基本满足					
6	基本满足					无灌溉条件
7	基本满足	基本满足	基本满足	基本满足	基本满足	基本满足
8	基本满足	基本满足	基本满足	基本满足	基本满足	基本满足
9	基本满足	基本满足	基本满足	基本满足	基本满足	基本满足
10	基本满足	基本满足	充分满足	充分满足	充分满足	基本满足
11	充分满足	充分满足	充分满足	充分满足	充分满足	充分满足
12	充分满足	充分满足	充分满足	充分满足	充分满足	充分满足
13	充分满足	充分满足	充分满足	充分满足	充分满足	充分满足
14	充分满足	充分满足	充分满足	充分满足	充分满足	

3）灌溉工程永久性水工建筑物洪水标准

根据建筑物级别，要满足灌溉要求。

4）灌溉水源工程

（1）应当阐明地区主要河流水系的流域概况，水资源区划。确定灌溉水源位置，分析论证灌溉水源不同水平年的可供水量，进行水资源平衡。阐明当地实施取水许可证制度的情况，以及水行政部门对项目区供水的承诺。

（2）灌溉水质要求：

①以地面水、地下水或处理后的城市污水与工业废水作为灌溉水源时，其水质均应符合现行国家标准《农田灌溉水质标准》（GB 5084—2005）的规定。

②灌区内外农田、城镇及工矿企业排入灌排沟渠的地面水和污水水质必须符合《地面水环境质量标准》（GB 3838—2002）和《污水综合排放标准》（GB 8978—1996）的规定；回灌地下水的水质除应符合上述规定外，尚应符合《农田灌溉水质标准》（GB 5084—2005）的规定。

5）灌溉技术

田间灌溉技术主要有大田漫灌、喷灌、微灌。应根据水资源供需情况、技术经济比较选择灌溉方式。应尽量采用节水灌溉措施，喷灌、微灌设计应符合《喷灌工程技术规范》

(GBJ 85—85)和《微灌工程技术规范》(SL 103—95)的规定。

6)水资源平衡分析

根据天然降水产生的天然来水和灌溉需水工程推算补水过程,最终求得最大月需补水量和年总补水量。

7)灌溉输配水工程

(1)渠系水利用系数,输水渠系应全部衬砌或采用管道输水。衬砌渠系水利用率要达到0.75以上,管道输水系统水利用率要达到0.95以上。

(2)灌溉渠道系统,灌溉渠道应依干渠、支渠、斗渠、农渠顺序设置固定渠道。灌溉面积小的灌区可减少渠道级数,但灌溉渠道系统不宜越级设置渠道。

(3)灌溉提水泵站工程:

①泵站设计应符合《泵站设计规范》(GB/T 50265—97)的规定。

②站址应选择有利于控制灌溉范围,使输水系统布置经济,且淡水水源充沛、水质适宜灌溉要求的地点。

③泵房布置应根据站址地质条件,机电设备选型,进、出水流道(或管路),电源进线方向,对外交通以及有利于泵房施工、机组安装与检修和工程管理等因素,经技术经济比较确定。

④泵站的供电系统设计应以泵站所在地区电力系统现状及发展规划为依据,经技术经济比较论证,合理确定供电点、供电系统接线方案、供电容量、供电电压、供电回路数及无功补偿方式等。

4.4.4 复垦区田间道路工程建设标准

参考国土资源部土地开发整理标准、河南省和其他省份相关研究成果,确定复垦区田间道路工程建设的相关要求。

4.4.4.1 田间道路工程等级划分

复垦区田间道路工程是为满足复垦区农业生产与生活需要而修建的道路的总称,是土地复垦工程的重要组成部分,它关系到农业生产、交通运输、农民生活和实现农业机械化等各方面的需要。

根据田间道路服务面积和功能不同,根据国土资源部土地开发整理相关标准,土地复垦区道路可分为干道、支道、田间道和生产路四个等级。

(1)干道是乡镇与乡镇联系的道路,以通行汽车为主,是整个项目区道路网的骨干,联系着农村居民点和各乡镇,承担着项目区的主要客货运输。

(2)支道一般指村庄与村庄之间联系的道路,是村庄对外联系的通道,承担着运进农业生产资料和运出农产品的任务。

(3)田间道是指联系村庄与田块,为货物运输、作业机械向田间转移以及为机器加水、加油等生产任务的道路。

(4)生产路是指联系田块、通往田间的道路,主要起田间货物运输的作用,为人工田间作业和收获农产品服务。

4.4.4.2 田间道路建设标准

(1)一般来说,农村干、支道相当于国家四级公路,因此在建设标准上可参照国家四级公路的要求。

(2)田间道和生产路低于干道和支道的建设标准,因此其建设标准不超过相应国家四级公路的建设标准。已出台相关建设标准的,以相关标准为参考。

(3)田间道一般为中级、低级路面,生产路为低级路面。

4.4.4.3 田间道路总体布置原则

(1)田间道路工程必须考虑长远发展需要,在规划时,既要考虑当前人、畜力运行的要求,同时还要满足动力机械通行的要求。

(2)田间道路布置应和农村主干道路有机地结合在一起,组成统一的农村道路网。田间道路的平、纵、横三方面应满足道路路线设计的技术要求。

(3)尽量减少道路跨越沟渠,尽量减少桥涵等工程建筑物,以求节省农田基本建设投资,此外还要尽量减少道路的占地面积。

(4)必须结合田块、渠道、林带、排水沟等项目一起进行规划,以便于农机具转运、经营管理和灌溉管理。

(5)保护生态环境,防止水土流失。

4.4.4.4 路网密度

路网密度是体现项目区内交通联系便捷程度的技术指标,道路网密度越高,项目区内生产生活越便利,但道路占有耕地面积也越大,所以在满足正常生产生活顺利进行的条件下,需提出适宜的道路网密度控制指标,以保护项目区内耕地的数量。

根据河南省实际情况和农业灌溉排水工程建设的要求,田间道路网密度不宜超过 $3.0\ km/km^2$,生产路路网密度不宜超过 $8.0\ km/km^2$。

4.4.4.5 田间道

1)田间道布置原则

(1)对于平原区,若有渠系,田间道的布置尽量与支、斗渠(沟)相结合,常见的结合形式有3种,即"沟-渠-路"、"路-沟-渠"和"沟-路-渠"。这3种结合形式各有利弊,具体采用哪种结合形式,应以有利于灌排、机耕、运输和田间管理,且不影响田间作物光照条件,并能节约土地,减少平整土地和修建田间灌排建筑物的工程量为原则,并结合各地区具体情况进行具体分析确定。

"沟-渠-路"是将道路布置在田块上端,位于灌溉渠道的一侧,这对农机下田耕作有利,且有扩宽余地,可兼作管理道路,但道路跨过下级渠道需修建桥梁,路面起伏较大。"路-沟-渠"是道路布置在田块下端,位于排水沟一侧,路面较平坦,便于农机下田和运输,但与下级排水沟相交需修建桥梁等交叉建筑物,若孔径不足,影响排水,且雨季田块和道路易积水或受淹。"沟-路-渠"是将道路布置在灌水田块下端,介于渠道和排水沟之间,便于渠沟维修管理,但农机下田必须跨越渠沟,需修建较多的桥梁,且今后扩宽道路也有困难。

(2)对于山地丘陵区,田间道的布置还应尽量依地形地貌变化沿沟边或沟底布置,以减少新建田间道路的开挖和回填土方。

2）路面设计

（1）基本规定：

①田间道路路面应具有良好的稳定性和足够的强度，其表面应满足平整、抗滑和排水的要求。

②应结合投资预算的可能，根据就地取材的原则，合理选择路面面层类型，并结合当地的自然条件和路基状况对路面进行综合设计。

③田间道路路面设计以双轮组单轴 100 kN 为标准轴载。

④路基、路面应有良好的排水、防淹、防碱性能，保障路基和路面的稳定、安全和道路畅通。

（2）路面宽度与错车点：

①田间道路面宽度是为了安全和行车上的顺适而确定的各类农用机械、车辆交通上所需的宽度。

②为节约用地，田间道路面一般不考虑错车、超车行驶所必需的余宽，而是根据道路的实际情况合理设置错车点和末端掉头点以解决错车和超车问题。

③根据调查资料，农用机械通行宽度一般小于 2.5 ~ 3.0 m，所以选择田间道路宽度为 3.0 ~ 4.0 m，田间道路建设指标详见表 4-10。

表 4-10　田间道路建设指标

工程类型	路面宽度（m）	路肩宽度（m）	路基宽度（m）	边坡比
田间道	3 ~ 4	0.25 ~ 0.5	4 ~ 5	1∶2、1∶1.5
生产路	1 ~ 2	—	1 ~ 2	1∶1.5、1∶1

④错车点应选在视野相对开阔的地点，且驾驶人员至少可以看到相邻两个错车道的情况。错车点的间隔，平原区以 400 ~ 500 m 为宜，山地丘陵区以 200 ~ 300 m 为宜，错车位处路面宽度应不小于 6.0 m，其有效长度不小于 10 m。

（3）路面平整度。田间道为中级、低级路面，对路面平整度要求较低，一般不大于 3 cm。

（4）路面结构与材质：

①田间道路面结构一般由面层、基层、底基层与垫层组成，考虑到土地开发整理项目区内交通量少，可简化结构组成，路面可只设面层和基层两层。

②田间道路面可根据实际情况选用水泥混凝土路面、沥青碎石路面或砂石路面。其中，砂石路面是以砂、石等为骨料，以土、水、灰为结合料，通过一定的配比铺筑而成的路面的统称，包括级配碎（砾）石路面、泥结碎（砾）石路面、水结碎石路面、填隙碎石路面及其他粒料路面。

③路面基层材料宜采用水泥稳定碎石、二灰碎石等半刚性材料，也可采用水泥稳定粒料（土）、石灰粉煤灰稳定土、石灰稳定粒料（土）、填隙碎石或其他适宜的当地材料铺筑。

④不同材料类型的田间道路面面层和基层厚度应符合表 4-11 的规定。

表 4-11　不同材料类型的田间道路面面层和基层厚度指标　　（单位:cm）

路面类型	水泥混凝土路面	沥青碎石路面	砂石路面
面层厚度	18 ~ 22	3 ~ 5	15 ~ 20
基层厚度	16 ~ 20	16 ~ 20	15 ~ 20

3）路基设计

（1）基本规定:

①路基工程应具有足够的强度、稳定性和耐久性。

②路基设计应做好工程地质勘察工作,查明水文地质和工程地质条件,获取设计所需要的岩土物理力学参数。

③路基设计应从地基处理、路基填料选择、路基强度与稳定性、防护工程、排水系统以及关键部位路基施工技术等方面进行综合设计。

④新修田间道路基应进行清除杂草、表土以及夯实等处理,对土质松软的路基应采用三合土或石灰土回填并夯实。

（2）路基宽度:路基宽度为路面宽度与路肩宽度之和。土地复垦项目区田间道路基宽度应符合表 4-10 规定。

（3）路基高度:

①应使路肩边缘高出路基两侧地面积水高度,同时考虑地下水、毛细水和冰冻的作用,不致影响路基的强度和稳定性。

②沿河及受水淹没的路基设计标高应高出 5 年一遇频率洪水的洪水位加壅水高、波浪爬高和 0.5 m 的安全加高以上。

③不受水淹没的路基设计标高,支道、田间道应高出田面高程 0.5 m;挖渠土填筑路段应高于地下水位 0.5 m 以上,有灌溉渠道时,护坡道应高出水渠设计水位 0.5 m。

（4）路基填料:

①填方路基应优先选用级配较好的砾类土、砂类土等粗粒土作为填料,填料最大粒径应小于 150 mm。

②泥炭、淤泥、冻土、强膨胀土、有机质土及易溶盐超过允许含量的土等,不得直接用于填筑路基。冰冻地区的路床及浸水部分的路堤不应直接采用粉质土填筑。

③细粒土作填料时,土的含水量应接近最佳含水量;当含水量过高时,应采取晾晒或掺入石灰、水泥、粉煤灰等材料进行处置。

（5）路基排水:

①路基应根据沿线的降水与地质水文等具体情况,设置必要的地面排水、地下排水、路基边坡排水等设施,并与沿线桥涵配合,形成良好的排水系统,以保证路基及其边坡的稳定。

②路基排水设计应遵循总体规划、合理布局、少占农田、环境保护的原则,并与当地排灌系统协调。

③排水困难地段,可采取降低地下水位、设置隔离层等措施,使路基处于干燥、中湿状

态。

④土地整理中可能遇到以下 4 种路基排水形式。

a)边沟形式:边沟的深度和宽度不得小于 0.4 m,边沟沟底纵坡宜与路线纵坡一致,并不宜小于 0.3%。困难情况下,可减小至 0.1%。

b)截水沟:截水沟深度和宽度不得小于 0.6 m,沟底纵坡不宜小于 0.3%,且截水沟应进行防渗加固。

c)排水沟:排水沟的深度和宽度不得小于 0.6 m,沟底纵坡不宜小于 0.3%,易受水流冲刷的排水沟应视实际情况采取防护、加固措施。

d)暗沟(管):暗沟沟底的纵坡不宜小于 1%,条件困难时亦不得小于 0.5%,出水口处应加大纵坡,并应高出地表排水沟常水位 0.2 m 以上。

(6)路基压实度:

①路基基底强度、稳定性不足时,应进行压实处理,以保证路基稳定,减少施工后沉降。

②路基施工应采用压实机具,采取分层填筑、压实。如填方在 0.8 m 深度范围内,零填及挖方在 0.3 m 深度范围以内,其压实度必须达到 93%;填方在 0.8 m 深度范围以上,其路基压实度必须达到 90% 以上。若压实度达不到要求,则必须经过 1 ~2 个雨季,使路基相对沉降稳定后,才能铺筑泥石路面或硬化路面。

③特殊干旱地区或特殊潮湿地区的路基压实度数值可适当降低。

(7)路基边坡比:路基边坡应保持稳定。田间道一般采用 1:1.5,受水浸淹的边坡应放缓为 1:2;横向排水坡度应大于 1.5%。特殊地段,为保持路基边坡的稳定应设计挡土墙。

(8)路肩:

①为保证行车安全和人员安全,考虑到农用车辆事故等临时紧急停车和生产人员通行的需要,一般应在田间道两侧设置路肩。

②路肩的宽度依田间道路的级别而定,一般支路路肩宽 0.5 m 左右,田间道路肩宽 0.25 m 左右。

③一般路段路肩边缘应高出路基两侧田面高程 0.5 m 以上。

④路肩的材料选用应做到因地制宜、经济合理、节省投资。路肩宜采用适当形式硬化处理或素土夯实。

4)纵断面设计

(1)纵断面即纵坡,纵坡坡度值和坡长对各类车辆行驶的速度、上坡、运输效应、行车安全等方面有很大影响。纵断面设计应使坡度平缓,起伏均匀。

(2)参考《土地开发整理项目规划设计规范》(TD/T 1012—2000),结合河南省实际,田间道最大纵坡度值:平原地区不宜大于 6%;丘陵地区不宜大于 11%;最小纵坡度值以满足雨雪水排出要求为准,一般宜取 0.3% ~0.4%,多雨地区宜取 0.4% ~0.5%。

4.4.4.6　生产路

1)生产路布置原则

生产路一般沿着田块的长边布置,尽量与斗渠、农渠(沟)相结合。为节约用地,还应根据地区实际情况采用不同的布置方式。

(1)对于旱作区,由于不受灌溉条件的限制,生产路的布置在满足田间道路总体布置原则的前提下可适当调整。对于平原区,旱作田块宽度一般为400~600 m,每个田块可设1条生产路;而对于山地丘陵区,旱作田块宽度一般为200~300 m,可考虑每2~3个田块设1条生产路。

(2)对于灌溉地区,生产路的布置尽量与斗渠、农渠(沟)相结合。对于没有渠系的灌溉地区,可设在农沟的外侧与田块直接相连;对于有渠系的灌溉地区,可设在农渠与农沟之间。

2)路面设计

(1)生产路路面宽度只需满足生产人员田间生产、生产资料下田和收获农产品等活动即可,可定为1.0~2.0 m。

(2)生产路为最低级路面,路面平整度不大于5 cm,不设错车位。

(3)考虑到生产路与田块直接接触,其稳定性容易受积水和高地下水位的影响,所以,生产路路面宜采用具有一定黏性的素土夯实。

3)路基设计

(1)路基宽度:土地开发整理项目区生产路路基宽度应符合表4-10规定。

(2)路基高度:沿河及受水淹没的路基设计标高应高出5年一遇频率洪水的洪水位加壅水高、波浪爬高和0.5 m的安全加高以上;不受水淹没的生产路路基,其设计标高应高出田面高程0.3 m。

(3)路基边坡比:土地开发整理项目区生产路路基边坡比应符合相关规定。

(4)路肩:生产路为最低级路面,可不设路肩。

4)纵断面设计

生产路纵坡基本与农田纵坡一致,一般不设纵坡限制。对于个别坡度较大的地段可设梯步解决。

4.4.5 林地复垦建设标准

参考国土资源部土地开发整理标准、河南省和其他省份相关研究成果,确定复垦区林地建设的相关要求。

4.4.5.1 概述

如果土地破坏严重,在现有条件下难以复垦为耕地,或者复垦为耕地时经济效益不好,可根据矿区生态环境建设的要求复垦为林地。林地包括成片林地及防护林带。林地复垦建设标准主要从以下几方面进行考虑。

1)塌陷地复垦为林地的立地条件要求

复垦为造林的土地,田面平整,有边坡保水肥工程措施。覆土厚度1 m以上。覆土土壤pH值范围一般为5.5~8.5,含盐量不大于0.3%。也可采取坑栽,坑内需放少许客土,土体中没有大的砾石(7 cm)。树坑大小根据所选树种的立地要求一般为0.5~1.0 m^2,坑深不小于0.8 m,坑口反向倾斜,以便蓄水保土。排水设施满足场地要求,防洪满足当地标准,有控制水土流失措施。

2) 树种的选择

树种的选择要考虑造林立地条件、树种生物学特性，还要坚持“生物、经济兼顾”的原则及造林的目的和要求。树种选择要求：

(1) 具有较强的适应脆弱环境和抗逆境的能力，即对于干旱、风害、冻害、瘠薄、盐碱等不良立地因子具有较强的忍耐能力。同时对粉尘污染、烧伤、病虫害等不良因子具有一定的抵抗能力。

(2) 生活力强，有固氮能力，能形成稳定的植被群落。

(3) 根系发达，有较高的生长速度，能形成网状根固持土壤。地上部分生长迅速，枝叶茂盛，能尽快和尽可能长的时间覆盖地面，有效阻止风蚀。同时，能较快形成松软的枯枝落叶层，提高土壤的保水保肥能力。

(4) 播种栽培较容易，成活率高。种源丰富，育苗方法简易，若采用播种则要求种子发芽力强，繁殖量大，苗期抗逆性强，易成活。

(5) 具有优良的水土保持作用的植物种属，能减少地表径流、涵养水源、阻挡泥沙流失和固持土壤。

根据国内其他矿区已进行的土地复垦实践，以及河南省矿区气候、地形环境的特点，选出矿区复垦的适宜植物，见表 4-12。

表 4-12　矿区适宜植物种

种类	物种	特点
乔木	油松	根系发达，有助于吸收水分与养分，耐寒、耐旱、耐瘠薄，喜光，适于深厚肥沃湿润的土壤，暖温性常绿针叶树
	刺槐	浅根系，根多分布在 5 ~ 30 cm 土层内，喜光，宜深厚、肥沃沙质土，耐干旱、耐瘠薄，抗寒性弱，属于温带速生树种
	旱柳	深根，生长能力强，生长速度快，喜光，耐寒、耐瘠薄、耐旱，适应能力强
	榆树	根系发达，喜光，耐旱、耐寒、耐瘠薄、耐碱，对恶劣的气候和土壤有很大忍耐力
灌木	火炬树	喜光，适应性极强，耐寒、耐旱、耐盐碱，串根能力强，林木郁闭快
	沙柳	喜湿润，耐旱、耐寒、耐盐碱和沙压，属于温性沙生落叶灌木
	沙枣	喜光，浅根系速生树种，耐旱、耐瘠薄、耐盐碱，对防风固沙、水土保持起到一定作用
	柠条锦鸡儿	落叶灌木，喜强光，深根性，根系发达，喜干燥气候，抗严寒，耐热、耐贫瘠、耐干旱，萌生力很强，耐沙打沙埋
	沙棘	喜光，稍耐阴，浅根性，水平根发达，抗严寒、风沙，耐大气干旱和高温，耐土壤水湿及盐碱，耐干旱瘠薄，有根瘤。对土壤要求不严，在水土流失严重的荒坡、湿润沙地、弱中度盐碱地上生长良好
	紫穗槐	抗逆性很强，耐盐、耐旱、耐涝、耐寒、耐阴，抗沙压，根系发达，能充分利用土壤水分，在干旱的坡地上也能生长。有一定的耐涝能力，可以在沟渠旁、坑洼和短期积水地种植

4.4.5.2 植被抚育管理

(1)后期植被抚育管理包括喷水养护、追施肥料、病虫害防治、防除有害草种与培土补植,并在适合的季节进行疏伐或间伐。

(2)对坡度大、土壤易受冲刷的坡面,暴雨后要认真检查,尽快恢复原来平整的坡面。

(3)3年后植树成活率在80%以上,郁闭度在30%以上,5年后林木或果实生产量逐步达到本地相当地块的生产水平。

4.4.5.3 防护林

参考国土资源部土地开发整理相关标准,确定河南省煤矿区土地复垦地防护林建设标准。

1)防护林类型

(1)农田防护林具有改善局部气候、培肥改土、保护环境的功能。防护林设计时除考虑它的防风减灾功效外,还应考虑到它还可以从其他方面影响并提高农作物的单产。林地可占总耕地面积的3%~5%。

(2)林带对风速的影响取决于林带结构,林带的结构分紧密结构、疏透结构和通风结构。

(3)疏透结构的透风系数宜选0.3~0.5。林带宽度采用2~3行的窄林带。

(4)紧密结构的透风系数在0.3以下。林带宽度采用4~5行的宽林带。

2)丘陵区防护林

(1)林带的设计应因害设防、因地制宜,务使坡地和梯田等都受到林网的保护。在较大的风口处,可根据需要适当地营造多行的宽带林,而一般山地丘陵农区以窄林带为主。主林带一般沿等高线布置,副林带原则上与主林带垂直,并尽可能依山脊设置。

(2)树种选用抗旱、抗寒、耐贫瘠力强和生长迅速的树种。

(3)山区丘陵防护林的功能以防风、护带、护坡为主,林带结构采用疏透结构。林带宽度宜2~4行,株行距一般为2.5 m×1.5 m。

4.4.6 水产养殖建设标准

在平顶山和永城矿区,部分塌陷地位于中高潜水位的地区,通常地面沉陷后潜水出露地表,下沉盆地内出现局部积水或季节性积水,这类破坏地可通过挖深垫浅的方法复垦为鱼塘,进行水产养殖。参考《土地复垦技术标准》(试行)的相关要求,确定河南省复垦水产养殖标准。

(1)水产养殖应符合以下要求:

水源充足,有排水设施,防洪标准满足当地要求。

水深、水面积适宜。

水质符合《渔业水质标准》(GB 11607—89)。

食用鱼放养面积占总养殖水面的85%~90%。

保持塘(池)清洁,定期清塘消毒,淤泥厚度不超过20 cm;有防止含病原体和病毒等污染塘水的措施;有防止农药、盐渍污染的措施。

第三年塘养鱼单位面积产量不低于当地平均水平。

鱼质量满足食品卫生要求。

(2)鱼塘的设计:

形状:以长方形为佳,长和宽的比率约为 2∶1。

池向:以东西向向阳背风为宜。

面积:每口塘以 0.33 ~1 hm^2(5 ~15 亩)为宜,每个鱼塘的面积应力求统一,以利于制作统一规格的网具。

池底:向出水口呈 15°倾斜。

堤岸:主干道宽度 4 m 以上,池间隔堤 2 m 以上。坡度 1∶(1.5 ~2.5)。

进水口与排水口:进水口应在排水口对面的堤岸上,高于水面,水流自堤岸顶端冲下。排水口应在进水口对面堤岸的底部,最好以塑料管连接弯头竖立,进水口与排水口处,都应以塑料细网套住,以杜绝杂鱼进出。

4.4.7 建筑用地复垦标准

参考《土地复垦技术标准》(试行)的相关要求,确定河南省复垦建筑用地标准。

(1)填充塌陷场地采用分层压实,经测试确定压实质量。

(2)填充塌陷场地地表稳定后,加载进行稳定性分析,满足要求后方可用于建筑。

(3)利用压实土地作地基时,不能使用淤泥、冻土、膨胀土以及有机质含量大于 8% 的物料作为填料。填料中大于 200 mm 的块石应去除。若填料中主要成分为易风化碎石时,应采取加强地面排水和表面覆土等措施。有侵蚀性工业废弃物和有机质含量高的生活垃圾等杂填土,未经处理不得作持力层。

(4)用于建筑的地基抗震性能,应执行《建筑抗震设计规范》(GB 50011—2001)。

(5)其他要求另行规定。

4.5 河南省土地复垦与生态重建技术研究

为了达到相应的复垦建设标准,必须采取切实可行的复垦技术与方法,本节将介绍适合河南省煤矿塌陷地土地复垦的一些关键技术与方法。

4.5.1 挖深垫浅复垦技术

挖深垫浅复垦技术是将造地与挖塘相结合,即用挖掘机械(如挖掘机、推土机、泥浆泵等)将沉陷深的区域继续挖深(挖深区),形成水(鱼)塘,取出的土方充填到沉陷浅的区域形成陆地(垫浅区),达到水陆并举的利用目标。水塘除可以用来进行水产养殖外,也可根据实际情况改造成水库、蓄水池或水上公园等,陆地可作为农业种植或建筑等。

应用条件:沉陷深、有积水的高、中潜水位地区,如永成矿区和平顶山矿区。同时挖深区挖出的土方量应大于或等于垫浅区充填所需的土方量,使复垦后的土地达到期望的高程。

依据设备不同,可以细分为泥浆泵复垦技术、托式铲运机复垦技术、挖掘机复垦技术等。

4.5.2 充填复垦技术

充填复垦技术一般是利用土壤和容易得到的矿区固体废弃物,如煤矸石、坑口和电厂的粉煤灰、露天矿排放的剥离物、尾矿渣、垃圾、沙泥、湖泥、水库库泥和江河污泥等来充填采矿塌陷地,恢复到设计地面高程来综合利用土地。充填复垦的应用条件是有足够的充填材料且充填材料无污染或可经济有效地采取防治污染措施。

塌陷地充填复垦是利用土壤或固体废弃物回填塌陷区至可利用高程,但一般情况下很难得到足够数量的土壤,而多利用矿山固体废弃物来充填,然后覆盖土壤,这既处理了废弃物,又治理了塌陷破坏的土地。按主要充填物料的不同,充填复垦土地综合利用技术的主要类型有粉煤灰充填、煤矸石充填、河湖淤泥充填与尾矿渣充填等。

充填复垦技术的优点是既解决了塌陷地的复垦问题,又进行了矿山固体废弃物的处理,经济环境效益显著。其缺点是土壤生产力一般不是很高,并可能造成二次污染。

4.5.3 非充填复垦技术

4.5.3.1 土地平整与梯田整修法

如果塌陷后地表坡度在2°以内,且不积水,可通过土地平整就能耕作;塌陷后地表坡度在2°~6°时,可沿地形等高线修整成梯田,并略向内倾以拦水保墒。土地利用可农林(果)相间,耕作时采用等高耕作,以利水土保持。应用该技术时应注意表土层的分层剥离和存放、土地平整后标高的确定、梯田断面要素的确定及排水灌溉措施的配套等几个问题。

4.5.3.2 裂缝处理技术

河南省部分矿区处于山区,山区地表受开采沉陷影响后最明显的破坏特征是地表出现裂缝,严重时还将有台阶,因此地表裂缝的治理是进行土地复垦的重要工程之一。

裂缝治理工程可采用人工治理与机械治理两种方法进行。人工治理即采用人工就近挖取土石直接充填塌陷裂缝,这种方法土方工程量小,土地类型和土壤的理化性态基本不变;机械治理一般使用推土机和铲运机械,适用于破坏程度较重或产生采动滑坡的土地治理,其特点是工序复杂,土方工程量较大,农田整治后,土地类型和土壤的理化性质会有改变。无论是采取何种治理方式,都须保证不降低原土地生产能力,分期分区治理,特别是在施工过程中要加强临时防护措施,如取土场的防护、施工中的临时拦挡、堆料场的防护、植被的迅速恢复等。对裂缝的处理针对裂缝宽度的大小及分布特点采取相应的措施。

4.5.3.3 疏排法

疏排法是将开采塌陷积水区的复垦治理通过强排或自排的方式实现,即通过开挖沟渠、疏浚水系,将塌陷区积水引入附近的河流、湖泊或设泵站强行排除积水,使采煤塌陷地的积水排干,再加以必要的地表整修,使采煤塌陷地不再积水并得以恢复利用。开挖沟渠、疏浚水系是防止和减轻低洼易涝地渍灾害的有效途径。

疏排法复垦需要与地表整修相结合,也可与挖深垫浅工艺配合使用。在潜水位不太高或地表塌陷不大的地区,通过正常的排水措施和地表整修工程就能保证土地的恢复利用。多用在低潜水位地区或单一煤层、较薄煤层开采的高、中潜水位地区。在高潜水位矿区或中低潜水位矿区，需要根据具体情况配套修建排水设施，排水、降渍后，再经修整就可利用。该方法可对大面积的塌陷地进行复垦。

首先设计复垦后的地面标高，其次规划设计、修建排水与防洪设施、降渍系统，最后进行地表整修。防洪通常采取的方法有整修堤坝、分洪。除涝采取的方法有分片排涝，高水高排、低水低排，排蓄结合、排灌结合，力争自排、辅以强排。

塌陷区疏排法复垦，重点需要防洪、防涝、降渍。所谓防洪就是要防止外围未受塌陷地段或山洪汇入塌陷低洼地，防涝就是要排除塌陷低洼地的积水，降渍就是在排除积水之后开挖降渍沟使潜水位下降至临界深度以下，为此疏排法复垦的排水系统设计包括防洪系统、防涝系统和降渍系统。

疏排法具有工程量小、投资少见效快，且不改变土地原用途等优点，但需对配套的水利设施进行长期有效的管理，以保证塌陷地的持续利用。

4.5.4　生态复垦技术

4.5.4.1　生态农业复垦技术

河南省矿山分布于不同的地域，农业生态模式有山地生态型、丘陵生态型、平原农牧生态型、城郊生态型、水域生态型等。各生态类型因条件不同存在着不同的生态模式，如平原农牧生态型有果菜瓜豆猪禽虫草模式、猪禽林草虫菌沼肥模式、奶牛林草虫菌沼肥模式等。生态农业的基本模式是“整体、协调、循环（良性）、再生”，是生态农业基本原理的运用。因此，煤矿区生态农业的核心是如何合理设计物种生态位，建立食物链，实现能量与物质良性循环。

4.5.4.2　生态工程复垦技术

生态工程复垦技术就是将土地复垦工程技术与生态工程技术结合起来，综合运用生物学、生态学、经济学、环境科学、农业科学、系统工程学的理论，运用生态系统的物种共生和物质循环再生等原理，结合系统工程方法对破坏土地所设计的多层次利用的工艺技术。其目的在于促进各生产要素的优化配置，实现物质、能量的多级分层利用，不断提高其循环转化效率和土地的生产力，获得较大的经济、生态、社会综合效益，走可持续发展的道路。它不仅包括上述的各种土地复垦工程技术的选择，常常通过平面设计、垂直设计、时间设计、食物链设计和复垦工程设计来实现。生态工程复垦模式已在河南省平顶山和永城矿区进行了实践，取得了较好的效果。

4.5.4.3　微生物复垦技术

微生物复垦技术是国内外研究的热点，当前主要以现场试验为主，尚未大规模地投入使用。微生物复垦技术主要是利用菌肥或微生物活化剂改善土壤和作物的生长营养条件，它能迅速熟化土壤，固定空气中的氮素，参与养分的转化，促进作物对营养的吸收，分泌的激素刺激作物的根系发育，抑制有害生物的活动，提高植物的抗逆性。菌肥主要用来改良土壤，微生物活化剂主要用来使煤矸石、露天剥离物等固体废弃物充填的土层快速形成耕质土壤。

4.5.5　土壤重构技术

土壤重构技术的实质是人为构造和培育土壤,其理论基础主要来源于土壤学科。在矿区土壤重构过程中,人为因素是一个独特的而最具影响力的成土因素,它对重构土壤的形成产生广泛而深刻的影响,可使土壤肥力特性短时间内即产生巨大的变化,减轻或消除土壤污染,改善土壤的环境质量。另外,人为因素能够解决土壤长期发育、演变及耕作过程中产生的某些土壤发育障碍问题,使土壤的肥力迅速提高。但是,自然成土因素对重构土壤的发育产生长期、持久、稳定的影响,并最终决定重构土壤的发育方向。因此,土壤重构必须全面考虑到自然成土因素对重构土壤的潜在影响,采用合理有效的重构方法与措施,最大限度地提高土壤重构的效果,并降低土壤重构的成本和重构土壤的维护费用。

复垦土壤重构可分为工程措施重构与生物措施重构(包括微生物重构)。工程措施重构主要是采取工程措施(同时使用相应的物理措施和化学措施),根据当地重构条件,按照重构土地的利用方向,对沉陷破坏土地进行的剥离、回填、挖垫、覆土与平整等处理。工程措施重构一般应用于土壤重构的初始阶段。生物措施重构是工程措施重构结束后或与工程措施重构同时进行的重构"土壤"培肥改良与种植措施,目的是加速重构"土壤"剖面发育,逐步恢复重构土壤肥力,提高重构土壤生产力,生物重构是一项长期的任务,决定了土壤重构的长期性。

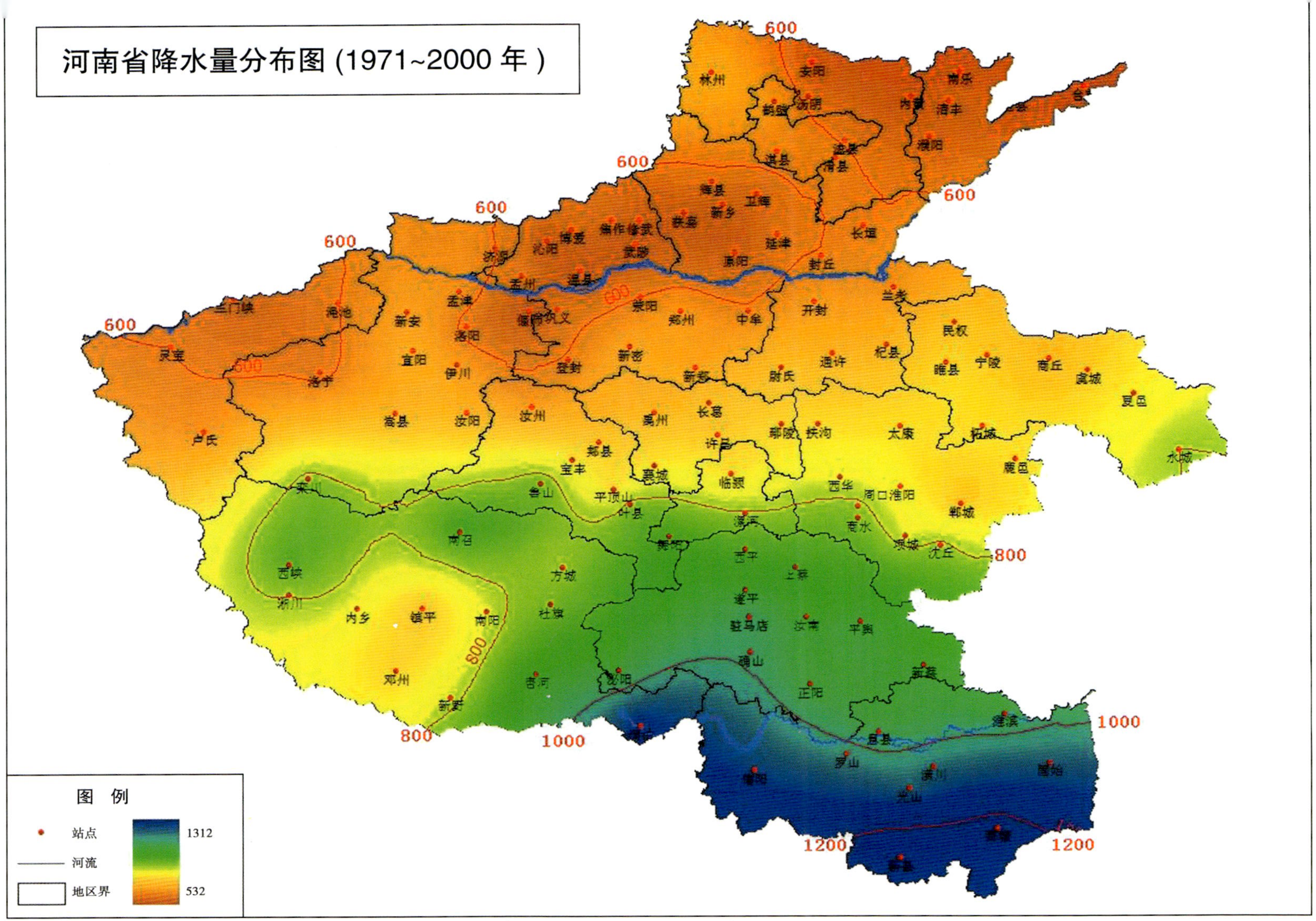

附图1 河南省降水量分布图(1971~2000年)

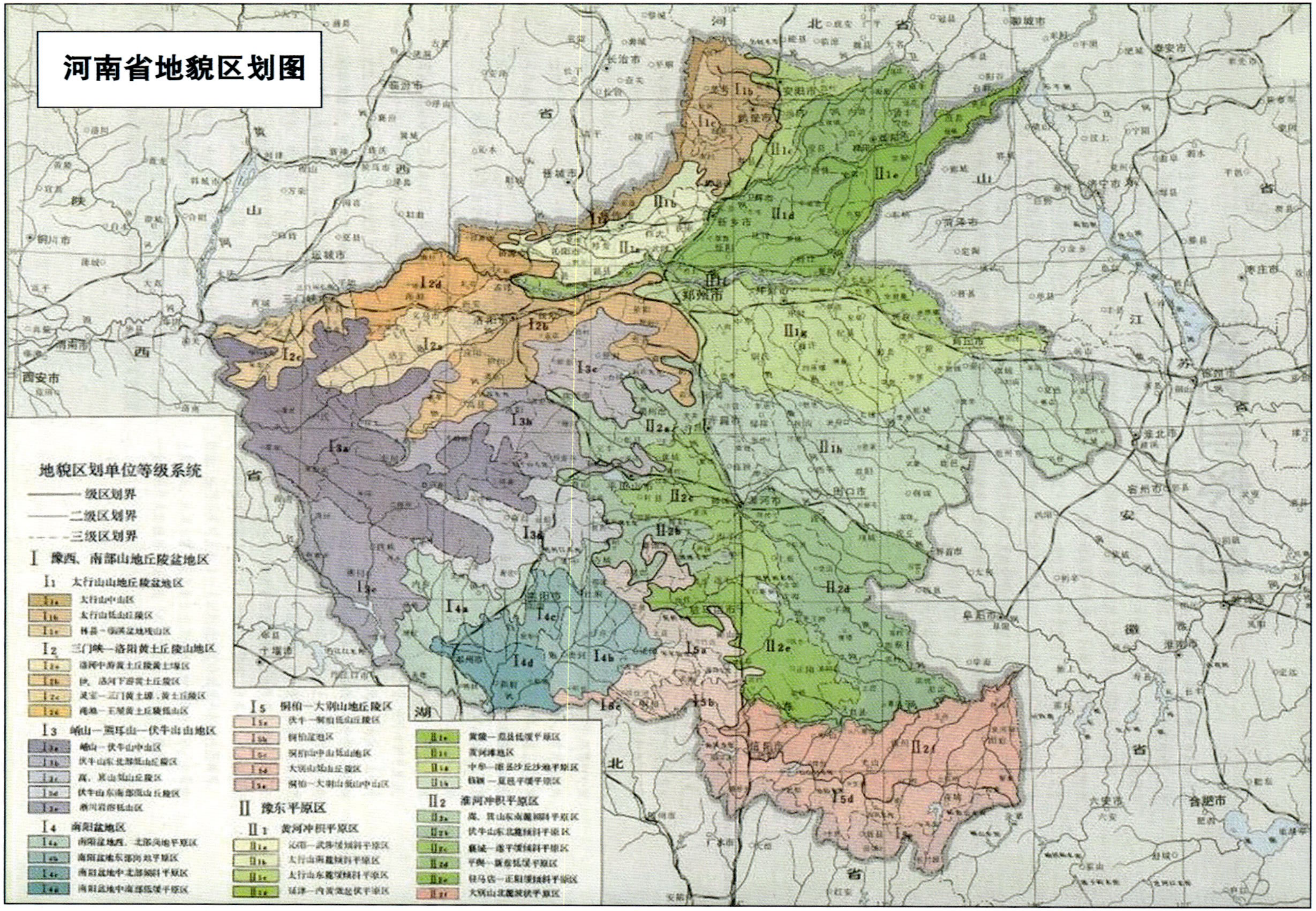

附图 2　河南省地貌区划图

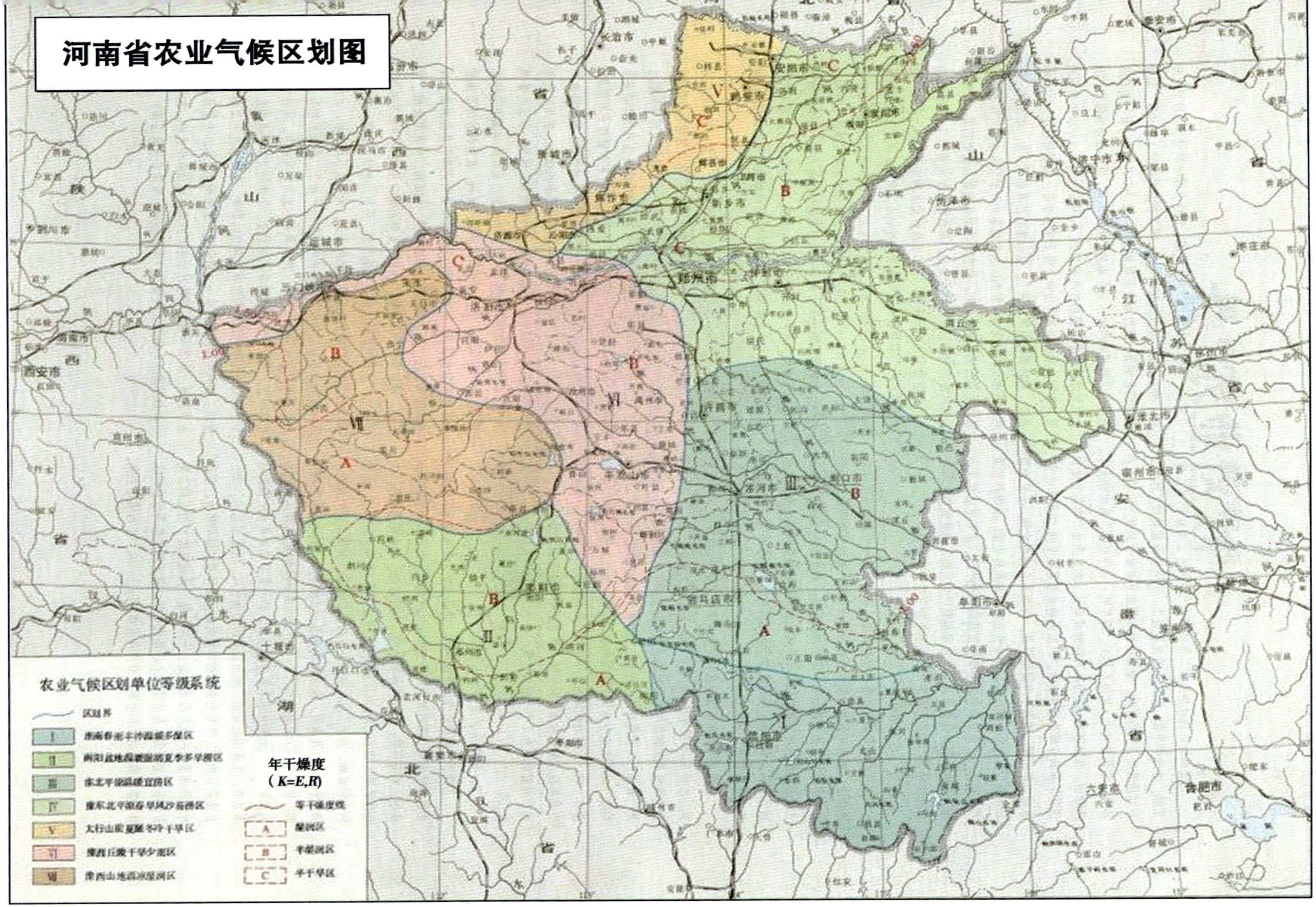

附图 3　河南省农业气候区划图

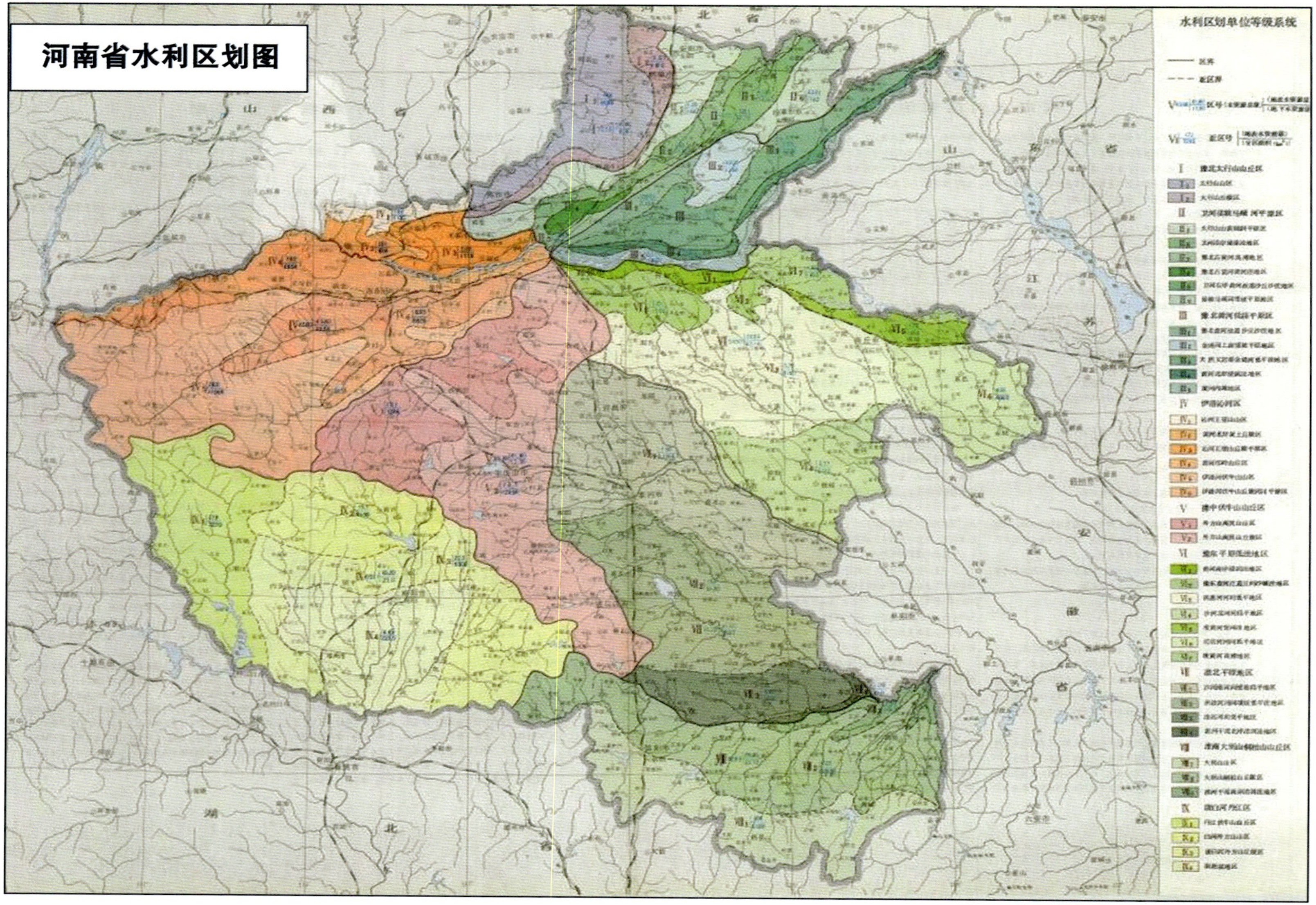

附图 4　河南省水利区划图

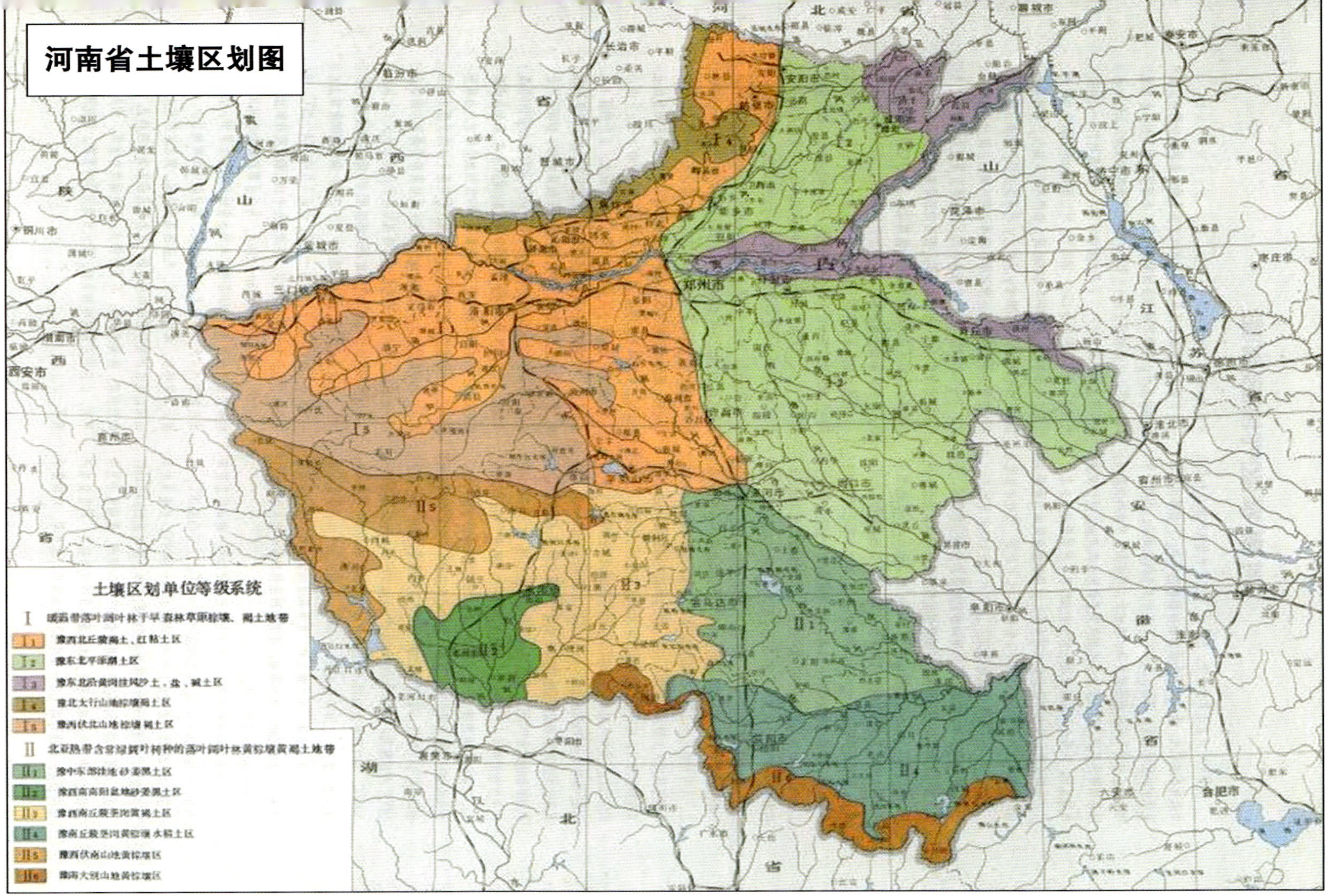

附图 5　河南省土壤区划图

附图 6　河南省土地开发整理分区图

附图 7　河南省浅层地下水超采区、灌区分布示意图

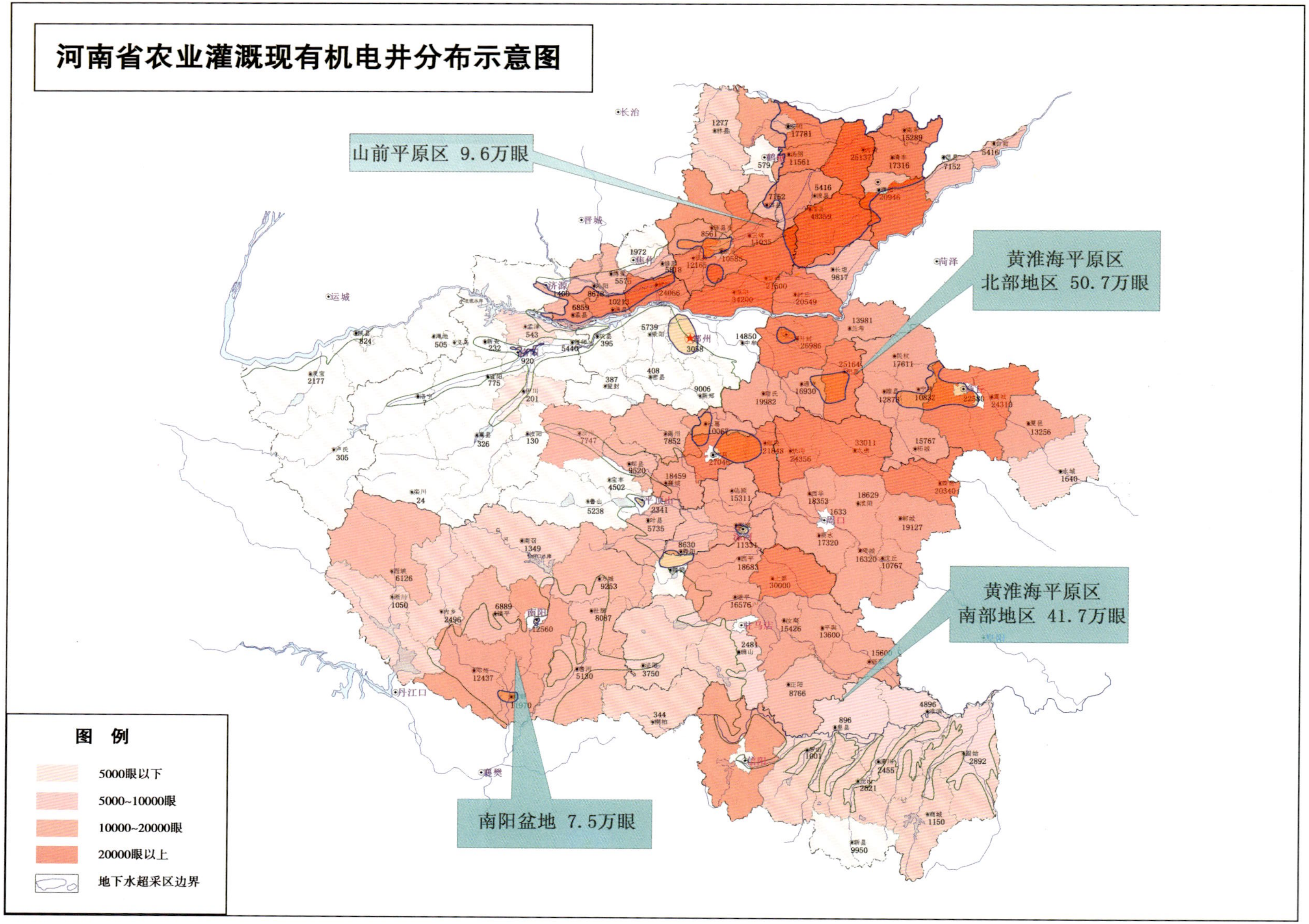

附图 8　河南省农业灌溉现有机电井分布示意图

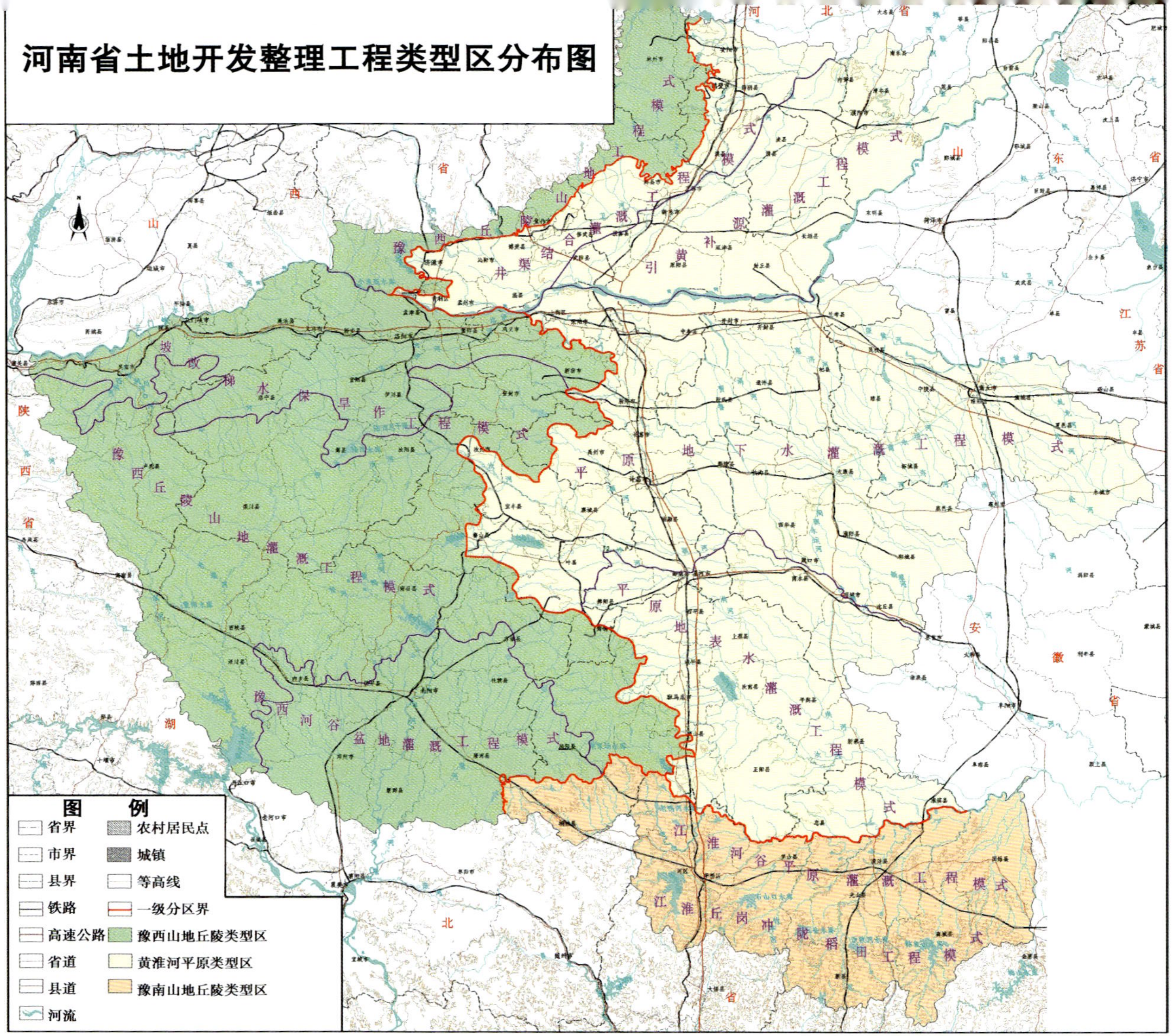

附图9　河南省土地开发整理工程类型区分布图

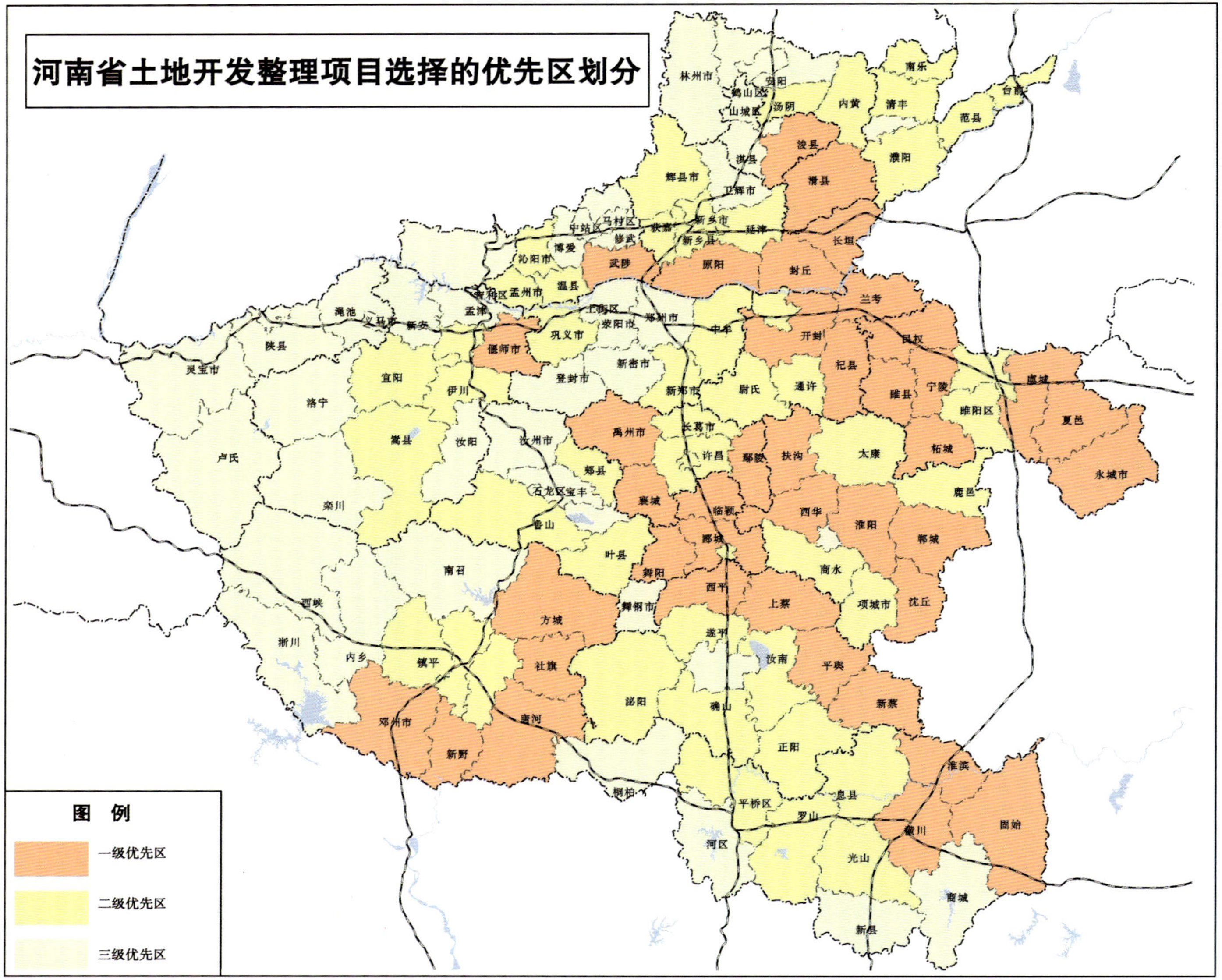

附图 10　河南省土地开发整理项目选择的优先区划分

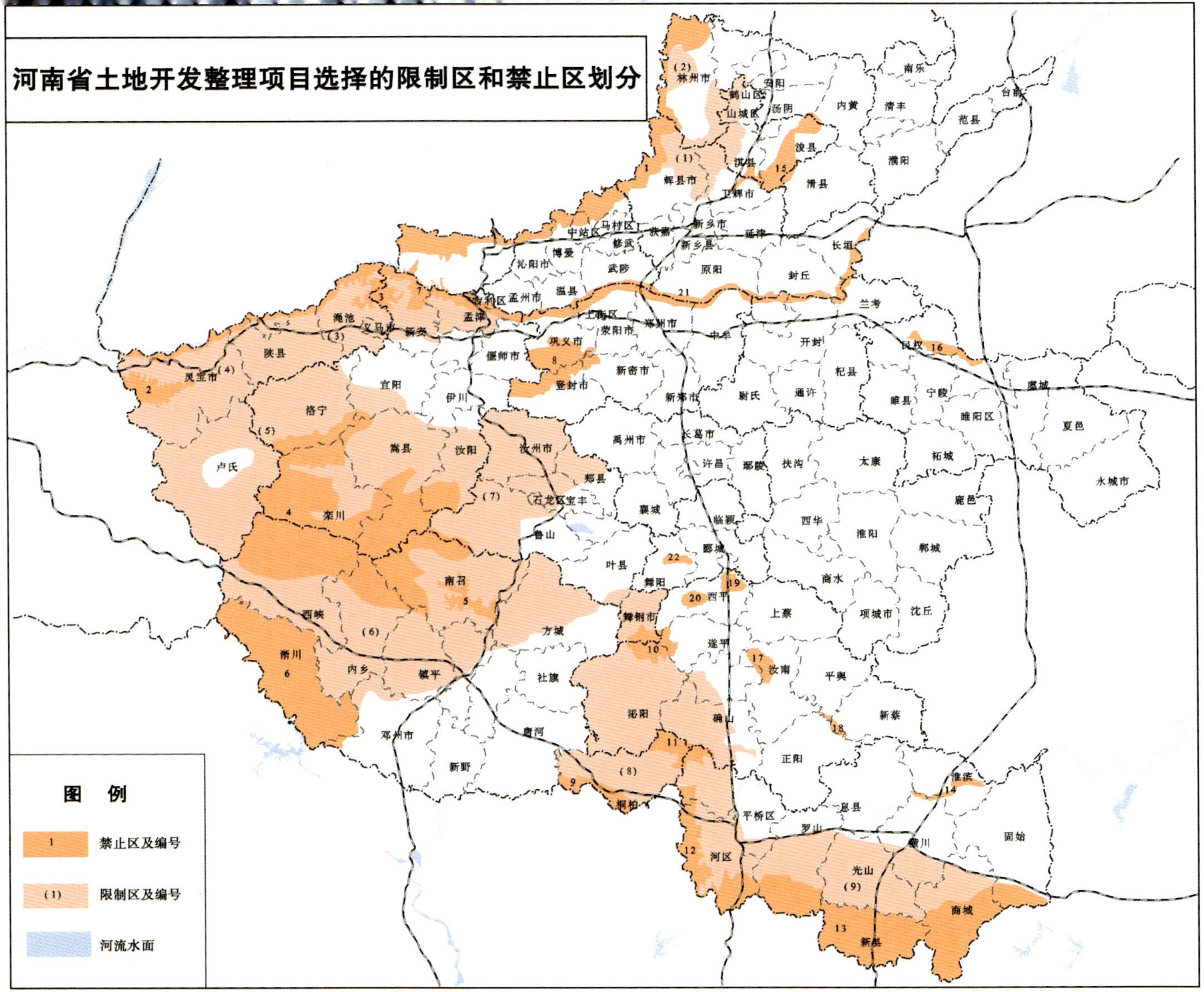

附图 11　河南省土地开发整理项目选择的限制区和禁止区划分

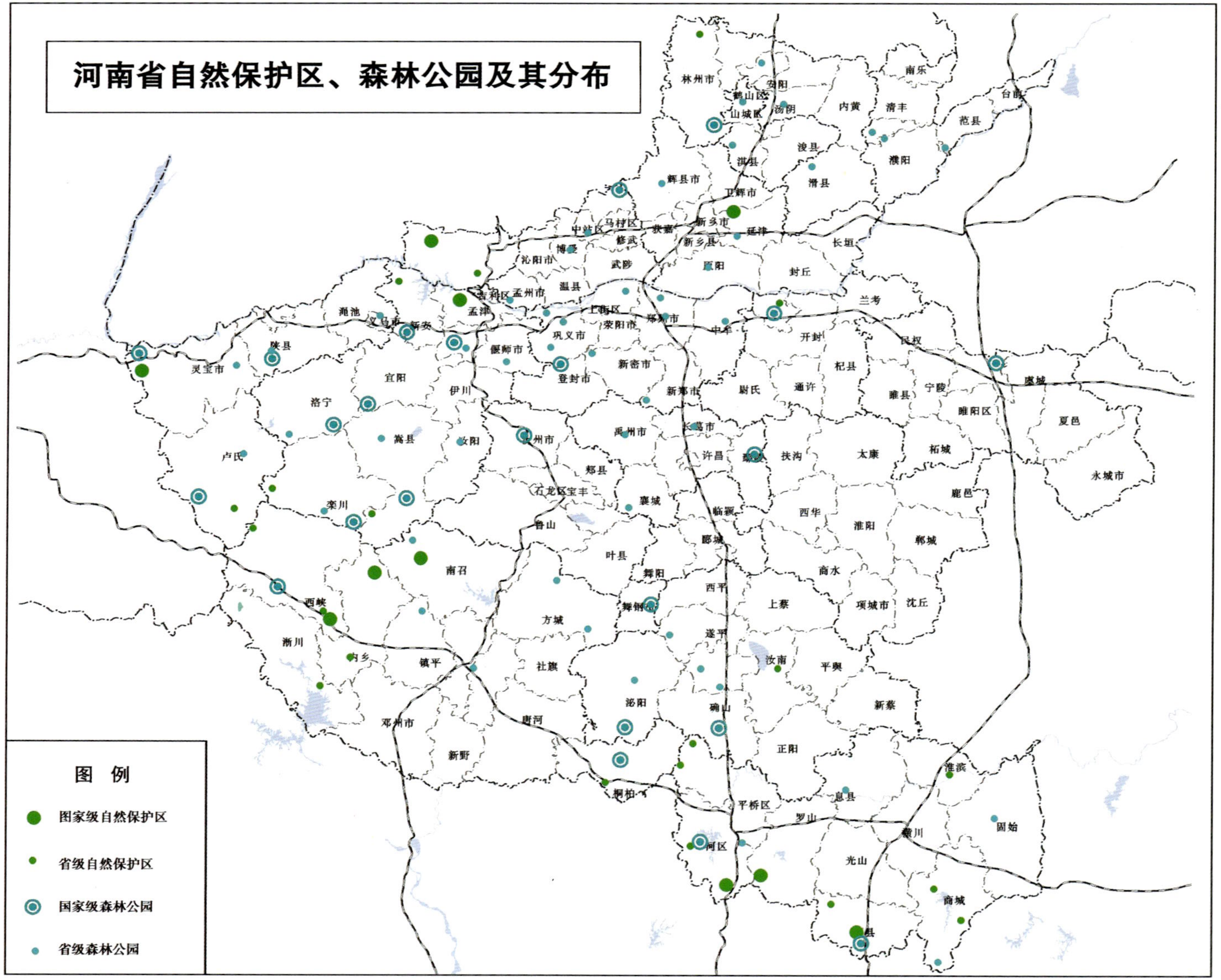

附图 12　河南省自然保护区、森林公园及其分布

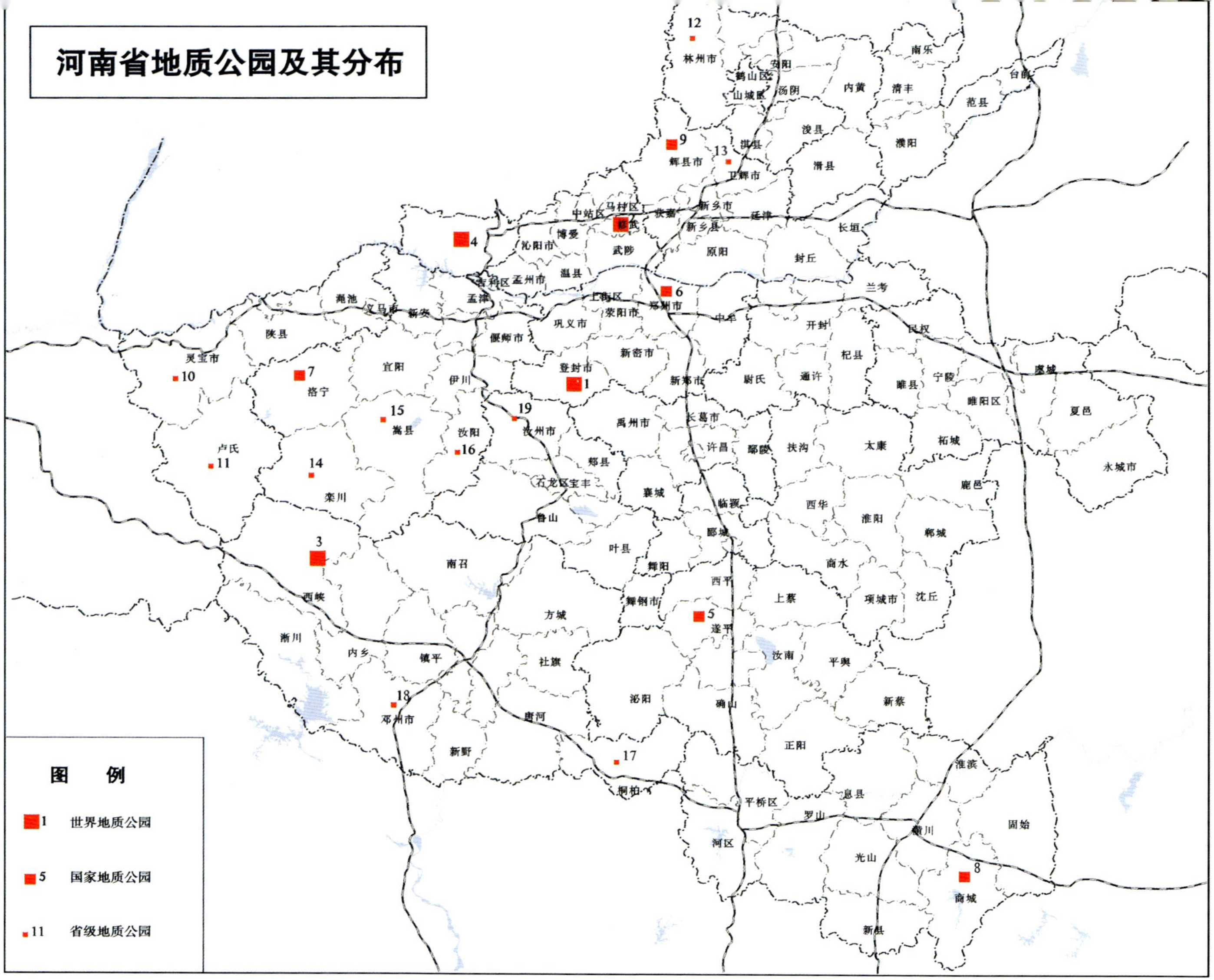

附图 13　河南省地质公园及其分布

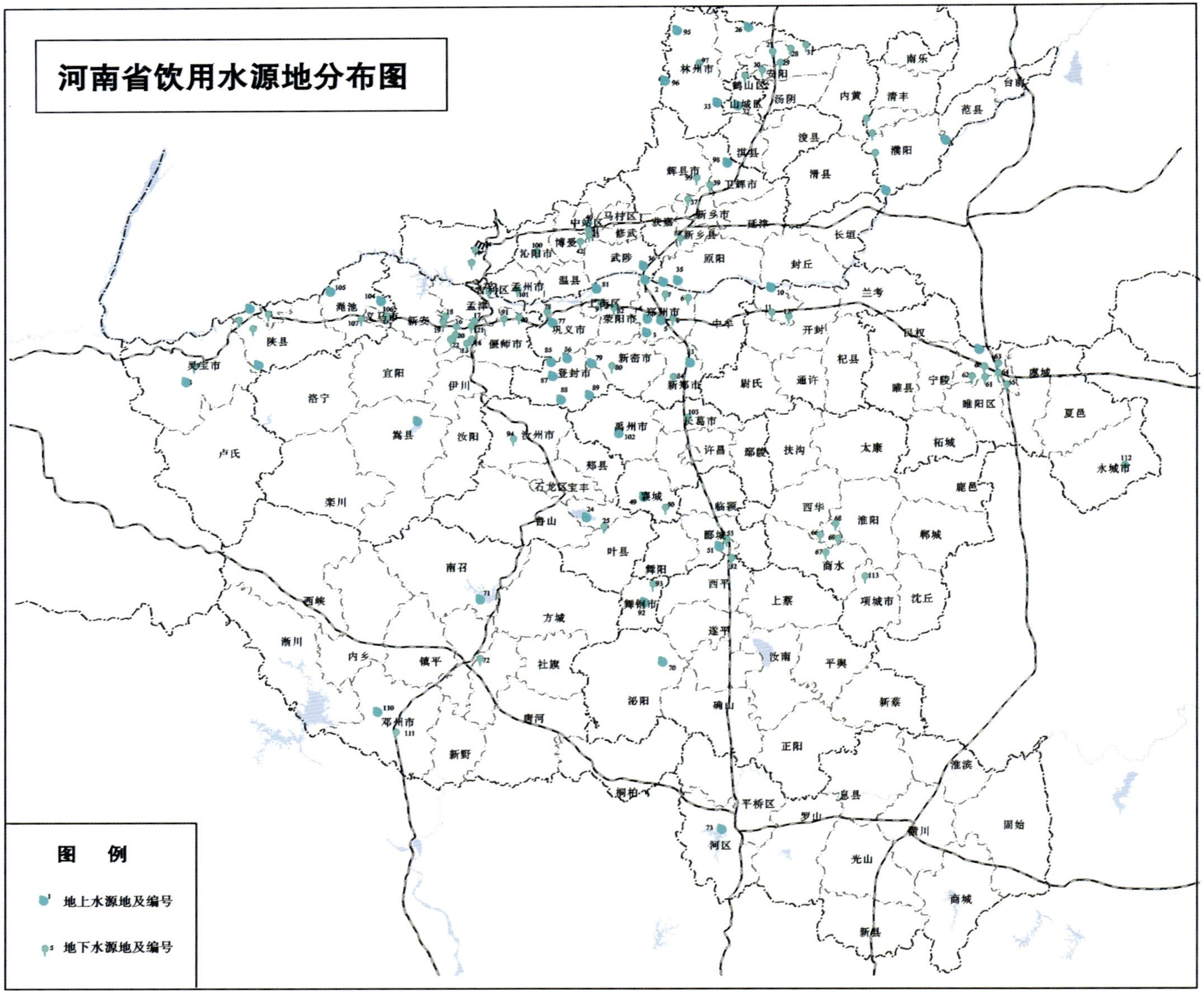

附图 14　河南省饮用水源地分布图

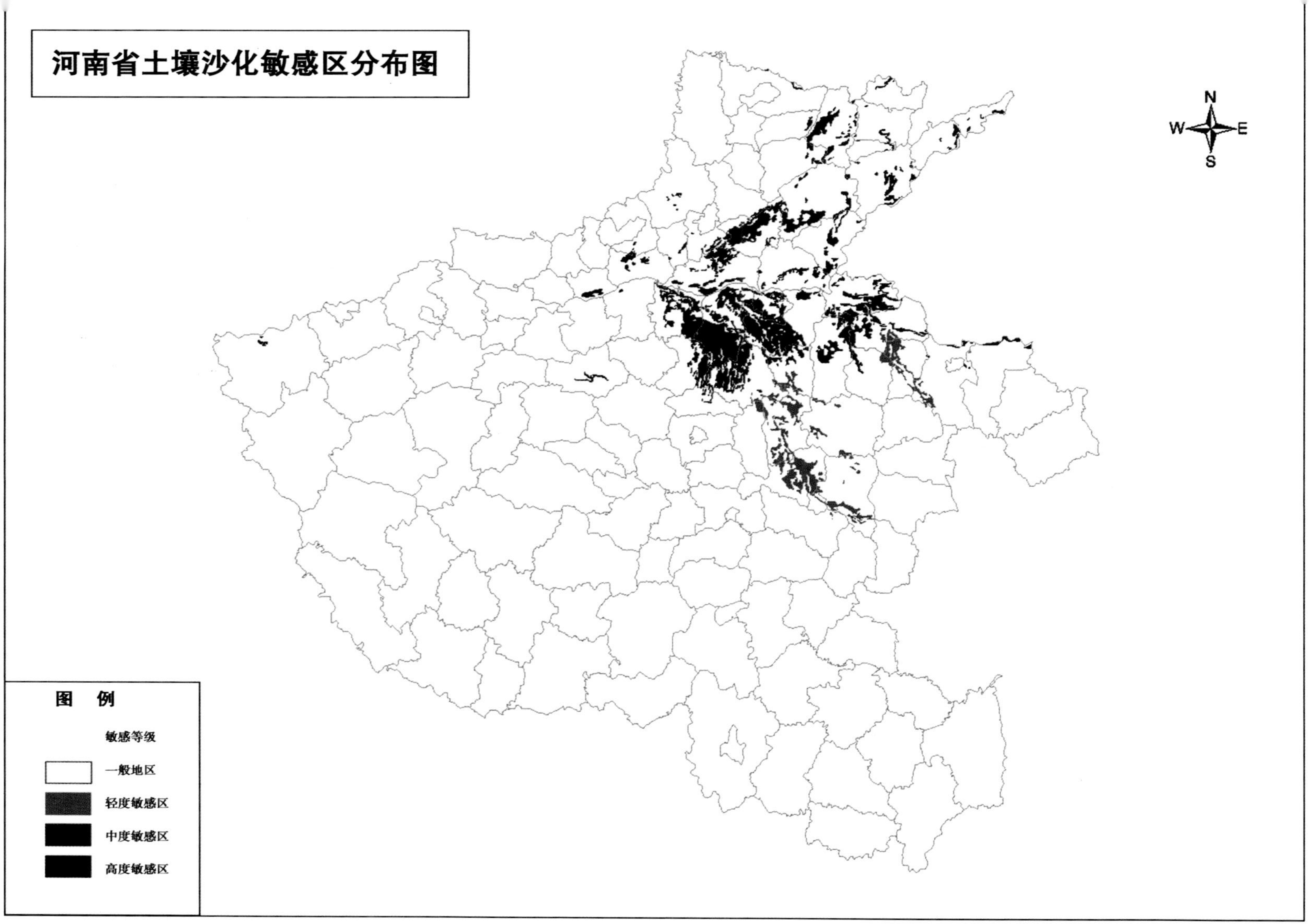

附图 15　河南省土壤沙化敏感区分布图

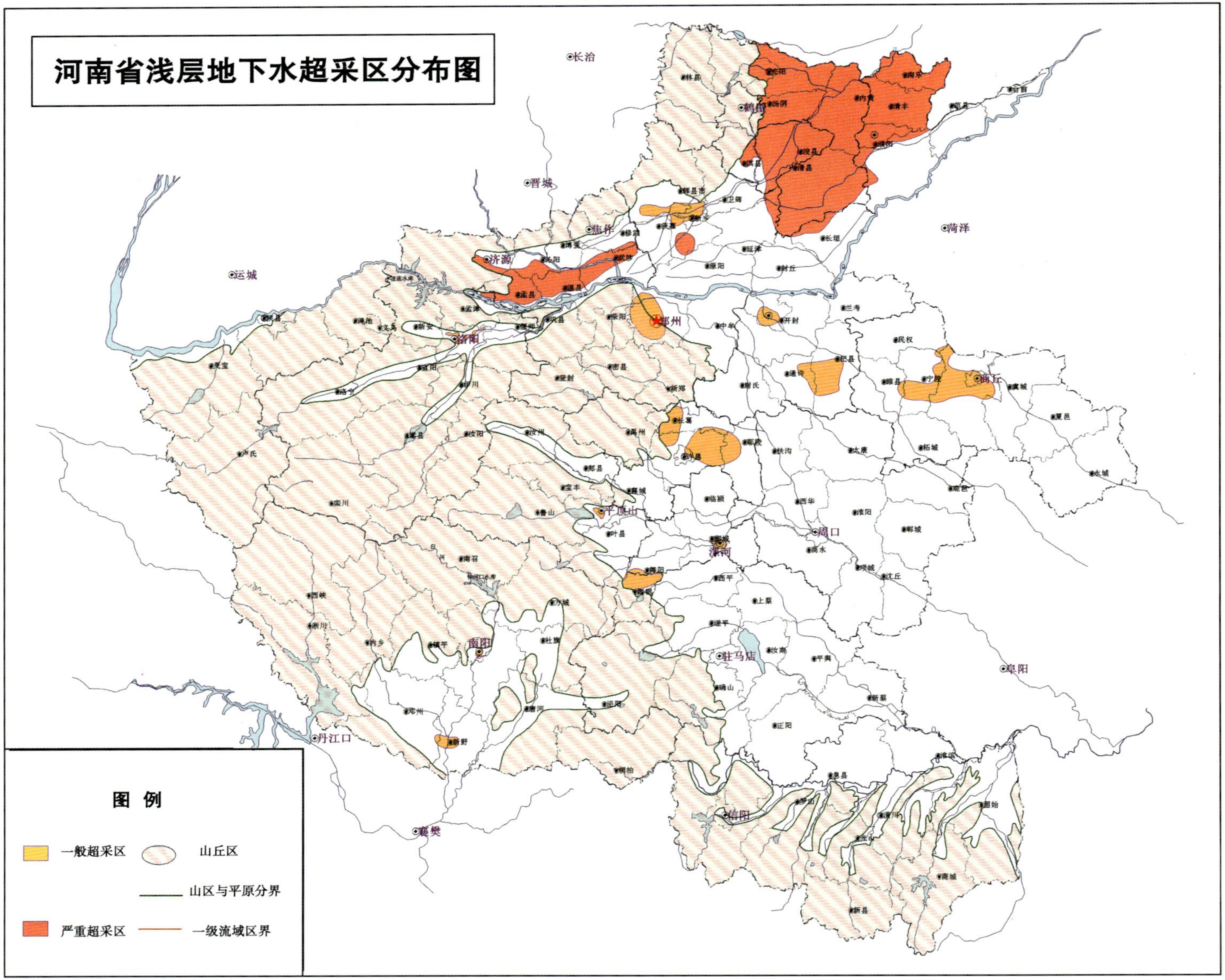

附图 16　河南省浅层地下水超采区分布图

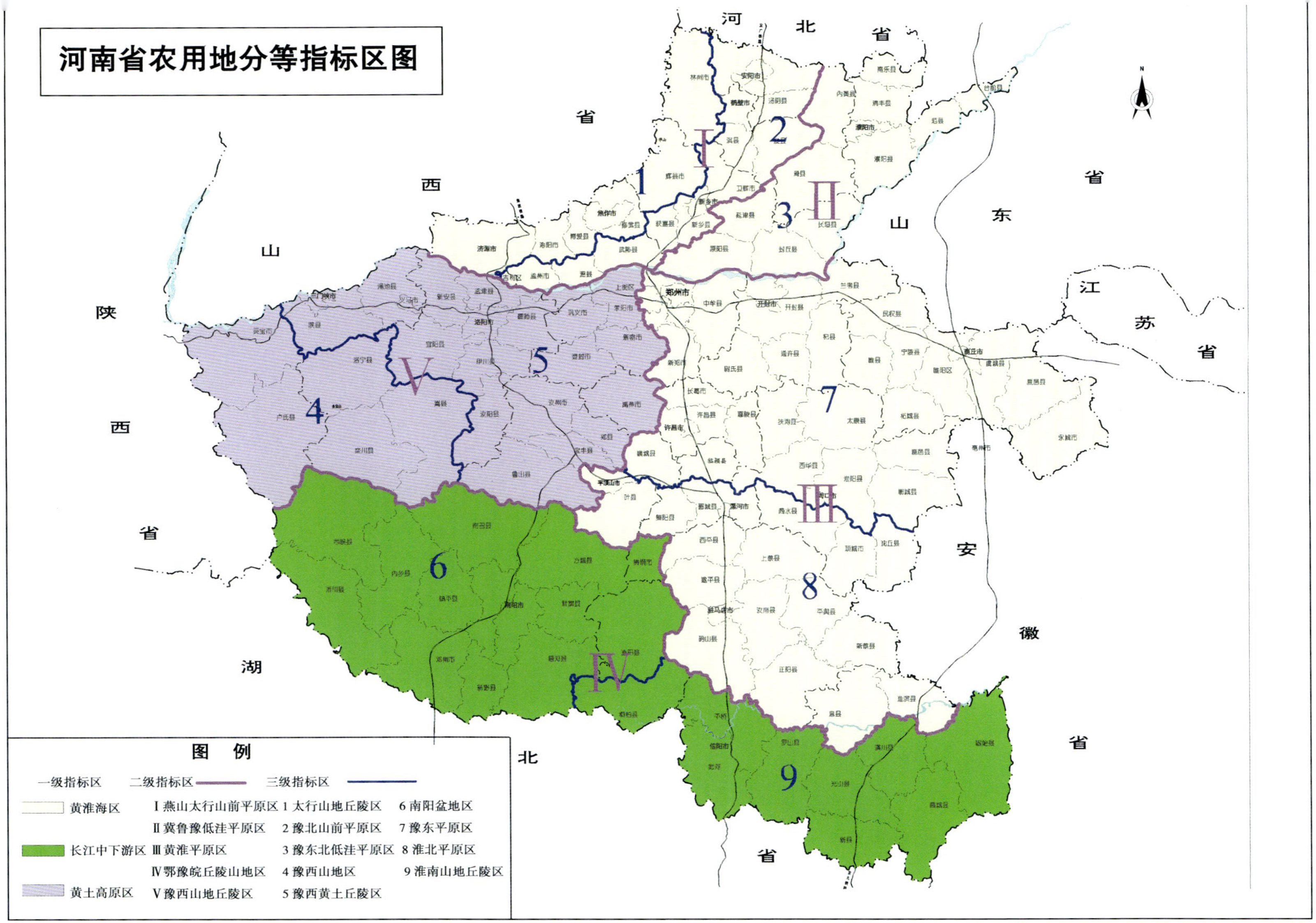

附图 17　河南省农用地分等指标区图

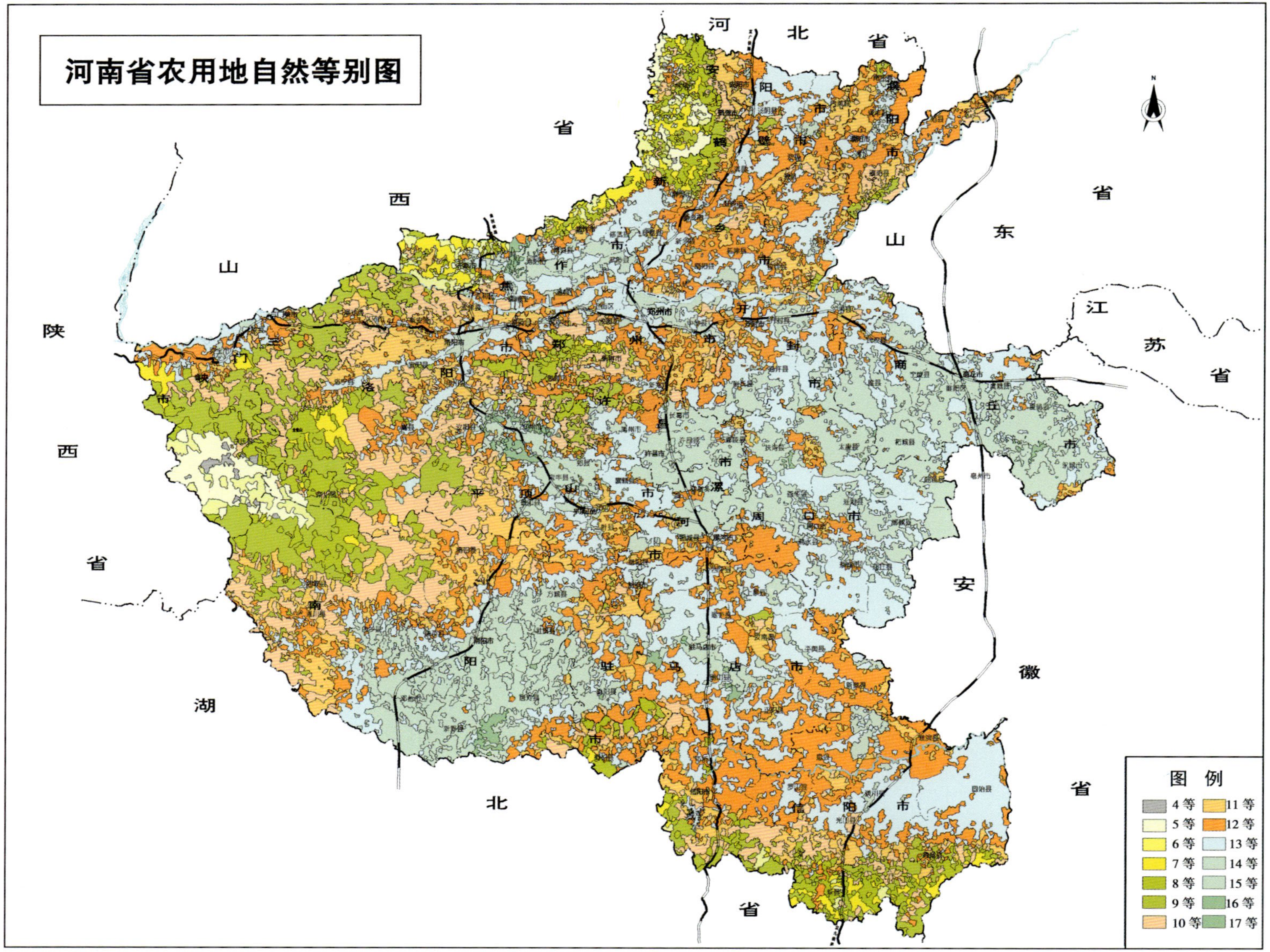

附图18　河南省农用地自然等别图

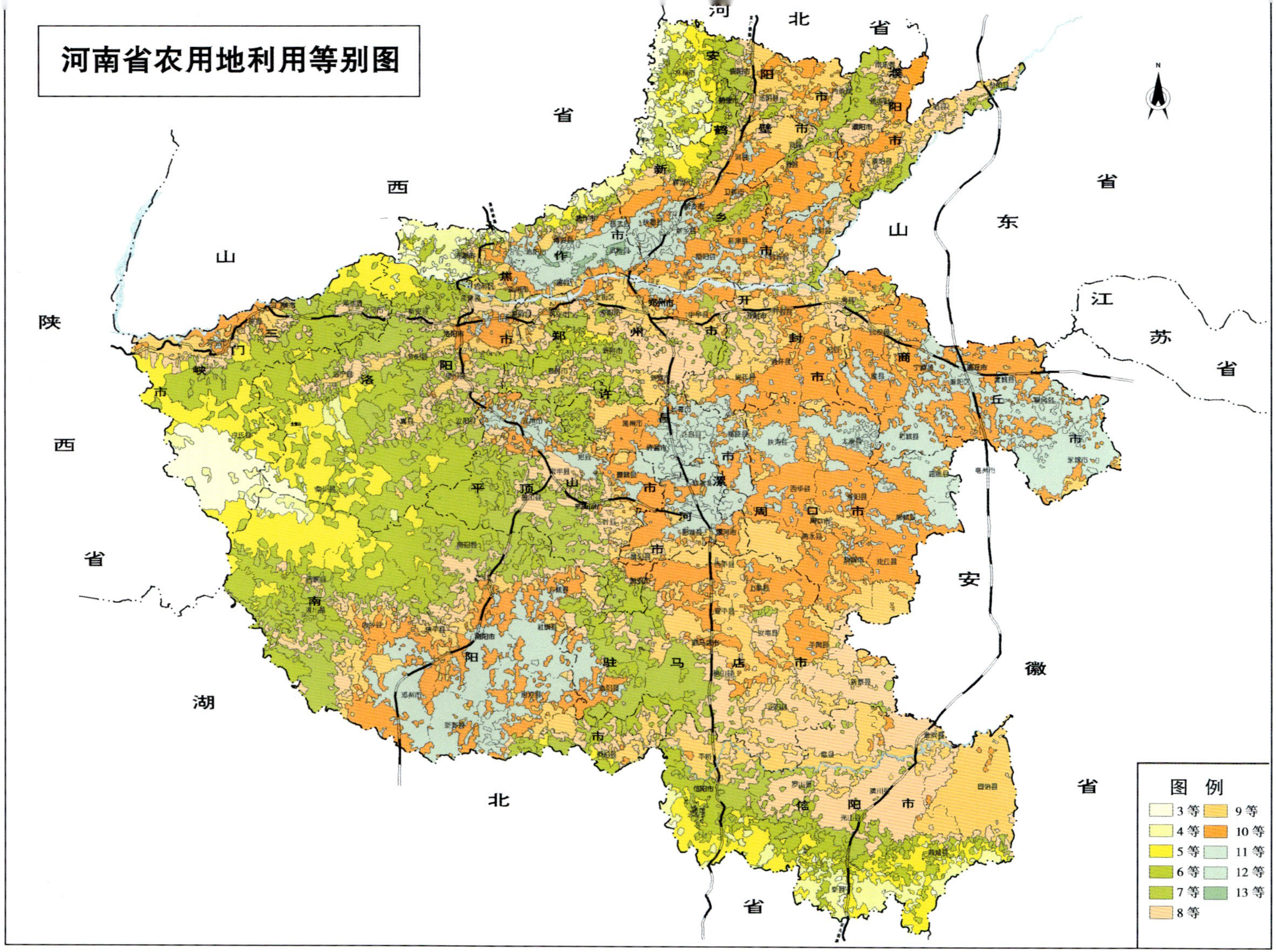

附图19　河南省农用地利用等别图

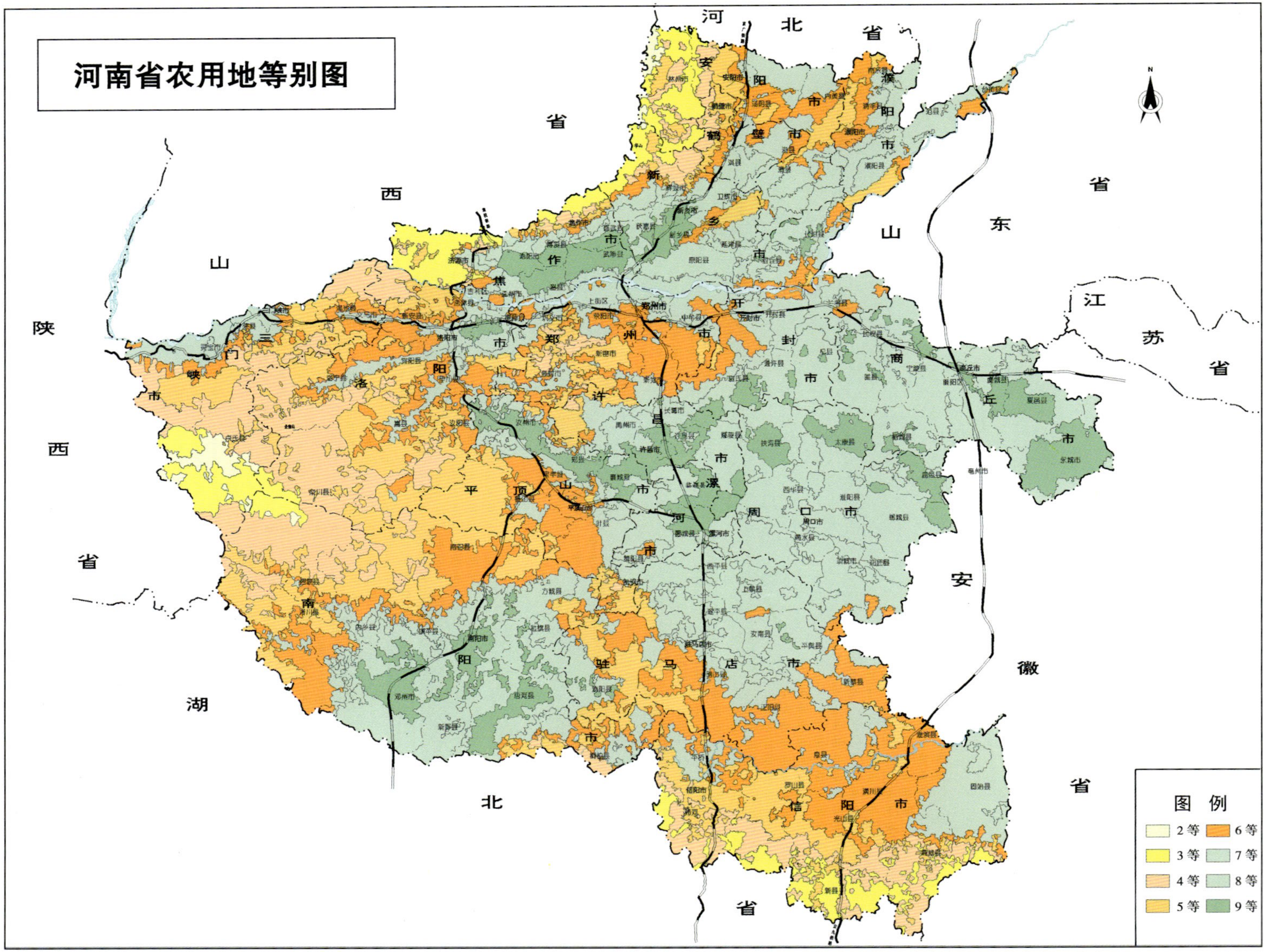

附图 20　河南省农用地等别图